中国人民大学“十三五”规划教材

中国人民大学会计系列教材·简明版

会计学

主　编　荆　新　宋建波
副主编　殷建红　吴武清

中国人民大学出版社
·北京·

前　言

目前，国内已有会计学教材体系的设计模式主要有三种：一是要素排列式，即以会计要素排列为逻辑主线，首先设置会计原理性篇章，通常包括会计等式、复式记账、会计凭证和会计账簿；然后按会计要素展开，即按资产、负债、所有者权益、收入、费用、利润依序设计主体篇章，侧重于各会计要素的确认与计量以及会计分录；最后编排财务报表及报表分析篇章。二是会计循环式，即以会计确认、计量、记录、报告的顺序为逻辑主线，设计主体篇章，譬如会计循环之一会计等式与复式记账，会计循环之二会计凭证与会计账簿，会计循环之三账项调整与财务报告。三是会计程序式，即以会计核算程序为逻辑主线，设计主体篇章，譬如复式记账、会计凭证、会计账簿、财产清查、财务报告。这三种设计模式各有特点，其中第一种设计模式多展现于中级会计学教材，第二、三种设计模式多展现于初级会计学或基础会计学教材。

本教材吸纳已有会计学教材体系设计的先进经验，借鉴审计学教材体系设计的独特思维，提出并启用第四种设计模式，即以业务循环为逻辑主线，结合会计循环和会计要素谋篇布局。本教材以制造业为依托，以上市公司为主体，设为12章，可分为三大模块，第一大模块为会计基础性原理，包括第1～3章，分别是会计学基础理论、会计要素与记账方法原理、会计循环与会计系统原理；第二大模块为业务循环、财务循环与会计确认和计量，包括第4～10章，分别是资本筹集的核算、长期经营性资产、采购与付款循环、生产与成本核算、销售与付款循环、对外投资与金融资产、利润的形成与分配；第三大模块为财务报表信息的生成与使用，包括第11和12章——财务会计报告和财务报表分析。

本教材新的体系设计编排，适应业财融合和业会融合，集业务、财务、会计于一体的现代先进理念和实践，在教学过程中能够把购、产、销等业务循环和筹资、投资、分配等财务循环，与确认、计量、记录、报告等会计循环有效地契合起来、融为一体，更有利于学生在理解业务循环和财务循环的基础上掌握会计循环，在厘清物流、现金流的基础上，掌握会计信息流，从而培养学生的会计实操能力，增进业财融合和业会融合的科学素养，保障会计学的教学效果。本教材适合高校经济、管理类专业会计学的教学需要，也适合经济管理工作者会计学的自学需要。

本教材的设计编写从提出体系设计的构想，到撰写编写大纲，写作初稿，修改定稿，历时两年半之久。2017 年 6 月教材编写组拟定了以业务循环为逻辑主线设计会计学教材体系的新构想，受到出版社编辑和老师们的赞成及响应；2018 年 8 月宋建波教授策划撰写了教材编写大纲，与荆新教授等讨论定稿；2019 年 9 月宋建波教授、吴武清副教授、殷建红讲师等分别撰写完成各章初稿，荆新教授三次审阅并提出修改建议，各位编写老师六次修改，多次讨论交流，反复斟酌推敲，终于在 2019 年底定稿交出版社，策划编辑陈永凤博士又花费一个多月的时间审阅把关。由此可见，采用会计学教材体系设计的新模式，是一项具有探索性、颇为费时费力的工作，各位编写和审阅老师付出了大量艰辛的劳动。在本教材付梓之际，谨向各位编写及审阅老师表示感谢！

编写本教材是一项新的探索，旨在改进和提升教学效果。本教材在体系设计和内容编写等方面，不可能一蹴而就至臻完善，可能存在许多不足之处。诚请广大师生提出意见和建议，我们将及时修改完善。

目　录

第 1 章 Chapter 1 会计学基础理论

学习目标

1. 理解会计的概念及构成
2. 掌握财务会计的目标
3. 掌握会计基本假设
4. 掌握会计信息质量特征
5. 了解企业组织及其经济活动

会计是一种商业语言。现代企业要对发生的经济业务进行反映和控制，并利用会计信息预测和参与经营管理决策。那么何谓会计？如何分类？谁需要会计信息？企业的会计目标是什么？会计工作有哪些规范和要求？所有这些问题都是会计学的基本问题。学完本章，将对会计有初步的认识。

1.1 会计的概念与体系

1.1.1 会计的产生与发展

在中国，“会计”起源于西周时期。西周中后期，农业、手工业生产和商业得到了极大的发展，金属货币使用范围扩大。西周的国家行政管理机构中开始设立职司国家财计的独立职官系统，即司会及其所属的司书、职内、职岁与职币等财计职能部门，负责对国家一切收支经济活动进行系统的核算和考核，并确立了账务工作与实务工作的分工，以相互制约；形成了一套完整的国家财政收入和支出的项目体系，并明确了不同项目的对应收支关系，是会计核算和考核的依据；已经出现比较严格的按程序定期向上级机构进行会计报告并接受考核的做法。这一时期形成了中国古代官厅会计采用的以“入”“出”为记账符号的记账方法。入出记账法产生于西周，发展于秦汉、唐宋诸代，明清之际得到完善。清代，入出记账法的命名逐渐为收付记账法所取代。

中国古代的记账方法均为单式记账法，其特点是平时只记载现金的收付和各种往来，并不涉及财产的增减与损益；期末采取实地盘点和估价方法来编制财产目录；期末财产总值减去期初财产总值便是本期损益。

到了13世纪初，意大利佛罗伦萨、热那亚和威尼斯等城市成为欧洲经济中心。商业活动的活跃导致银钱经营业在佛罗伦萨异常繁荣，这便是早期的商业银行。这些银行原来采用的也是单式记账，但由于银钱过割关系发生频繁，单式记账法已不能满足反映经济活动的需要，由此复式记账法开始萌芽。复式记账法要求每一项经济业务都要在两个以上相对应的账户中进行记录，从左右两边的"借""贷"中来对照反映其来龙去脉，并且数额必然相等。1494年，意大利数学家卢卡·帕乔利的《算数、几何、比及比例概要》一书出版后，复式记账法得到广泛普及。

公元15世纪出现了与今天股份公司相似的企业组织形式，合伙企业已经非常普遍，在地中海沿岸的一些城市已经能零星地看到资本主义萌芽。1600年12月31日，英国女王伊丽莎白一世授予英国东印度公司"皇家特许证"，标志着公司正式成立。这一时期的公司虽然名为"公司"，实际上都在政府那里拥有贸易独占权，同时拥有军队和舰队，体现的是国家意志。庞大的实业、政治和军事机构都需要巨额资金，公司通过先发行下一次航海的股份来筹集资金，类似于今天的股票和股利。这种股份发行在最后清算股本时核算非常复杂，于是公司在1657年9月发布新的公司章程，允许签发永久性股份来作为以后所有航海冒险的总投资，而每次清算都转化为永久性股份，就把原来的每次冒险航行变成了按年结算，这也就形成了会计分期和持续经营的概念。从18世纪60年代到19世纪三四十年代爆发的工业革命中出现了工厂制度和批量生产，对生产成本核算的需求增加，成本会计应运而生。成本会计是记录企业生产经营过程中的耗费，并把它分配到成本计算对象上，从而确定单位成本、降低生产消耗的会计方法。从1914年开始，受科学管理运动和不断增加的对外报告要求的影响，制造类企业中服务于管理目的的产品成本系统走向衰落，对外报告的影响在大萧条之后因为证券市场监管的需要变得日益突出。会计学中的成本系统由此分化为两个部分：一部分服从于对外提供财务报告的需要，侧重于为编制资产负债表提供存货价值数据，同时也为损益表提供与收入相配比的成本费用数据，故这方面被称为财务会计；另一部分则是服务于内部管理的信息需求，构成相对独立的成本管理会计体系。

1930年美国制造出了世界上第一台模拟电子计算机。1953年电脑在美国会计领域投入初步应用。电脑的出现使得会计工具发生了翻天覆地的变化，并且推动会计电算化走向信息化。随着信息技术（IT）的不断发展与进步，以及会计信息化应用的不断深入，会计信息化软件也不再仅限于会计核算领域，而是通过建模工具，建立有效的业务模型和数学分析模型，将企业信息化过程中的业务进行梳理和优化，使得会计数据处理、会计业务管理、财务管理相融合，实现会计预测和决策分析。

1.1.2 会计的概念

“会计”一词由来已久，随着时代的发展和社会的进步，人们对它的认识和理解也在不断地深化。由于会计本身是随着社会经济环境的不断演变和发展而产生和发展的，因此，社会经济环境的发展变化推动了会计方法的逐步更新和会计理论的不断丰富。虽然会计从产生到现在已有几千年的历史，但是对于这一基本问题，古今中外一直没有一个明确、统一的说法。究其原因，关键在于人们对会计的本质有着不同的认识，从而出现了不同的会计定义。下面将回顾国内外会计学界针对会计本质问题所形成的三种学派观点，以便在此基础上给出会计的含义。

1. 会计信息系统论

会计信息系统论，就是把会计理解为提供信息以供决策的一个系统。会计信息系统论的思想最早起源于美国的会计学家 A. C. 利特尔顿。他在 1953 年编写的《会计理论结构》一书中指出，“会计是一门特殊门类的信息服务”，“会计的显著目的在于对一个企业的经济活动提供某种有意义的信息”。20 世纪 60 年代后期，随着信息论、系统论和控制论的发展，美国会计学界和会计职业界倾向于将会计的本质定义为会计信息系统。如 1966 年美国会计学会在《会计基本理论说明书》中明确指出：“会计是一个信息系统。”从此，这个概念便开始广为流传。20 世纪 70 年代以来，将会计定义为“一个信息系统”的观点在许多会计名著中流行。

在我国，较早论述会计是一个信息系统的会计学家是余绪缨教授。他于 1980 年在《要从发展的观点看会计学的科学属性》一文中首先提出了这一观点。目前在我国具有代表性的观点是由葛家澍、唐予华教授于 1983 年提出的。他们认为：“会计是为提高企业和各单位的经济效益、加强经济管理而建立的一个以提供财务信息为主的经济信息系统。”

2. 会计管理活动论

会计管理活动论认为，会计的本质是一种经济管理活动。将会计作为一种管理活动并使用“会计管理”这一概念在西方管理理论学派中早已存在。古典管理理论学派的代表人物法约尔把会计活动列为经营的 6 种职能活动之一；美国人卢瑟·古利克把会计管理列为管理化功能之一；20 世纪 60 年代以后出现的管理经济会计学派则认为进行经济分析和建立管理会计制度就是管理。

我国最早提倡会计管理活动的是杨纪琬、阎达五教授。他们认为，无论从理论上还是从实践上看，会计不仅仅是管理经济的工具，它本身就具有管理的职能，是人们从事管理的一种活动。杨纪琬、阎达五教授对会计的本质进行了深入的探讨，逐渐形成了较为系统的会计管理活动论。杨纪琬教授认为，会计管理的概念是建立在“会计是一种管理活动，是一项经济管理工作”这一认识基础上的，通常讲的会计就是会计工作。他还认为，“会计”和“会计管理”是同一概念，“会计管理”是“会计”这一概念的深化，反映了会计工作的本质属性。阎达五教授指出，会计作为经济管理活动的组成部分，它的核算和监督内容及应达到的目的受不同社会制度的制约。

3. 会计艺术论

会计艺术论认为，会计是科学、技巧和经验相结合的艺术。会计对人类经济活动的确认、计量等具体操作，并不具有唯一性。针对不同的经济环境和不同的会计目标，人们可以采用不同的会计计量方法，也可以在遵循会计准则和会计原则的基础上，运用会计政策选择所赋予的相对自由权，生产出不同的会计成果。能够在会计成果中体现创造者最大的主观意志，这正是艺术的本质特征。会计原则是一些粗线条的原则性规定，为会计实务提供方向性指引。在具体的会计实务操作层面，如何运用这些原则，有很大的伸缩余地。不同的企业，根据同样的会计原则，在会计实务中完全有可能得到不同的会计结果。

通过关于主流学派对会计含义理解的分析，我们可以看到，对会计本质认识的差异，就形成了不同的会计含义。综合以上观点，本书对会计做出如下定义：会计是经济管理的重要组成部分，是利用专门的方法和程序，对企业和行政、事业单位的经济活动进行连续、系统、全面的核算和监督，提供以财务信息为主的经济信息，为外部有关各方的投资、信贷决策服务，为强化内部经济管理和提高经济效益服务的一个经济信息系统。

1.1.3 现代会计体系

现代会计体系由企业会计、政府会计和非营利组织会计构成。企业会计包括企业财务会计、企业管理会计和企业成本会计。政府会计包括政府财务会计、政府预算会计、政府管理会计和政府成本会计。非营利组织会计包括非营利组织财务会计、非营利组织管理会计和非营利组织成本会计。

在现代市场经济环境中，企业是主体。企业会计按信息的使用者，可分为财务会计与管理会计两大类别。财务会计主要负责交易和会计事项的确认、计量、记录和报告等工作；管理会计主要负责基于会计信息的预测、决策、分析和控制等工作。本书以财务会计为主。

1.2 会计的职能和目标

1.2.1 会计的职能

会计作为经济管理的组成部分，是通过会计的职能来实现的。会计的职能是指会计在经济管理中具有的功能。会计的基本职能包括会计核算和会计监督。

1. 会计核算职能

会计核算职能是会计最基本的职能。会计核算贯穿会计工作的全过程，是指以货币为主要计量单位，运用会计的专门方法，对各会计主体所发生的经济业务进行确认、计量、记录和报告，以便提供全面、系统、可靠和相关的会计信息。会计核算职能具有以下特点。

（1）会计是以货币为主要计量单位，从价值量上反映各单位的经济活动情况。人们不可能单凭观察和记忆掌握经济活动的全面情况，也不可能简单地将不同类别的经济业务加以计量、汇总，只有通过一定程序进行加工处理后生成以价值量表现的会计数据，才能掌握经济活动的全过程及其结果。会计上可以采用的计量单位有三种量度，即货币量度、实物量度和劳动量度，但是在商品经济条件下，人们主要利用货币计量，通过价值量的核算来综合反映经济活动的过程和结果。所以，会计核算是以货币为主要量度，以实物量度和劳动量度作为辅助量度。

（2）会计核算主要是对已经发生的经济活动进行事后的记录、核算、分析，通过加工处理大量的信息资料，反映经济活动的现实状况及历史状况，这是会计核算的基础工作。只有在每项经济业务发生或完成以后，才能取得该项经济业务完成的书面证明，这种凭证具有客观性和可验证性，据以登记账簿，才能保证会计所提供的信息真实可靠。

（3）会计核算具有完整性、连续性和系统性。所谓完整性，是指凡属会计反映的内容都必须加以记录，不能遗漏；所谓连续性，是指会计对每笔经济业务所做的反映，必须按照发生的时间顺序，自始至终不可间断；所谓系统性，是指进行会计核算时，必须采用一整套科学的核算方法，对会计信息进行系统的加工、整理和汇总，以便提供系统化的数据和资料，从而揭示客观经济活动的规律性。

2. 会计监督职能

会计监督是会计的另一个基本职能。会计监督是指会计按照一定的目的和要求，利用会计核算所提供的信息资料，对会计主体经济活动的合法性、合理性和有效性进行控制和指导，使之达到预期的管理目标。其特点有以下三个方面。

（1）会计监督主要是利用核算职能提供的各种价值指标进行的货币监督。为了便于监督，有时还需要制定一些可供检查、分析利用的价值指标，用来监督和控制有关经济活动，以免出现大的偏差。由于各单位进行的经济活动，同时伴随着价值运动，表现为各种资产、负债、所有者权益等价值量的增减和价值形态的转化，因此，会计监督与其他各种监督相比，是一种更为有效的监督。会计监督通过价值指标可以全面、及时和有效地控制各会计主体的经济活动。

（2）会计监督是对经济活动全过程进行的监督。会计对经济活动过程进行事前监督、事中监督和事后监督相结合的全面的会计监督。会计的事前监督是在经济活动开始前进行的监督，即审查未来经济活动的合理性和合法性，以及在经济上的可行性；事中监督是对正在发生的经济活动进行的审查，即审查各项经济活动是否符合国家有关政策、法规和制度的规定，以及有关计划和预算的要求，揭示存在的问题，及时纠正偏差及失误，提出改进意见，使其按照预定的目标及规定的要求进行，发挥控制经济活动进程的作用；事后监督是在经济活动之后，利用系统的会计核算资料，进行反馈控制，加强事后的考核、分析和评价，监督经济活动的有效性。

(3) 会计监督必须以国家的财经法规和财经纪律为依据。财经法规和财经纪律是财经工作顺利进行的重要保证。为此，应做到会计监督依据的合法性和合理性。合法性的依据是国家颁布的财经法律、法规、规章和制度；合理性的依据是客观经济规律及经营管理方法的要求。会计监督的目的就是保证企业经济活动的合理、合法，即保证企业的会计核算按照国家的有关法律、法规及相关的会计准则、会计惯例来进行，尽可能保证经济活动的真实性。

1.2.2 会计的基本目标

会计的目标是指会计工作所要达到的目的。它直接反映着社会经济的变化。制约和影响会计目标的外部环境因素多种多样（包括经济、法律、政治、社会环境），所有因素的变化都会影响到会计目标的变化，也就是说有什么样的环境，就会有什么样的会计目标，而会计目标又必须与不断变化的外部环境相适应。

在关于会计目标的问题上，中外会计学界先后出现了“受托责任观”和“决策有用观”两种对会计目标的不同认识。前者主要形成于公司制度的盛行时期，强调会计目标在于通过真实、可靠的财务报告，解释受托人的受托责任；后者则形成于资本市场发达的时期，强调会计目标在于为决策者提供与决策相关的会计信息。这两种观点适用的经济环境不同，受托责任观要求两权分离是直接进行的，所有者与经营者都十分明确，二者直接建立委托受托关系，没有缺位和模糊的现象；而决策有用观要求两权分离必须通过资本市场进行，二者不能直接交流，委托者在资本市场上以一个整体出现，从而二者的委托关系变得模糊不清。

但在现代企业制度中，这两种观点都是委托与受托代理关系中必不可少的。报告受托责任是外部利益关系人进行投资决策与信贷决策等决策行为的基础；提供与决策相关的信息则是为了更好地完成受托责任，它们是互相影响、互为前提并不断循环下去的。事实上，现代企业错综复杂，促使会计不能满足于单纯地提供某一类信息，而产生会计具体目标呈多样化的要求。正因为如此，为适应现代企业制度外部委托者与内部管理者的不同信息需求，会计信息系统产生了“同源分流”，形成了财务会计与管理会计两个独立的分支。因此，现代会计的目标将“受托责任观”与“决策有用观”有机地结合起来。

根据决策有用目标，投资者要及时地了解其所投入资源的变化情况；如实了解企业的各项收入、费用、利得和损失的金额及其变化情况；如实了解企业各项经营活动、投资活动和筹资活动所形成的现金流入和流出情况等，从而有助于现时或潜在的投资者正确、合理地评价企业的资产质量、偿债能力、盈利能力和营运效率等；有助于投资者根据相关的信息做出理性的投资决策；有助于投资者评估与投资有关的未来现金流量金额、时间和风险等。

根据受托责任目标，企业管理层有责任妥善保管、合理有效地运用资产。企业的投资人和债权人等需要及时或经常地了解企业管理层保管、使用资产情况，以便于评价企业管理层责任的履行情况和业绩情况，并决定是否需要调整投资者的投资决策或债权人的信贷决策，是否需要加强企业内部控制和其他制度建设，是否需要更换管理层等。

1.2.3 会计信息使用者

所有可能或已经从事与企业相关经济活动的个人或单位都是会计信息的使用者。例如，持有企业股票的投资者、企业产品的消费者、企业生产原料的供应商、企业的开户银行、税收征管部门等。我们不可能将所有的企业会计信息使用者列示出来，最主要的会计信息者有如下几类。

1. 投资者

在经营权与所有权相分离的情况下，企业的投资者需要利用会计信息进行有关投资的决策。投资的目的是取得投资收益，投资者最关心的是其投资是否能够增值，是否能获取足够多的投资收益。理性的投资者在做出投资决策前，会利用企业的会计信息（财务状况、经营成果和利润分配情况），分析和预测目标企业的未来收益和风险。

2. 债权人

企业的资金来源除投资者投入资金外，还包括向债权人借来的资金。企业最主要的债权人是银行等金融机构。债权人最关注的是贷款本息的安全性，即企业未来偿还债务本金和利息的能力。债权人会利用会计信息了解企业的偿债能力、盈利能力及经营状况，以便做出是否继续贷款或收回贷款的决策。

3. 供应商及客户

企业上下游的原材料供应商和客户是企业价值链上重要的两头，需要根据企业会计信息判断是否能够持续经营，并决定自身是否扩大生产，或者调整生产经营方向。客户作为企业产品的购买者和使用者，要求产品销售企业能够保证产品质量及后续的维修服务。产品销售企业财务报告中的资产价值和利润水平能够很好地反映其持续经营能力，销售额和应收账款的变化也能够说明其产品质量和企业信誉为社会所认可的程度。

4. 政府机构

政府机构在一定程度上依靠会计信息进行决策。税务部门利用会计信息了解企业承担纳税义务的情况；立法部门利用会计信息了解社会财富或利益分配是否公正，从而反思或修改相应的法律法规；环境保护部门利用会计信息了解企业环境保护投入的情况；证券监督管理委员会利用会计信息了解企业是否充分披露信息，所披露的会计信息是否误导投资者的决策。

5. 企业的职工以及代表职工利益的组织

企业不仅为职工提供了获得劳动报酬的场所，而且提供了职工自我发展的机会。作为就业者，自然希望他们为之付出时间和精力的是一家处于良性发展轨道、具有长远发展前景的企业。而在财务报告中提供的资产和利润变化趋势可以很好地回答这一问题。在部分工会组织发达的西方国家，企业职工甚至运用公司的财务报告数据，在薪酬和劳动时间以及其他福利方面与资方谈判，维护自己的利益。

6. 企业内部管理当局

企业内部的管理部门对企业日常经营活动进行控制和管理，信息的及时性和充分性对提高管理效率有着至关重要的作用。企业内部管理当局在制定重大的投资、筹资和经营决策，进行财务预测和预算时，随时可取得的详细的会计信息是其基础。

以上不同使用者对会计信息的内容、形式和侧重点要求也不同。企业提供同时满足所有使用者需求的会计信息是非常困难的。根据重要性原则，投资者和债权人是最主要的两类使用者。投资者是拥有这家企业的个体或组织。债权人是拥有这家企业部分资金、商品或服务所有权的个体或组织。财务会计在满足投资者和债权人决策需要的基础上，尽可能兼顾其他信息需求。

1.3 会计的基本假设和信息质量要求

1.3.1 会计的基本假设

会计基本假设确定了会计核算的前提条件，界定了会计核算的时间和空间范围。会计基本假设包括会计主体、持续经营、会计分期和货币计量。

1. 会计主体

会计主体假设规定会计核算的空间范围和界限。会计信息系统所加工的数据和提供的信息并不是漫无边际的，而是应该局限于一个特定的具有独立性或相对独立性的单位之内。如果以一个独立核算的企业作为会计主体，那么会计信息系统所处理与提供的信息都必须是与该企业相关的，而那些与本企业无关的信息，则不属于本会计主体的信息系统所核算的范围。此外，会计主体假设的提出也要求对主体与主体所有者的利益界限进行明确的区分。

例如，张女士同时经营一家酒店和一家游乐园。从会计的角度来看，酒店是一个独立的会计主体。酒店的财务报告反映酒店所拥有的所有资产和债务。而张女士的游乐园中的资产和张女士自己的住房、汽车均不能计入酒店的财务报表。

2. 持续经营

持续经营假设是指如果不存在明显的反证，一般都认为企业将无限期地经营下去。这里的“反证”指那些表明企业的经营将在可以预计的时刻结束，如合同规定的经营期满、企业资不抵债而濒临破产清算。持续经营假设解决了会计记录稳定性的问题。

绝大多数会计主体都拥有一定的资产。这些资产的价格并不是恒定的，随着供需的变化而变化。例如，张女士所经营酒店的房产是10年前购入的，当年的购买价格是500万元，并按此价格入账。由于所处地段日益繁华，目前的市价已逐步升至1 000万元。那么，在这10年当中，会计是否需要随时根据房产的市价对该资产的成本进行调整呢?

正是由于有了持续经营的前提,我们假设张女士的酒店在可预见的未来不会破产清算或关闭。在此前提假设条件下,张女士购入房产是为了酒店经营使用,而不是为了出售赚取差价,所以,房产的使用价值并无重大变化,房产市价的变化对酒店的经营情况影响不大。因此,对酒店的房产进行计量时,会计师就可以使用历史成本(原购入价格 500 万元),而不需要调整为清算价格(现行市价 1 000 万元)。当然,如果张女士的酒店经营已举步维艰,很难持续下去,那么持续经营假设就不再成立了,所有资产的会计计价基础均应随之改变。

3. 会计分期

持续经营假设设定企业的经营活动是无限期的,这给会计核算带来了诸多的困难,也使得会计信息系统提供的会计信息无法用于向委托方定期地解除受托责任。因此,人们便将企业持续经营的活动人为地划分为一个个等距离的"区间",以便能够及时地报告有关企业财务状况、经营成果与财务状况变动的信息。

根据会计分期的要求,企业的经营期被人为地"切"成了一个个会计期间,如一个月、一个季度、半年或一年。以一年为会计期间所出的财务报告,即称为"年报",反映企业在过去一年期间的财务状况和经营成果;以半年为一个会计期间所出的财务报告,称为"半年报",反映企业在一个半年期间的财务状况和经营成果;季报、月报依此类推。

会计分期假设使会计信息使用者可以定期地了解企业的盈亏数据、资产负债变化,提高了决策的效率,但也为会计工作增加了难度和工作量。会计人员为了能够定期计算企业损益,必须在每一个会计期末分摊成本,确认收益,结账并填报报表。以张女士的酒店房产为例,假设该房产可使用 50 年,则为了计算酒店上一年的收入和成本,应有 10 万元(500/50)的房屋折旧计入当年总成本,进而核算损益。

4. 货币计量

货币计量是指会计主体在对经济业务进行会计处理过程中,以货币为基本计量单位,反映其财务状况和经营成果。会计计量、记录和报告以货币为计量单位,而不是采用实物单位(如千克、千米、件、立方米等)或其他单位(如劳动小时数),是由于货币作为商品交换的一般等价物,有着无可替代的优越性,它最便于各种不同类型的资产、负债、收入、费用之间的价值比较。所以,在国际上通用以本国货币为会计基本计量单位。

1.3.2　会计信息的质量要求

为了达到目标,会计信息就应满足一些基本的质量要求,也称为会计信息的质量特征。这些质量特征包括可靠性、相关性、可理解性、可比性、实质重于形式、重要性、谨慎性和及时性。

1. 可靠性

可靠性要求企业应当以实际发生的交易或事项为依据进行会计确认、计量、报告，如实反映符合会计确认和计量要素的会计要素及其他相关信息，保证会计信息真实可靠、内容完整。

具体地，可靠性要求企业做到以下三点：第一，不能根据虚构的、没有发生的或者尚未发生的交易或事项进行会计处理。提供的信息是对企业所发生的商业活动的真实反映，没有重大错误。第二，应以中立的立场提供财务会计信息，不能有所偏向。如果企业为了在财务报告中达到事先设定的结果或效果，通过选择或列示有关会计信息来影响决策和判断，就不是中立的。第三，在符合重要性和成本效益原则的前提下，应保证会计信息的完整性，其中包括应当编制的报表及其附注内容的完整性，不得随意遗漏或者减少应予披露的信息，与使用者决策相关的有用信息都应当充分披露。

2. 相关性

相关性要求企业提供的会计信息应当与投资者、债权人等会计信息使用者的经济决策需要相关，有助于信息使用者对企业过去、现在或未来的情况做出评价或预测。

会计信息如何满足决策相关要求？会计人员应运用专业知识，在确认、计量和报告会计信息的过程中，从决策者的会计信息需求角度出发，具体判断某一信息是否与决策有关。同时还应注意，相关性是以可靠性为基础的，只有可靠的信息才谈得上决策相关。总而言之，会计信息在可靠性的前提下，尽可能地满足相关性，从而满足投资者、债权人等会计信息使用者的决策需要。

3. 可理解性

可理解性要求企业提供的会计信息应当清晰明了，便于会计信息使用者理解和使用。可理解性也是相关性的前提条件。那些与决策相关但是不能理解的信息仍是无用的信息。因此，企业提供的会计信息应当清晰明了、易于理解。只有这样，才能提高会计信息的有用性，满足向会计信息使用者提供决策有用信息的要求。

4. 可比性

可比性要求企业提供的会计信息应当相互可比。主要包括以下两层含义：

第一，从纵向来看，同一企业不同时期的会计信息可比。为了便于投资者等会计信息使用者了解企业财务状况、经营成果和现金流量的变化趋势，比较企业不同时期的会计信息，客观地评价过去、预测未来，从而做出决策，可比性要求同一企业不同时期发生的相同或者相似的交易或事项，应当采用一致的会计政策，不得随意变更。会计政策确实需要变更的，应当在财务报告附注中说明，并且披露这一变化对企业财务状况和经营成果的累计影响。

第二，从横向来看，不同企业相同会计期间的会计信息相互可比。投资者和债权人在投资决策时面临着多种选择，理性的投资者期望他们的资金能够获得最高的投资回报。因此在决策过程中，投资者会通过多种渠道，获得不同企业的相关信息，相互比较取舍之后决定资金流向。为了便于投资者等会计信息使用者评价不同企业的财务状况、经营成果和现金流量及其变动情况，可比性要求不同企业发生的相同或者相似的交易或事项，应当采用规定的会计政策，确保会计信息口径一致、相互可比。

5. 实质重于形式

实质重于形式要求企业应当按照交易或事项的经济实质进行会计确认、计量和报告，不应仅以交易或事项的法律形式为依据。实质是指交易或事项的经济实质，形式是指会计核算依据的法律形式。

企业发生的交易或事项在多数情况下其经济实质和法律形式是一致的，但是有时也会出现不一致的情况。企业就应当按照交易或事项的经济实质进行会计处理，而不能按照其法律形式进行会计处理。如果企业仅以交易或事项的法律形式进行核算，就会导致会计信息失真。例如，对融资租入固定资产的会计处理。你的企业需要购买一件大型生产设备，但是因资金不足而求助于融资租赁公司，双方签订合同后，融资租赁公司购买你企业需要的设备，交给你企业长期使用，你企业每年定期向融资租赁公司支付租赁费。从法律形式来看，在你企业清偿全部租赁款之前，融资租赁设备的所有权归属于融资租赁公司，不应作为你企业的资产。但从经济实质来看，你企业拥有对融资租赁设备的长期使用权，而且使用期限接近于设备的整个寿命期限，并且有权在租赁期末以低价取得该项资产的最终所有权。你企业向融资租赁公司支付的租赁费实际上是融资租赁公司为你企业垫付购买设备款项所支付的利息。因此，虽然在法律形式上，你企业没有该项设备的所有权，但是会计上根据实质重于形式原则，依然应该将其计入你企业的资产。

6. 重要性

重要性要求企业提供的会计信息应当反映与企业财务状况、经营成果和现金流量有关的所有重要交易或事项。

重要性就是要突出重点，分清主次。即对于会计信息使用者来说重要的会计事项，必须充分反映，在财务会计报告中做重点说明。而对于次要的会计事项，可以采用简化的核算方法进行处理。例如，对于金额较大、可使用多年的机器设备等固定资产，为了核算每一个会计期间的损益，必须对这些机器设备计提折旧费用；而对于一些同样可以长期使用的清洁用品、照明用品，如果单位金额很低，则没有必要按会计期间进行折旧，在投入使用时一次计入费用即可。

一般来说，判断某一项目是否重要，不仅要看金额，而且要看性质。凡是金额巨大或性质严重的，可以确定为重要事项，反之就是不重要事项。会计人员在确定某个项目的重要性时，要看该项目是否影响财务会计信息使用者的决策。

7. 谨慎性

谨慎性要求企业对交易或事项进行会计处理时应当保持应有的谨慎，不高估资产或者收益，不低估负债和费用。

在市场经济环境下，企业的经营活动面临许多风险和不确定性。例如，许多产品销售附带有保修义务，而究竟有多少产品在保质期内返修？客户所欠企业的款项在销售完成后是否能够全额收回？这些都是无法在销售当时确定的。在面临不确定性因素的情况下，应当保持应有的谨慎，充分估计到可能发生的风险和损失，不高估资产，不夸大利润，以免引起财务会计信息使用者的盲目乐观。

8. 及时性

及时性要求企业对于已经发生的交易或事项，应当及时进行会计处理，不得提前或延后。

会计信息的目的是帮助信息使用者制定经济决策。而只有及时的信息才具备决策价值，因此会计信息必须具备及时性。及时性主要体现在以下三个方面：一要及时收集会计信息，经济业务发生以后，会计人员要将有关的凭证资料及时收集整理；二要及时进行会计处理，编制出财务会计报告；三要及时将财务会计报告对外报送出去，以便报告使用者使用。

1.4 企业的经济活动

1.4.1 企业的组织类型

任何企业组织都面临“生产什么与生产多少”、“如何生产”和“为谁生产”等三个基本问题。如何解决这三个基本问题，通常涉及资源条件、技术条件、市场条件和制度安排，而制度安排涉及企业组织设计及管理问题。企业组织形式不同，其经济活动也不同。通常认为，企业组织形式主要包括独资企业、合伙企业和公司三种形式。

1. 独资企业

独资企业是指一个人出资经营，出资者对企业债务承担无限责任的一种企业组织形式。在这里，作为出资人的业主是自然人，而不是法人。作为一种企业组织形式，对“独资”一词的理解不能停留在字面上。例如，人们经常提到的“国有独资公司”，如果只从字面上理解，它应该是独资企业，但是，国有独资公司的出资者不是自然人，而是代表全国人民的国家。因此，国有独资公司不是自然人独资企业。

2. 合伙企业

合伙企业是指由两个或两个以上的合伙人（自然人）共同投资经营、共负盈亏、共担风险的企业组织。在国外，合伙企业大多处于以个人服务为主的行业，如会计师事务所、律师事务所、医师诊所等。在我国，合伙企业仅限于私营企业。

3. 公司

无论是独资企业还是合伙企业，随着市场的拓宽和需求的日益增大，其生产规模将继续扩大。这时，即使业主或合伙人每年自己拿出一部分利润用于再投资，扩大生产规模，独资或合伙企业也会受限于资本规模。独资或合伙企业发现自己处于两难困境：经营得越成功，发展得越快，就越感到资本短缺。如何解决独资或合伙企业发展过程中的资本问题，便成为独资或合伙企业发展面临的重要问题。经历多年的发展与探索，独资或合伙企业可以通过使更多的人分享利润或承担亏损的方式来获得更多的资本（股本）。由此，公司这种企业组织形式便应运而生。

1.4.2　企业的行业划分

企业是从事生产、流通、服务等经济活动，以生产或服务满足社会需要，实行自主经营、独立核算、依法设立的一种营利性的经济组织，主要强调独立性和盈利性。社会的生产力水平决定社会基本经济单位的组织形式。企业是社会生产力发展到一定水平的成果，是商品生产与商品交换的产物。在商品经济范畴，企业作为组织单元的多种模式之一，是按照一定的组织规律有机构成的经济实体。企业一般以营利为目的，以实现投资人、客户、员工、社会大众的利益最大化为使命，通过提供产品或服务换取收入。它是社会发展的产物，因社会分工的发展而成长壮大，是市场经济活动的主要参与者。

企业一般包括三种不同的类型：制造企业、商业企业和服务企业。每种类型的企业都有其自身的特征。

制造企业将原始投入转化为销售给个人消费者的产品。表 1－1 是一些制造企业及其产品的例子。

表 1－1　制造企业举例

制造企业	生产的产品
格力电器股份有限公司	空调、冰箱
吉利汽车有限公司	汽车
TCL 集团股份有限公司	彩色电视机
小米科技有限公司	手机

商业企业也向顾客销售产品，但是它们不生产产品，而是从其他企业（如制造企业）购买产品，再销售给顾客。这样，商业企业就将产品和顾客联系起来。表 1－2 是一些商业企业及其销售的产品的例子。

表 1－2　商业企业举例

商业企业	销售的产品
沃尔玛	日用商品
国美电器	家电产品
亚马逊	图书、音乐和视频的网上零售
梅西百货	服装、化妆品、首饰等

服务企业向顾客提供服务而不是产品。表 1－3 是一些服务企业及所提供服务的例子。

表 1-3 服务企业举例

服务企业	提供的服务
迪士尼	娱乐
东方航空公司	运输
希尔顿酒店	招待和住宿
德勤会计师事务所	审计与财务咨询

1.4.3 制造企业的生产经营要素

制造企业的生产经营要素是指企业投入生产经营过程中的各种资源。任何企业的生产经营都必须先投入一定种类和数量的资源，才能最终生产和经营一定的产品或提供服务。因此，生产经营要素是企业进行正常生产经营活动所必不可少的客观条件和物质基础。制造企业的生产经营要素主要包括劳动、资本和土地。

然而，当劳动者和生产资料处于分离的情况时，它们只具有成为生产经营要素的可能性。它们要成为现实的生产经营要素，就必须结合起来。劳动者与生产资料的结合，是人类进行社会劳动生产所必须具备的条件，没有它们的结合，就没有社会生产劳动。在生产过程中，劳动者运用劳动资料进行劳动，使劳动对象发生预期的变化。生产过程结束时，劳动和劳动对象结合在一起，劳动物化了，对象被加工了，形成了适合人们需要的产品。如果整个过程从结果的角度加以考察，劳动资料和劳动对象表现为生产资料，劳动本身则表现为生产劳动。

1.4.4 制造企业的生产经营活动

制造企业主要的生产经营过程可以划分为生产准备过程、产品生产过程和产品销售过程。制造企业在整个生产经营过程中涉及的财务活动过程包括：资金筹集（股权筹资、债务筹资）、资金投放（对内投资和对外投资）、资金退出（偿债、纳税、股利分配）。

1. 资金筹集

制造企业要开展生产经营活动，必须拥有一定数量的资金。这些资金最初主要是通过筹资活动从企业外部取得的。主要来源有企业所有者的投资，如发行股票或集资；还有从银行或其他方面取得的借款（前者如银行借款，后者如发行企业债券）。企业所筹集的资金一般表现为货币资金，如现金、银行存款等。

2. 资金投放

资金在企业中周转的业务，主要包括生产准备、产品生产、产品销售及财务成果的形成与分配等经济业务。

在供应过程，企业用货币资金购建固定资产、购买原材料等，为产品生产做劳动资料和劳动对象方面的准备，资金的形态由货币资金转化为固定资金、储备资金等。

在生产过程，企业运用劳动资料对劳动对象进行加工，生产各种产品。在产品的生产过程中，发生原材料消耗、职工薪酬、固定资产折旧等各种各样的费用，这些费用中按规定应计入成本的部分，构成了产品的生产成本。随着生产的不断进行，实物形态由原材料转化成在产品和产成品，资金的形态也转化为在产品资金形态和产成品资金形态。

在销售过程，企业要将生产出的产品对外销售，以实现其价值。随着产品销售、价款收回，资金的形态又从产成品资金形态回到货币资金形态。

3. 资金退出

资金退出企业的业务主要包括偿还各项债务、上缴各项资金、向投资者分配利润等。一个会计期间结束，企业将取得的收入抵偿所发生的成本费用，计算实现的利润。企业实现的利润，按照税法规定要上缴所得税，缴纳所得税后的净利润，一部分留归企业，形成企业扩大再生产经营的资金来源，另一部分需向投资者分配。随着上缴所得税和向投资者分配利润以及生产经营过程中的债务偿还，资金便退出了企业。

需要说明的是，以上是以制造业的购产销活动为主线描述的制造业资金运动过程，事实上，制造企业的生产经营活动还包括对外投资等活动。本书的第二篇即以制造业为例阐述企业经济业务的财务会计核算。

1.5 本书的体系结构安排

本书的体系结构设计安排，以会计的基本目标为导向，基于公司会计主体，侧重公司财务会计的核算、监督、分析职能，依托制造业，结合制造企业的购产销活动，依循财务活动过程，集中于会计信息的生成、处理、报告及分析。

本书共分 12 章：会计学基础理论；会计要素与记账方法原理；会计循环与会计系统原理；资本筹集的核算；长期经营性资产；采购与付款循环；生产与成本核算；销售与收款循环；对外投资与金融资产；利润的形成与分配；财务会计报告；财务报表分析。

思考题

1. 企业的组织形式有哪些？
2. 企业组织的经济活动有哪些？
3. 什么是会计？
4. 会计系统的主要内容是什么？
5. 财务会计信息的需求者有哪些？
6. 如何理解会计主体假设？
7. 如何理解持续经营假设？

8. 如何理解会计分期假设？
9. 如何理解货币计量假设？
10. 财务会计信息质量特征有哪些？

练习题

一、名词解释

企业	企业组织形式	会计
财务会计	会计主体	持续经营
会计分期	货币计量	可靠性
相关性	可理解性	可比性
实质重于形式	重要性	谨慎性
及时性		

二、判断题

1. 企业的类型包括制造企业、商业企业和服务企业。（ ）
2. 企业组织形式主要包括独资企业、合伙企业和股份有限公司三种。（ ）
3. 企业组织的经济活动包括投资活动、筹资活动和生产活动。（ ）
4. 会计是一种特殊的经济管理活动。（ ）
5. 会计就是记账、算账。（ ）
6. 财务会计信息主要关注满足外部信息需求者的信息需求。（ ）
7. 会计主体就是法人企业。（ ）
8. 会计分期不同，对各期的利润总额不会产生影响。（ ）
9. 会计信息质量特征是对企业所提供的会计信息质量的基本要求。（ ）
10. 会计信息质量特征中的相关性和可靠性是相互矛盾的，二者不能兼得。（ ）
11. 谨慎性要求在会计核算工作中做到谨慎，不夸大企业的资产。（ ）
12. 谨慎性就是要尽量低估费用和损失。（ ）
13. 财务会计主要承担向企业内部的管理者提供企业相关信息的责任。（ ）
14. 同一企业不同期间会计信息的可比也称横向可比。（ ）
15. 实质重于形式中的“实质”指的是交易或事项所具有的经济性质。（ ）
16. 会计既是企业的一个提供经济信息的决策支持系统，又是为企业外部利益相关者提供信息的主要途径。（ ）

三、单项选择题

1. 属于独立法律主体的企业组织形式是（ ）。

A. 公司 B. 独资企业 C. 合伙企业 D. 个体工商户

2. 下列各项中，能够作为会计主体的是（ ）。

A. 子公司 B. 分公司 C. 财务部 D. 生产车间

3. 公司提供的会计信息应当与外部使用者的经济决策需要相关，有助于财务会计信息使用者对公司过去、现在和未来的情况做出评价或预测，这体现的是（　　）。

A. 谨慎性　　B. 相关性　　C. 可比性　　D. 可靠性

4. 公司应当以实际发生的交易或者事项为依据进行会计确认、计量和报告，体现的是财务会计信息特征的（　　）。

A. 可靠性　　B. 相关性　　C. 可理解性　　D. 实质重于形式

5. 公司应当按照交易或事项的经济实质进行会计确认、计量和报告，体现的是财务会计信息特征的（　　）。

A. 可靠性　　B. 相关性　　C. 可理解性　　D. 实质重于形式

6. 公司提供的会计信息应当反映与公司财务状况、经营成果和现金流量等有关的所有重要交易或事项，体现的是会计信息特征的（　　）。

A. 可比性　　B. 重要性　　C. 谨慎性　　D. 及时性

7. 下列各项不属于管理会计信息使用者的是（　　）。

A. 总经理　　B. 债权人　　C. 财务总监　　D. 部门经理

8. 以下各项不属于管理会计信息特征的是（　　）。

A. 灵活性　　B. 成本效益性　　C. 谨慎性　　D. 及时性

9. 下列各项中，作为会计分期基础的是（　　）。

A. 会计主体　　B. 货币计量　　C. 持续经营　　D. 币值稳定

10. 下列各项中，属于资金退出企业的事项是（　　）。

A. 缴纳税金　　B. 支付管理费用

C. 购买材料　　D. 支付工资

11. 下列各项中，体现可比性要求的是（　　）。

A. 会计指标必须真实　　B. 会计指标口径一致

C. 按照交易实质进行会计处理　　D. 会计处理方法简单易懂

12. 下列各项中，属于实质重于形式原则中所指的“形式”的是（　　）。

A. 进行经济活动遵循的法律　　B. 会计核算的法律依据

C. 会计核算的一般规律　　D. 交易或事项的形式

13. 下列各项中，不属于会计信息需求者的是（　　）。

A. 注册会计师　　B. 股东　　C. 债权人　　D. 员工

14. “同一企业不同时期发生的相同或者相似的交易或事项，应当采用一致的会计政策，不得随意变更。”依据的原则是（　　）。

A. 可靠性　　B. 可比性　　C. 可理解性　　D. 及时性

15. 下列各项中，对会计活动所服务的对象做出基本假定的是（　　）。

A. 会计分期　　B. 会计主体　　C. 持续经营　　D. 货币计量

16. 对会计所服务对象经营活动的持续性进行合理期间划分做出基本设定的是（　　）。

A. 会计分期　　B. 会计主体　　C. 持续经营　　D. 货币计量

四、多项选择题

1. 企业组织形式主要有（　　）。

A. 独资企业　　B. 股份有限公司
C. 合伙企业　　D. 公司

2. 企业组织的经济活动包括（　　）。
A. 筹资活动　B. 投资活动　C. 经营活动　D. 生产活动

3. 财务会计信息的外部使用者包括（　　）。
A. 公司管理者　B. 投资者　C. 债权人　D. 政府有关部门
E. 供应商

4. 财务会计信息的可比性要求（　　）。
A. 公司应当以实际发生的交易或事项为依据进行会计确认、计量和报告
B. 公司提供的会计信息应当具有可比性
C. 不同公司发生的相同或相似事项应当具有可比性
D. 公司对已经发生的交易或事项，应当及时进行会计确认、计量和报告，不得提前或延后
E. 同一公司不同时期发生的相同或相似的交易或事项应当具有可比性

5. 关于财务会计信息的特征，下列说法不正确的有（　　）。
A. 相关性要求公司应当以实际发生的交易或事项为依据进行会计确认、计量和报告
B. 谨慎性要求公司在会计核算中有时甚至宁可高估负债和费用，也不能高估资产和收入，最终达到不高估净资产和利润的目的
C. 及时性是相关性的有机组成部分，它要求会计工作的时效性，要求会计处理及时进行，以便会计信息使用者及时地使用
D. 实质重于形式要求公司在会计核算时，应以法律的要求重于经济业务的要求为前提
E. 可比性要求公司采用的会计方法前后各期应当一致，不得随意改变

6. 下列各项中，构成会计核算基本假设的有（　　）。
A. 会计主体　B. 持续经营　C. 会计分期　D. 货币计量
E. 会计确认

7. 下列各项中，体现财务会计信息可比性要求的有（　　）。
A. 采用一致的会计政策　　B. 满足会计信息使用者的需求
C. 会计信息的口径一致　　D. 及时进行会计处理
E. 不得随意变更会计政策

8. 下列会计信息质量特征中，体现及时性的有（　　）。
A. 及时收集原始凭证　　B. 及时处理原始凭证
C. 及时进行账务处理　　D. 及时传递会计信息
E. 及时进行交易

9. 下列各项中，体现实质重于形式的会计处理有（　　）。
A. 按照企业会计制度的要求进行会计处理
B. 将融资租赁的设备比照自由资产进行会计处理
C. 将捐赠灾区的商品作为销售实现处理

D. 按照会计法的要求进行会计处理
E. 由于购买方发生财务困难而不将已发出的销售商品作为收入实现处理
10. 下列各项中，属于谨慎性原则具体运用的有（　　）。
A. 低估收益　　B. 低估资产
C. 低估费用和损失　　D. 尽早确认费用和损失
11. 下列各项中，明确界定会计主体假设的意义在于（　　）。
A. 划定会计所要处理的各项交易或事项的空间范围
B. 将本会计主体的交易或事项与其他主体的交易或事项区别开来
C. 划定跨级所要处理的各项交易或事项的时间范围
D. 对本主体所发生的交易或事项的经济性质进行正确判断和处理
E. 为会计分期假设提供必要基础
12. 下列各项中，明确界定持续经营假设的意义在于（　　）。
A. 划定会计所要处理的各项交易或事项的空间范围
B. 将本会计主体的交易或事项与其他主体的交易或事项区别开来
C. 划定跨级所要处理的各项交易或事项的时间范围
D. 对本主体所发生的交易或事项的经济性质进行正确判断和处理
E. 为会计分期假设提供必要基础
13. 下列各项中，明确界定货币计量假设的意义在于（　　）。
A. 建立有条不紊的会计工作基本程序
B. 能够统一会计计量的基本方法
C. 方便进行会计汇总和对比分析
D. 划定会计所要处理的各项交易或事项的时间范围
E. 合理处理那些可能跨越若干会计期间的交易或事项
14. 企业的经营资金在其运动过程中，可能表现出的具体形态有（　　）。
A. 货币资金形态　　B. 储备资金形态
C. 固定资金形态　　D. 成品资金形态
E. 生产资金形态

第 2 章

Chapter 2 会计要素与记账方法原理

学习目标

1. 掌握会计要素及会计等式
2. 了解常用会计科目与账户
3. 掌握记账方法的基本原理及其应用

经济主体在开展经济业务的过程中，频繁地发生各种各样的交易或事项。会计上如何按照发生的交易或事项的经济特征进行分类记录？要解决这一问题就需要理解会计要素的划分及在此基础上的会计记账方法。本章将集中介绍会计要素和会计记账方法。下一章将着重介绍具体会计业务处理过程，因此本章是第 3 章的前提。

2.1 会计要素的界定与分类

会计要素是指对会计内容按交易或者事项的经济特征所确定的基本分类，是会计内容的具体化。会计要素按其性质分为资产、负债、所有者权益、收入、费用和利润六大要素，其中，资产、负债和所有者权益要素侧重于反映企业在特定日期的财务状况，收入、费用和利润侧重于反映企业在特定时期内从事生产经营活动的经营成果。财务状况是资金运动相对静止时的表现，经营成果则是资金运动呈现显著变动状态的主要体现。

通过对会计要素的界定和分类，可以使财务会计系统更加严密科学，并为财务报告使用者提供更为有用的信息。会计要素的划分还是企业设置会计科目的依据，并构成财务报表的框架。其中，资产、负债和所有者权益构成资产负债表的基本框架，收入、费用和利润构成利润表的基本框架。所以，会计要素又称为财务报表要素。

2.1.1 资产负债表要素

（一）资产

1. 资产的定义和特征

资产是指企业过去的交易或者事项形成的、由企业拥有或者控制的、预期会给企业带来经济利益的资源。拥有或控制一定数量的资产，是企业进行生产经营活动的先决条件。从定义可见，资产具有以下特征：

(1) 资产必须是企业拥有或者控制的资源。资产作为一项资源，应当由企业拥有或者控制，即企业享有某项资源的所有权，或者虽然不享有某项资源的所有权，但能控制该项资源。企业只有拥有或控制资产，才能享有资产所带来的经济利益。企业享有资产的所有权，通常表明企业能够排他性地从资产中获取经济利益；在有些情况下，企业虽然不享有某些资产的所有权，但却能够控制这些资产，并能够从所控制的资产中获取经济利益，这也同样符合会计上对资产的定义，也就是说，会计意义上的控制并不完全等同于所有权的法律概念。

> 企业采用融资租赁方式租入固定资产，虽然在租赁期内企业并不拥有租入资产的所有权，但如果租赁合同规定的租赁期相当长，接近于该资产的使用寿命，则表明企业控制了该资产的使用及其所能带来的经济利益，所以应将其作为企业资产予以核算。如果一项资产的所有权或控制权不为企业所有，就不应列为企业的资产，如以经营租赁方式租入的固定资产就不属于企业的资产。

(2) 资产预期会给企业带来经济利益。资产预期会给企业带来经济利益，是指资产具有直接或者间接导致现金和现金等价物流入企业的潜力。资产预期能不能为企业带来经济利益是资产的重要特征。

> 企业采购原材料用于制造产品，产品对外出售后收回货款，货款即为企业所获得的经济利益。

如果某一项目预期不能给企业带来经济利益，则不能将其确认为企业的资产。以前期间已经确认为资产的项目，若不能再为企业带来经济利益，也不能再确认为企业的资产。

> 待处理财产损失等，由于预期不能为企业带来经济利益，不符合资产的定义，不应当确认为资产。

(3) 资产是由企业过去的交易或者事项形成的。交易是指企业与其他单位或个人之间发生的各种经济利益交换，如商品销售。事项是指企业内部发生的具有经济影响的事件，如计提折旧。资产必须是现实的资产，即只有过去的交易或者事项才能产生资产，企业预期在未来发生的交易或者事项不形成资产。如企业计划 2 个月后购买的原材料就不能列作资产。

2. 资产的确认及列报条件

符合上述资产定义的资源，在同时满足以下两个条件时，确认为资产：第一，与该资源有关的经济利益很可能流入企业；第二，该资源的成本或者价值能够可靠计量。

符合资产定义和资产确认条件的项目，应当列入资产负债表；符合资产定义，但不符合资产确认条件的项目，不应当列入资产负债表。

3. 资产的分类

资产按其持有目的和变现能力的强弱不同，可分为流动资产和非流动资产。流动资产是指企业预计在一年或超过一年的一个正常营业周期内变现或者耗用等的资产。正常营业周期通常是指企业从购买用于加工的资产起到实现现金或现金等价物的期间，大多短于一年，但也存在长于一年的情况，如大型船舶的制造业，其正常营业周期往往超过一年。在不能确定的情况下，以一年（12 个月）作为正常营业周期。流动资产主要包括货币资金、交易性金融资产、应收票据、应收账款、预付款项、应收利息、应收股利、其他应收款、存货等。非流动资产是指流动资产以外的资产，主要包括长期股权投资、固定资产、在建工程、工程物资、无形资产、开发支出、商誉等。

（二）负债

1. 负债的定义和特征

负债是指企业过去的交易或者事项形成的、预期会导致经济利益流出企业的现时义务。从定义可见，负债具有以下特征：

（1）负债是企业承担的现时义务。此为负债的一个基本特征。“现时义务”是指企业在现行条件下已承担的义务，包括法定义务和推定义务。未来发生的交易或者事项形成的义务，不属于现时义务，不应确认为负债。

（2）负债预期会导致经济利益流出企业。这也是负债的一个本质特征。清偿负债导致经济利益流出企业的形式多种多样，如用现金偿还或以实物资产形式偿还，以提供劳务形式偿还，等等。如果负债的清偿预期不会导致企业经济利益流出，就不符合负债的定义。

（3）负债由企业过去的交易或者事项形成。只有过去的交易或者事项才形成负债，导致负债的交易或事项已经发生，如购买商品产生应付账款。企业将在未来发生的承诺、签订的合同等交易或者事项，不形成负债。

2. 负债的确认及列报条件

符合上述负债定义的现时义务，在同时满足以下两个条件时，确认为负债：第一，与该义务有关的经济利益很可能流出企业；第二，未来流出的经济利益的金额能够可靠地计量。

符合负债定义和负债确认条件的项目，应当列入资产负债表；符合负债定义，但不符合负债确认条件的项目，不应当列入资产负债表。

3. 负债的分类

负债按其流动性（偿还期限的长短）可分为流动负债和非流动负债。流动负债是指企业预计在一年（含一年）或超过一年的一个正常营业周期内清偿的债务，主要包括短期借款、应付票据、应付账款、预收款项、应付职工薪酬、应交税费、应付利息、应付股利、其他应付款等。非流动负债是指流动负债以外的负债，主要包括长期借款、应付债券、长期应付款等。

（三）所有者权益

1. 所有者权益的定义和特征

所有者权益是指企业资产扣除负债后，由所有者享有的剩余权益，其金额为资产减去负债后的余额。股份公司的所有者权益又称为股东权益。所有者权益反映了所有者对企业资产的剩余索取权，是企业资产中扣除债权人权益后应由所有者享有的部分（即企业的净资产）。

所有者权益具有以下特征：

（1）所有者权益是所有者对企业资产的剩余索取权，所有者仅对企业的净资产享有所有权，净资产是资产减去负债后的余额。

（2）所有者权益不是一个独立的要素，其非独立性表现在所有者权益金额的确认、计量要依赖于资产、负债和利润。

（3）所有者凭借所有者权益参与企业利润的分配。

2. 所有者权益的构成

所有者权益的构成主要包括所有者投入的资本、直接计入所有者权益的利得和损失、留存收益等。直接计入所有者权益的利得和损失，是指不应计入当期损益、会导致所有者权益发生增减变动、与所有者投入资本或向所有者分配利润无关的利得或损失。利得是指由企业非日常活动所发生的、会导致所有者权益增加的、与所有者投入资本无关的经济利益的流入。损失是指由企业非日常活动所发生的、会导致所有者权益减少的、与向所有者分配利润无关的经济利益的流出。

上述资产、负债和所有者权益三大要素是反映企业某一时点财务状况的会计要素，即为静态的会计要素。这三大要素之间的关系可以用公式表示为：

$$资产=负债+所有者权益 \quad (2-1)$$

该等式为会计基本恒等式，是设置会计科目和账户、复式记账和编制资产负债表的理论依据。因此，这三大要素属于资产负债表的会计要素。

2.1.2 利润表要素

（一）收入

1. 收入的定义和特征

收入是指企业在日常活动中形成的、会导致所有者权益增加的、与所有者投入资本无关的经济利益的总流入。

收入的特征表现为：

（1）"日常活动"是指企业为完成其经营目标所从事的经常性活动以及与之相关的活动。例如，工业企业制造并销售产品、商业企业销售商品等，都属于企业的日常活动，企业的非日常活动所形成的经济利益的流入不能确认为收入，而应当作为利得，如企业不应将处置固定资产的净收益作为收入确认，因为处置固定资产属于企业的非日常活动。

（2）收入的形成总是伴随着资产的增加或负债的减少。"会导致所有者权益增加"是指与收入相关的经济利益的流入应当会导致所有者权益增加，不会导致所有者权益增加的经济流入，不符合收入定义，不应确认为收入，如企业从银行借款，虽然也导致了企业经济利益流入，但该流入并不导致所有者权益的增加，而是使企业承担了一项现时义务，因此不应将此项经济利益的增加确认为收入，而应确认为负债。

（3）"与所有者投入资本无关的经济利益的总流入"是指收入虽然会导致所有者权益的增加，但这项增加与所有者投入资本无关，对于所有者投入资本增加的经济流入，应将其直接确认为所有者权益，而不应确认为收入。

2. 收入的构成

制造企业的收入主要包括销售商品的收入、提供劳务的收入、让渡资产使用权所产生的收入（如租金收入、利息收入、投资收益）等。

3. 收入的确认条件

收入的确认至少应当满足三个条件：第一，与收入相关的经济利益很可能流入企业；第二，经济利益的流入会导致企业资产的增加或负债的减少；第三，经济利益的流入金额能够可靠地计量。符合收入定义和确认条件的项目，应当列入利润表。

（二）费用

1. 费用的定义和特征

费用是指企业在日常活动中发生的、会导致所有者权益减少的、与向所有者分配利润无关的经济利益的总流出。

费用具有如下特征：

（1）是企业在日常活动中发生的。这里的"日常活动"界定与收入定义中"日常活动"的界定相一致。日常活动中的费用主要包括销售商品、提供劳务、出租资产等活动中产生的经济利益的流出。企业不应将非日常活动所形成的经济利益流出确认为费用，非日常活动所形成的经济利益流出应计入损失。

（2）会导致所有者权益的减少。与费用相关的经济利益的流出，应当会导致所有者权益的减少，如企业支付广告费，引起销售费用增加，利润相应减少，所有者权益也会相应减少。对于不会导致所有者权益减少的经济利益的流出，因不符合费用的定义，企业不应当确认为费用。

（3）会导致经济利益的流出。与收入发生导致的资产增加或负债减少等经济利益流入相对应，费用的发生会导致资产减少或者负债增加（最终也会导致资产的减少）等经济利益的流出。但不是所有的经济利益流出都确认为费用，企业向所有者分配利润虽然也会导致经济利益的流出，但该经济利益的流出属于所有者权益的抵减项目，不应将其确认为费用。

2. 费用的分类和确认

费用可分为营业成本、期间费用和税费等。营业成本主要包括主营业务成本和其他业务成本；期间费用主要包括销售费用、管理费用和财务费用；税费主要包括税金及附加和所得税费用。费用的确认除了应当符合定义外，至少应当符合以下三个条件：第一，与费用相关的经济利益应当很可能流出企业；第二，经济利益流出的结果会导致资产的减少或负债的增加；第三，经济利益的流出金额能够可靠计量。符合费用定义和确认条件的项目，应当列入利润表。

(三) 利润

1. 利润的定义和构成

利润是指企业在一定会计期间的经营成果。它反映企业的经营业绩情况，如果企业实现了利润，表明企业的所有者权益增加，反之，如果企业发生亏损，即利润为负，表明企业的所有者权益将减少。利润是评价企业管理层业绩和财务报告使用者进行决策的重要参考指标。

利润包括收入减去费用后的净额、直接计入当期利润的利得和损失（营业外收入和营业外支出）等。其中，“收入减去费用后的净额”反映的是企业日常活动的经营业绩；“直接计入当期利润的利得和损失”反映的是企业非日常活动的业绩。企业应当严格区分收入和利得、费用和损失，明确区分经营业绩和非经营业绩，只有如此，才能对企业管理层的业绩做出正确评价，为投资者等会计信息使用者进行经济决策提供有价值的参考指标。

2. 利润的确认

利润金额取决于收入和费用、直接计入当期利润的利得和损失金额的计量。利润总额包括营业利润、营业外收入和营业外支出。利润总额扣除所得税费用即为净利润。利润项目应当列入利润表。

上述收入、费用和利润三大会计要素是反映企业一定期间经营成果的会计要素，即为动态的会计要素。收入、费用和利润这三个要素的关系可以用公式表示为：

收入－费用＝利润（或亏损）①　　(2－2)

该等式是编制利润表的基础，因此，这三大要素称为利润表的会计要素。

2.2 会计等式与经济业务

2.2.1 会计等式

会计等式是指会计要素之间的数量关系式。承接上节，现把六大会计要素形

① 收入减去费用后的净额构成利润的主体，除此之外，利润还包括直接计入利润的利得和损失。

成的会计基本等式归结如下：

资产＝负债＋所有者权益 (2-3)

收入－费用＝利润 (2-4)

通常所说的会计等式是指（2-3）式，也称为会计等式的基本公式。等式左方反映企业不同形态的资产的价值量总和，构成了企业经营的物质基础；等式右方反映资产价值总和的取得和形成的渠道，也反映对企业资产的求偿权，其中负债反映的是企业债权人对企业资产的索取权，所有者权益反映的是企业所有者对企业资产的索取权，两者在性质上有着本质区别。一个主体拥有的经济资源（资产）等于有关各方对这些资源的索取权（权益），因此会计等式的基本公式还可以表示为（2-5）式和（2-6）式：

资产＝权益 (2-5)

资产＝债权人权益＋所有者权益 (2-6)

假设新成立一家企业，首先做的一件事是所有者开立账户存入一定的资金（假设为现金 40 000 元），这笔交易的影响是，企业拥有了一项资产，所有者同时拥有对这项资产的索取权：

资产￥40 000＝权益￥40 000

接下来企业从银行获得贷款 15 000 元，这笔交易使得企业现金增加了 15 000 元，同时银行获得对新增加部分资产的索取权，企业的会计记录如下：

资产￥55 000＝所有者权益￥40 000 ＋ 债权人权益￥15 000

上述会计等式的基本公式是企业在特定时点（期初或期末）静态的财务状况。企业在生产经营过程中必然会发生费用，销售商品、提供劳务等会取得收入，构成了企业生产经营活动的动态会计等式，即（2-4）式。随着收入、费用的发生，在会计期间内，会计等式就扩展为（2-7）式：

资产＋费用＝负债＋所有者权益＋收入 (2-7)

会计期末，将当期收入与费用相抵减计算出利润，会计等式的扩展公式就转化为：

资产＝负债＋所有者权益＋收入－费用＝负债＋所有者权益＋利润 (2-8)

企业按规定的程序对利润进行分配，将应分派给投资者的利润转化为企业的负债，提取的盈余公积和未分配利润即留存收益，构成企业的所有者权益。此时，会计等式又恢复为（2-3）式：

资产＝负债＋所有者权益

2.2.2　经济业务对会计等式的影响

企业的资金运动在生产经营活动中表现为各种经济业务，包括交易或事项。要理解企业组织的各项交易或事项，首先要进行交易或事项分析，交易或事项分析是财务会计的核心。这些经济业务如何影响各个项目，以及最终如何体现在财务报表中？从财务会计的角度，交易或事项引起会计要素发生增减变动并需要会计予以记录。企业发生的经济业务是多种多样的，但就其对会计等式左、右两边的影响来看，归纳起来，不外乎以下四种类型：

第一，引起资产项目与负债和所有者权益项目同时增加，双方增加金额相等的经济业务，一般表现为资金进入企业，即资金筹集业务，主要包括吸收投资者投入资金、从银行等金融机构取得借款业务；

第二，引起资产项目与负债和所有者权益项目同时减少，双方减少金额相等的经济业务，一般表现为资金退出企业，主要包括偿还各项债务、上缴各项税金、向投资者分配利润等业务；

第三，引起资产项目之间有增有减，增减金额相等的经济业务，表现为资产的内部变化，通常来自资金在企业中周转的业务，主要源于企业供应过程、生产过程、销售过程；

第四，引起负债和所有者权益项目之间有增有减，增减金额相等的经济业务，表现为负债和所有者权益的内部变化。

会计等式的平衡关系是会计上设置账户、复式记账和编制资产负债表的理论基础。正确地理解和运用会计等式，对于会计核算具有非常重要的意义。经济业务的发生使资产存在的形态、负债和所有者权益的构成发生了变化。这种变化是否会破坏会计等式的平衡关系呢？下面以上述四类经济业务为例，分析经济业务发生对于会计等式的影响。

从本部分开始，本书的实例均以量家公司为背景。量家电器股份有限公司主要从事电视机的生产和销售。

例 2－1

量家公司 2019 年 2 月发生下列经济业务：

(1) 购进一套设备，价款 500 000 元，款项尚未支付。

此项经济业务的发生，使会计等式左边资产方固定资产增加了 500 000 元，同时使会计等式右边负债方应付账款也增加了 500 000 元。会计等式左、右两边同时增加相等的金额，会计等式依然成立。

(2) 以银行存款 160 000 元支付所欠上述设备的部分货款。

此项经济业务的发生，使会计等式左边资产方银行存款减少了 160 000 元，同时使会计等式右边负债方应付账款也减少了 160 000 元。会计等式左、右两边同时减少相等的金额，会计等式依然成立。

(3) 以银行存款 120 000 元购买一批原材料。

此项经济业务的发生，使会计等式左边资产方原材料增加了 120 000 元，同时资产方银行存款减少了 120 000 元。等式左边资产项目一增一减，增减金额相等，相抵为零，会计等式依然成立。

(4) 从银行取得一笔短期借款 340 000 元，直接偿还前欠的设备款。

此项经济业务的发生，使会计等式右边负债方的短期借款增加了 340 000 元，同时负债方应付账款减少了 340 000 元。等式右边负债项目一增一减，增减金额相等，相抵为零，会计等式依然成立。

以上四项经济业务所引起的会计要素增减变动及对会计等式的影响，如表 2-1 所示。

表 2-1 经济业务发生引起的会计要素增减变动及对会计等式的影响 单位：元

经济业务类型	资产		负债及所有者权益		对会计等式两边总金额的影响
	增加	减少	增加	减少	
经济业务 (1)	500 000		500 000		两边同增 500 000
经济业务 (2)		160 000		160 000	两边同减 160 000
经济业务 (3)	120 000	120 000			不影响
经济业务 (4)			340 000	340 000	不影响
合计净增加额	340 000		340 000		两边净增加额 340 000

由表 2-1 可见，以上四种类型的经济业务中，前两种类型的经济业务发生后分别引起会计等式两边金额同增和同减，因为会计等式两边增加或减少的金额相等，所以不影响等式两边的平衡；后两种类型的经济业务发生后分别引起会计等式左边和会计等式右边的金额发生增减变动，因为等式两边增减的金额相等，所以也不影响等式两边的平衡。四类经济业务是企业所有经济业务的概括，既然四类经济业务发生后均不会破坏等式的平衡性，那么据此便可以得出企业发生任何经济业务都不会破坏等式的平衡关系。因此，会计等式是个恒等式。

2.3 会计科目与账户原理

2.3.1 会计科目

(一) 会计科目的含义

企业的经营活动多种多样，所发生的各项经济业务引起企业会计要素的变化也是多种多样的。在 2.1 节中已经介绍，会计要素是对会计对象分类的结果，但会计要素只是对会计对象的基本分类，尚不能满足会计信息使用者对会计信息的具体需求，因此，需要对会计要素进一步分类，将具体内容相同的归为一类，设立一个项目并为其赋予一个含义明确、简明易懂的名称进行核算，这样的项目称为会计科目。例如，存货和固定资产同属于资产类，但因为它们的管理方法、作用和存放时间有明显差异，需要分为“存货”和“固定资产”两个科目。

由上可见，会计科目是指对会计对象的具体内容进行分类核算的项目。它是设置账户和登记账簿的依据。会计作为一个以提供会计信息为主的经济信息系统，对会计对象的各个组成部分预先进行科学的分类，是进行会计核算和加强会计监督的重要手段，也能提供全面、统一的会计信息。

（二）会计科目的设置原则

为了全面、系统、分类地核算和控制企业各项经济业务的发生，以及由此引起的会计要素增减变动及其结果，企业必须在会计核算之前事先设置会计科目，确定其编号和核算内容，而不能在记账时临时考虑、随意而为。设置会计科目是对会计对象具体内容进行分类核算的方法，一般要遵循以下四项原则：

（1）必须结合会计对象的特点，全面反映会计对象的内容。会计科目的设置应能够全面、系统地反映会计对象的全部内容，不能有任何遗漏。同时在设置时，除各行业的共性科目外，还应根据各行业会计对象的特点设置相应的科目。

（2）既要满足对外报告的要求，又要符合企业内部经营管理的需要。会计科目的设置要保持会计指标体系的完整和统一，既要全面而概括地反映企业资金运动情况，又要适合企业经营活动的特点，满足企业内部经营管理的需要。因此，在设置会计科目时还要根据需要提供数据不同详细程度的信息，分设总分类科目和明细分类科目。其中，二级科目和明细科目提供的资料主要为企业内部管理服务。

（3）应遵循规范性和灵活性相结合的原则。一方面，为了保证会计信息的可比性，企业应按我国财政部统一制定的会计科目名称（见表 2-2）设置自身的会计科目，做到规范性；另一方面，在不违反会计准则中确认、计量和报告的前提下，可以根据本企业的实际情况增设、分拆、合并会计科目。对于本企业不存在的交易或事项，可以不设置会计科目。

（4）要保持相对的稳定性。按照会计核算的可比性原则，会计科目的设置还应具有稳定性。会计科目一旦设置和使用，一般不应轻易变动，以保证会计信息的连贯性，有利于会计工作的稳定和工作效率的提高。同时，为了便于会计科目的分类排列，便于记账、查账和电算化，每个会计科目还应具有固定编号，所有会计科目的编排程序化。

（三）会计科目的分类

按不同分类标准，会计科目可有不同的分类。

1. 按所反映的经济内容分类

会计科目按其所反映的经济内容，分为资产类、负债类、所有者权益类、成本类和损益类等。这种最基本的分类有助于了解和掌握各会计科目的性质以及核算内容。具体分类如表 2-2 所示。

（1）资产类科目包括库存现金、银行存款、交易性金融资产、应收票据、长期股权投资、原材料、固定资产、无形资产、递延所得税资产等。

（2）负债类科目包括短期借款、应付账款、应付职工薪酬、应交税费、应付股利、长期借款、应付债券、递延所得税负债等。

表 2-2 常用会计科目表

一、资产类		
库存现金	银行存款	其他货币资金
交易性金融资产	应收票据	应收账款
预付账款	应收股利	应收利息
其他应收款	坏账准备	委托代销商品
材料采购	在途物资	原材料
材料成本差异	库存商品	发出商品
商品进销差价	委托加工物资	存货跌价准备
周转材料（包装物、低值易耗品）	可供出售金融资产	投资性房地产
持有至到期投资	持有至到期投资减值准备	长期股权投资
长期股权投资减值准备	未实现融资收益	长期应收款
固定资产	累计折旧	固定资产减值准备
在建工程	工程物资	固定资产清理
无形资产	累计摊销	无形资产减值准备
商誉	长期待摊费用	递延所得税资产
待处理财产损溢		
二、负债类		
短期借款	交易性金融负债	应付票据
应付账款	预收账款	应付职工薪酬
应交税费	应付利息	应付股利
其他应付款	受托代销商品款	递延收益
长期借款	应付债券	长期应付款
未确认融资费用	专项应付款	预计负债
递延所得税负债		
三、所有者权益类		
实收资本（股本）	资本公积	盈余公积
本年利润	利润分配	库存股
四、成本类		
生产成本	制造费用	劳务成本
研发支出		
五、损益类（收入类、费用类）		
主营业务收入	其他业务收入	公允价值变动损益
投资收益	营业外收入	主营业务成本
其他业务成本	税金及附加	销售费用
管理费用	财务费用	资产减值损失
营业外支出	所得税费用	以前年度损益调整

(3) 所有者权益类科目包括实收资本、资本公积、盈余公积、本年利润和利润分配等。

(4) 成本类科目包括生产成本、制造费用和劳务成本等。

(5) 损益类科目包括主营业务收入、主营业务成本、管理费用、其他业务收入、其他业务成本、营业外收入、营业外支出等。

2. 按所提供会计信息的详细程度分类

会计科目按其所提供会计信息的详细程度，分为总分类科目和明细分类科目。这种分类便于反映科目内部的纵向联系。

总分类科目，又称总账科目或一级科目，是指对会计要素总括分类、提供总括信息的会计科目。表2-2所列的会计科目均为总分类科目，是一般企业常用的会计科目。

明细分类科目，又称明细科目，是指对总分类科目核算内容做进一步分类，从而提供更具体详细信息的会计科目。对于明细科目，企业可以根据经营管理的实际需要自行设置二级（又称子目）、三级（又称细目）等若干级次，级次越高，提供的信息就越详细。当然，并非所有的总分类科目都需要设置明细科目。

以“固定资产”科目为例，其二级科目和三级科目的设置如表2-3所示。

表2-3　会计科目按提供指标详细程度分类表

总分类科目 （一级科目）	明细分类科目	
	二级科目	三级科目
固定资产	机器设备	甲设备 乙设备 ……
	电子设备	（略）
	运输设备	（略）
	房屋及建筑物	（略）
	……	

2.3.2　会计账户

（一）账户的含义

会计科目只是对会计对象具体内容进行分类的项目或名称，还不能进行具体的会计核算。为了全面、序时、连续、系统地记录会计要素的增减变动，还必须开设账户。账户是指根据会计科目在账簿中开设的，用于分类、系统、连续地记录经济业务的载体。

（二）账户与会计科目的关系

账户与会计科目是两个既有联系又有区别的概念。两者的联系主要表现在：

账户是根据会计科目开设的，会计科目是账户的名称，二者所反映的会计对象的具体内容相同；两者的区别主要表现在：会计科目只是个名称，仅表明某项经济内容，而账户除了名称之外，还具有一定的格式和结构，可以记录经济业务。

由于账户完全按会计科目命名，在实际工作中，通常对两者不予区分而相互通用，但理论上两者具有上述区别。

（三）账户的结构

账户既然是用来记录经济业务的，就要具有一定的结构。账户的结构是指组成账户的各个部分及其结合方式。因为经济业务发生所引起会计要素的变动，从数量上看不外乎是增加和减少两种情况，所以用来分类记录经济业务的账户在结构上也应分为两个基本部分，划分为左右两方，一方登记增加额，另一方登记减少额，增加额和减少额按相反的方向进行记录。至于哪一方登记增加额，哪一方登记减少额，则取决于记账方法和账户所记录的经济业务内容。账户的基本结构类似于英文字母“T”，故又称为 T 形账户（见图 2－1），直观简便，一般应用于会计教学中（各分类账户的结构在下一节中会详细展开）。

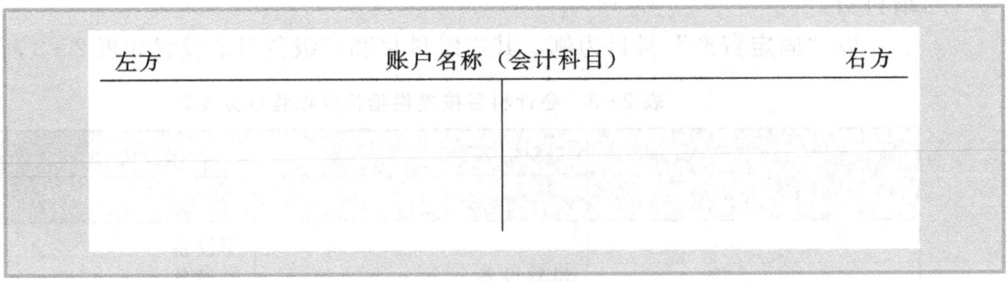

图 2－1　T 形账户

上述账户的基本结构只反映经济业务引起的会计要素增减数量变化；此外，账户的结构还包括“日期”“凭证号数”“摘要”等其他要素。账户一般应包括下列内容：

（1）账户的名称，即会计科目；

（2）日期和凭证号数，说明经济业务发生的时间和账户记录的依据；

（3）摘要，概括地说明经济业务的内容；

（4）增加和减少的金额及余额。

账户中记录的增加额和减少额均属于发生额，增加额和减少额相抵后的差额称为余额，余额按照表示的时间不同分为期初余额和期末余额。因此，通过账户记录的金额，可以提供某一会计期的期初余额、本期增加发生额、本期减少发生额和期末余额四个核算指标。账户中的这四个金额要素之间的关系用公式表示如下：

$$期末余额＝期初余额＋本期增加发生额－本期减少发生额$$

账户在格式上没有硬性的规定，在实际工作中，一般的账户格式如表 2－4 所示。

表 2-4　账户名称（会计名称）

年		凭证号数	摘要	左方金额	右方金额	余额
月	日					

（四）账户的分类

与会计科目的分类相同，账户按其所反映的经济内容，分为资产类账户、负债类账户、所有者权益类账户、成本类账户、损益类账户等；按用途和结构，可分为盘存账户、资本账户、结算账户、调整账户、集合分配账户、成本计算账户、期间汇转账户、财务成果账户等八类；按其所提供指标的详细程度，分为总分类账户和明细分类账户，根据总分类科目设置的账户称为总分类账户，根据明细科目设置的账户称为明细分类账户。

为了使总分类账与明细分类账之间能起到相互补充的作用，便于账户的核对，保证账簿核算资料的正确和完整，对总分类账户和明细分类账户的登记必须采用平行登记的方法。所谓平行登记，是指经济业务发生后，根据会计凭证，以相等的金额，一方面登记有关总分类账户，另一方面也要登记该总分类账户所属的各有关明细分类账户。

2.4　记账方法原理

2.4.1　复式记账原理

设置会计科目和账户后，要采用一定的方法将经济业务记入账户中。记账方法是指将发生的经济业务记入账户的方法，有单式记账法和复式记账法两种。

单式记账法是指对发生的每项经济业务只在一个账户中登记的记账方法。通常以现金、银行存款和债权债务方面发生的经济业务作为主要记账内容。例如，以银行存款 4 000 元购买原材料的经济业务发生后，只在银行存款账户中记录银行存款减少 4 000 元，而不记录原材料的增加，一般只设置“库存现金”“银行存款”“应收账款”“应付账款”等账户，其余事项则不设置账户进行记录。单式记账法是一种较为简单、不完整的记账方法，没有一套完整的账户体系，账户之间的记录没有直接的联系和相互平衡的关系，所以，不能全面、系统地反映经济业务的来龙去脉，也不便于检查账户记录是否正确。随着 1494 年第一部有关复式记账法的著作问世，会计的记账方法变革为复式记账法。

复式记账法是指对发生的每一项经济业务，都以相等的金额，同时在两个或两个以上的账户中进行登记的记账方法。它是在单式记账法的基础上发展起来，以会计等式为依据建立的一种方法。因为对每项经济业务都以相等的金额在相互对应的账户中登记，所以，通过账户的对应关系能够了解经济业务的来龙去脉，全面、系统地反映经济活动的过程和结果，还能有效地防止记账中的差错，对于出现的差错也比较容易核对查找，通过对记录的结果进行试算平衡，可以检查账户记录是否正确。

复式记账法因上述特点，被公认是一种科学的记账方法。因为记账符号、记账规则等的不同，复式记账法又分为借贷记账法、增减记账法和收付记账法等种类。增减记账法和收付记账法在我国都曾采用过，自 1993 年 7 月 1 日起，我国所有企业都采用借贷记账法。借贷记账法是世界各国普遍采用的一种复式记账法。

2.4.2 借贷记账法

（一）借贷记账法的概念

借贷记账法是指以“借”“贷”作为记账符号记录经济业务的一种复式记账法。它起源于 13 世纪的意大利，“借”“贷”的含义最初是从借贷资本家的角度解释的，表示借贷资本家的债权和债务的增减变动。借贷资本家对于收进债权人的存款记在贷主名下，表示自身债务增加；对于付给债务人的放款记在借主名下，表示自身债权增加。随着社会经济的发展、经济活动内容的多样化，记账对象扩展到了财产物资等非借贷业务。为了使记账统一，对于非货币借贷业务，仍用“借”“贷”二字表示增减变动情况。这样，“借”“贷”二字就逐渐失去了最初的含义，演变成单纯的记账符号，用于表示记账的方向。

（二）借贷记账法的账户结构

在借贷记账法下，账户的基本结构分为左、右两方，左方称为借方，右方称为贷方。但借方和贷方哪方记增加额，哪方记减少额，取决于账户的经济性质。

1. 资产类账户的结构

资产类账户的结构按照会计惯例，借方记录资产的增加额，贷方记录资产的减少额。在一个会计期间内，借方记录的合计数称为借方发生额，贷方记录的合计数称为贷方发生额。账户余额的方向一般与登记增加额的方向相同，因此，资产类账户余额一般在借方。资产类账户的结构用 T 形账户表示如图 2-2 所示。

借方	资产类账户		贷方
期初余额	×××		
本期增加额	×××	本期减少额	×××
	……		……
期末余额	×××		

图 2-2 资产类账户的结构

资产类账户期末借方余额的计算公式为：

资产类账户期末借方余额＝期初借方余额＋本期借方发生额－本期贷方发生额

2. 权益（包括负债和所有者权益）类账户的结构

负债和所有者权益是会计等式的右方项目，与会计等式左方的资产相对应，所以权益类账户的结构也与资产类账户的结构相反。其贷方登记权益的增加额，借方登记权益的减少额，余额一般在贷方。权益类账户的结构用 T 形账户表示如图 2－3 所示。

借方		权益类账户　贷方	
		期初余额	×××
本期减少额	×××	本期增加额	×××
	……		……
		期末余额	×××

图 2－3　权益类账户的结构

权益类账户期末贷方余额的计算公式为：

权益类账户期末贷方余额＝期初贷方余额＋本期贷方发生额－本期借方发生额

3. 成本类账户的结构

成本类账户是用来归集费用、计算生产成本的账户。因为资产一经耗用就转化为成本、费用，所以成本类账户与资产类账户有着密切的联系，其结构与资产类账户的结构基本相同，借方登记成本费用的增加额，贷方登记成本费用的减少额（一般为转出额），期末如果有余额在借方，期末余额的计算方法与资产类账户相同。有些成本类账户期末结转后没有余额，如“制造费用”账户期末通常无余额。成本类账户的结构用 T 形账户表示如图 2－4 所示。

借方		成本类账户　贷方	
期初余额	×××		
本期增加额	×××	本期减少额	×××
	……		……
期末余额	×××		

图 2－4　成本类账户的结构

4. 损益类账户的结构

损益类账户是收入和利得类（以下统称收入类）以及费用和损失类（以下统称费用类）账户的统称。这类账户具有共同的特点，即在会计期末当期的发生额要结转到“本年利润”账户，以计算当期利润，结转后期末无余额。

因为收入会导致企业所有者权益的增加，所以收入类账户的结构与所有者权益类账户的结构基本相同，其贷方登记收入的增加额，借方登记收入的减少额，通常为转出额，也可能为减少额。收入类账户的结构用 T 形账户表示如图 2－5 所示。

借方	收入类账户		贷方
本期转出额	×××	本期增加额	×××
	……		……
		期末无余额	

图 2－5　收入类账户的结构

费用类账户记录的增减额方向与资产类、成本类账户结构相同，即借方登记费用的增加额，贷方登记费用的减少额，通常为转出额，也可能为减少额。费用类账户的结构用 T 形账户表示如图 2－6 所示。

借方	费用类账户		贷方
本期增加额	×××	本期转出额	×××
	……		……
期末无余额			

图 2－6　费用类账户的结构

用 T 形账户综合表示各类账户的结构如图 2－7 所示。

借方　　账户名称（会计科目）	贷方
资产的增加额	资产的减少额
成本的增加额	成本的转出额
费用的增加额	费用的转出额
负债的减少额	负债的增加额
所有者权益的减少额	所有者权益的增加额
收入的转出额	收入的增加额
期末余额：资产	期末余额：负债或所有者权益

图 2－7　各类账户的结构

需要说明的是：在借贷记账法下，企业可以设置既反映资产又反映负债的双重性质账户，如设置既反映债权又反映债务的“应收账款”账户，用来登记应收账款和预收账款的增减变动及其结余情况，期末根据账户余额的方向确定余额的性质是资产还是负债。

（三）借贷记账法的记账规则

记账规则是指运用借贷记账法在账户中记录经济业务所引起的会计要素增减变动的规律。前面已经述及，企业发生的经济业务按照会计等式变动归纳为四种类型，下面仍以四种类型的经济业务为例，分析经济业务发生后所引起的会计要素增减变动，按照借贷记账法的账户结构应如何记账。

第一种类型的经济业务发生后，引起资产项目与负债和所有者权益项目同时增加。依据借贷记账法的账户结构，资产增加记入借方，负债和所有者权益增加记入贷方，记入借方和记入贷方的金额相等。

第二种类型的经济业务发生后，引起资产项目与负债和所有者权益项目同时减少。依据借贷记账法的账户结构，资产减少记入贷方，负债和所有者权益减少记入借方，记入借方和记入贷方的金额相等。

第三种类型的经济业务发生后引起资产内各项目之间有增有减，增减金额相等。依据借贷记账法的账户结构，资产增加记入借方，资产减少记入贷方，记入借方和记入贷方的金额相等。

第四种类型的经济业务发生后引起负债和所有者权益各项目之间有增有减，增减金额相等。依据借贷记账法的账户结构，负债和所有者权益增加记入贷方，负债和所有者权益减少记入借方，记入借方和记入贷方的金额相等。

上述四类经济业务发生后的记账方向概括如图 2－8 所示。

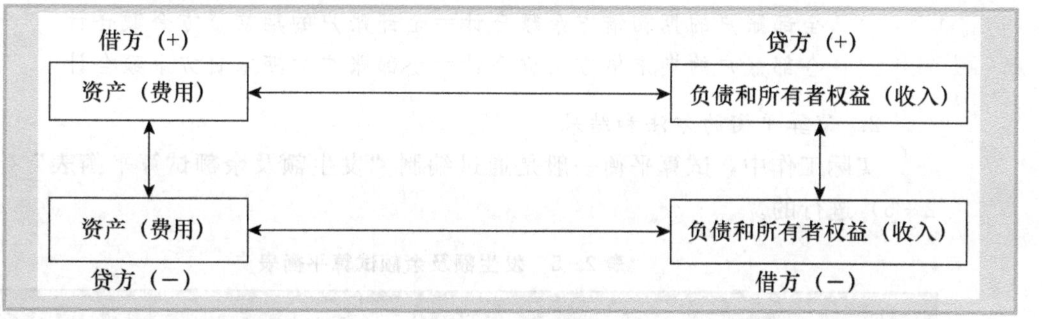

图 2－8　记账方向

从图 2－8 可以分析出以下记账规则：

（1）经济业务发生后，应同时分别记录到两个或两个以上的相互关联的账户中；

（2）所记录的账户可以是同类账户，也可以是不同类账户，但必须是借贷相反的两个记账方向，不能都记入借方或都记入贷方；

（3）记入借方的金额必须等于记入贷方的金额。

由于四类经济业务是企业所有经济业务的概括，因此上述三方面记账规则也就是借贷记账法下企业对任何一项经济业务记账时所应遵循的规则。

借贷记账法的记账规则概括起来就是“有借必有贷，借贷必相等”。

(四) 借贷记账法的试算平衡①

1. 试算平衡的定义和公式

为了保证一定期间内发生的经济业务在账户中登记的正确性，在会计期末，企业对账户的记录应进行试算平衡。试算平衡是指根据会计等式和记账规则，检查一定期间内所有账户记录正确与否的一种验证方法，包括发生额试算平衡和余额试算平衡。

发生额试算平衡是指根据记账规则，检验本期发生额记录是否正确的方法。在借贷记账法下，根据“有借必有贷，借贷必相等”的记账规则，每一笔经济业务发生后，都要以相等的金额，分别记入两个或两个以上相互联系账户的借方和贷方，借贷双方的金额必然相等。由此推出，将一定期间内的所有经济业务全部登记入账后，所有账户的借方发生额合计数与贷方发生额合计数也必然相等。发生额试算平衡的公式为：

全部账户本期借方发生额合计＝全部账户本期贷方发生额合计

余额试算平衡是根据会计等式，检验本期余额记录是否正确的方法。如前所述，账户的借方余额表示资产，贷方余额表示负债或所有者权益，由于“资产＝负债＋所有者权益”，因此一定期间内所有账户的借方余额相加之和必定等于一定期间内所有账户的贷方余额相加之和。余额按其时间不同，分为期初余额与期末余额两种，其余额试算平衡的公式分别为：

全部账户的期初借方余额合计＝全部账户的期初贷方余额合计

全部账户的期末借方余额合计＝全部账户的期末贷方余额合计

2. 试算平衡的方法和结果

实际工作中，试算平衡一般是通过编制“发生额及余额试算平衡表”(见表2-5) 进行的。

表2-5 发生额及余额试算平衡表

账户名称	期初余额		本期发生额		期末余额	
	借方	贷方	借方	贷方	借方	贷方
合计						

通过试算，如果试算平衡表中期初余额、本期发生额和期末余额各栏中，其中有任何一栏的借方合计数不等于贷方合计数，表明记账肯定有错，应及时查明原因并加以更正。但是在期初余额、本期发生额和期末余额各栏的借方合计数与

① 试算平衡表的编制将会在下一章具体展开，本章仅为读者介绍试算平衡与借贷记账法之间的内在逻辑。

贷方合计数相等的情况下，并不能肯定记账就一定正确，而只是表明借贷双方记账相符，这是因为有些错误情况不影响借贷双方的平衡性。不能通过试算平衡予以发现的差错亦即不影响借贷双方平衡性的差错，主要有以下几类：

第一，漏记某项经济业务；

第二，重记某项经济业务；

第三，某项经济业务记错有关账户；

第四，某项经济业务颠倒了记账方向；

第五，借贷双方多记或少记的差错金额正好相等。

因为试算平衡表的上述局限性，在实际工作中，为了保证会计记录的正确性，会计人员除了要进行试算平衡外，还应定期或不定期地对会计记录进行复核检查。

（五）借贷记账法的应用

按照会计要素增减及会计等式，可以将会计事项细分为九类（见表 2-6）：

(1) 资产要素内部项目等额有增有减，负债和所有者权益要素不变；

(2) 资产和负债要素同时等额增加；

(3) 资产和所有者权益要素同时等额增加；

(4) 资产和负债要素同时等额减少；

(5) 资产和所有者权益要素同时等额减少；

(6) 负债要素内部项目等额有增有减，资产和所有者权益要素不变；

(7) 负债要素增加，所有者权益要素等额减少，资产要素不变；

(8) 负债要素减少，所有者权益要素等额增加，资产要素不变；

(9) 所有者权益要素内部项目等额有增有减，资产和负债要素不变。

表 2-6 九类会计事项的组合形式及举例

会计事项	资产	负债	所有者权益	举例
资产增加；资产减少	+/−			用现金购买存货
资产增加；负债增加	+	+		赊购存货
资产增加；所有者权益增加	+		+	以赊销的方式提供劳务
资产减少；负债减少	−	−		支付银行欠款
资产减少；所有者权益减少	−		−	收到付款账单，立即付款
负债增加；负债减少		+/−		用借款支付供应商的赊购款
负债增加；所有者权益减少		+	−	收到付款单据但未付款
负债减少；所有者权益增加		−	+	对于客户的一项义务已经完成
所有者权益增加；所有者权益减少			+/−	企业用留存利润增加资本

了解会计记账基础——借贷记账法后，就正式进入会计记账过程，即编制会计分录。会计分录是指标明经济活动发生应借记和应贷记的各个科目名称及其相应金额的记录。结合表 2-6 的各类经济业务类型，展开具体会计分录的编制。

例 2-2

假设甲公司 2019 年 2 月发生下列经济业务：

(1) 从某工厂购入 A 材料 60 000 元，已用银行存款付清。会计分录为：

借：原材料　　60 000
　贷：银行存款　　60 000

(2) 从某工厂购入 A 材料 60 000 元，货款未付。会计分录为：

借：原材料　　60 000
　贷：应付账款　　60 000

(3) 向某公司提供工业性劳务共计 60 000 元，某公司暂未支付劳务。会计分录为：

借：应收账款　　60 000
　贷：主营业务收入　　60 000

(4) 用银行存款偿还材料货款 60 000 元。会计分录为：

借：应付账款　　60 000
　贷：银行存款　　60 000

(5) 收到自来水公司发来的付款账单，本月需付水费 60 000 元，立即用银行存款支付。会计分录为：

借：管理费用　　60 000
　贷：银行存款　　60 000

(6) 从银行借入短期借款支付 A 材料赊购款 60 000 元。会计分录为：

借：应付账款　　60 000
　贷：短期借款　　60 000

(7) 收到自来水公司发来的付款账单，本月需付水费 60 000 元，尚未支付。会计分录为：

借：管理费用　　60 000
　贷：应付账款　　60 000

(8) 交付某公司上月预订 B 产品，共计 60 000 元，某公司上月已支付全部货款。会计分录为：

借：预收账款　　60 000
　贷：主营业务收入　　60 000

思考题

1. 如何理解会计要素与科目之间的联系？
2. 如何理解会计等式？会计等式有哪几种表达形式？
3. 什么是经济业务？经济业务有哪几种类型？
4. 经济业务的发生是否会影响会计等式的平衡关系？为什么？请举例说明。
5. 什么是账户？账户与科目之间有何联系与区别？

6. 会计科目应如何进行分类？

7. 账户左右两方，哪方记增加，哪方记减少，取决于什么？账户中记录的四项金额之间具有怎样的关系？

8. 什么是复式记账法？相比单式记账法，它有何特点？

9. 借贷记账法的记账规则是什么？

10. 怎样理解借贷记账法的“借”“贷”二字的含义？“借”字表示增加，“贷”字表示减少，这种说法是否正确？为什么？

11. 借贷记账法下如何进行试算平衡？试算平衡的公式及其依据是什么？如果经试算借贷平衡，能否表明记账正确？为什么？

练习题

一、名词解释

会计要素	资产	负债
所有者权益	收入	费用
利润	会计科目	会计账户
复式记账法	借贷记账法	试算平衡
会计分录		

二、判断题

1. 会计要素除了资产以外，还有所有者权益、收入、费用和负债。（ ）

2. 会计等式是运用复式记账法编制资产负债表的依据。（ ）

3. 经济业务发生后若引起某项资产金额增加，必引起某项负债或权益的等额增加。（ ）

4. 企业发生任何经济业务，会计等式的左右两方金额永不变，故永远相等。（ ）

5. 资产的流动性大小是资产负债表中资产项目的排列次序。（ ）

6. 管理费用不可以计入生产成本。（ ）

7. 费用类账户结构与资产类账户结构相同。（ ）

8. 银行存款日记账属于总分类账。（ ）

9. 不论采用何种会计核算程序，总分类账和明细分类账都应该平行登记，两者不能互为记账的依据。（ ）

10. 试算平衡可以发现重复登记某项经济业务、借贷科目写错、颠倒借贷记账方向的错误。（ ）

11. 账户的试算平衡只是证明了本期借方账户合计数＝本期贷方账户合计数，并不能证明会计分录的编制一定正确。（ ）

12. 如果账户记录试算平衡，说明记账没有差错。（ ）

13. 复式记账就是当经济业务发生时一方登记资产的增加，另一方登记资产的减少。（ ）

14. 根据借贷记账法的账户结构，账户贷方登记的内容有收入增加和负债增加。（ ）

15. 在借贷记账法下，账户用哪一方登记增加或减少取决于账户的性质。（ ）

三、单项选择题

1. 下列属于会计等式基本公式的是（ ）。
A. 资产＝负债＋权益
B. 资产＝负债＋所有者权益
C. 资产＝负债＋所有者权益＋（收入－费用）
D. 全部账户本期借方金额合计＝全部账户本期贷方金额合计

2. 企业接受投资者投入原材料，引起该企业（ ）。
A. 资产项目之间有增有减，增减金额相等
B. 权益项目之间有增有减，增减金额相等
C. 资产项目和权益项目等金额增加
D. 资产项目和权益项目等金额减少

3. 下列经济业务中，会引起会计等式两边总金额发生变化的是（ ）。
A. 从银行借款直接偿还应付账款
B. 用银行存款上交所欠税款
C. 收回应收账款存入银行
D. 以银行存款购买原材料

4. 下列经济业务中，使资产和所有者权益项目同时增加的是（ ）。
A. 生产产品领用原材料
B. 以现金发放工资
C. 收到投资者投入的货币资金
D. 收到购货单位预付款，并存入银行

5. 在借贷记账法下，账户哪一方记增加额，哪一方记减少额，取决于（ ）。
A. 账户的格式　　B. 账户的性质
C. 账户的结构　　D. 账户的用途

6. 借贷记账法下在账户中记录经济业务所引起的会计要素增减变动的规律是（ ）。
A. 账户对应关系　　B. 对应账户
C. 记账规则　　D. 会计分录

7. （ ）是指对某项经济业务应借、应贷账户的名称及其金额的记录。
A. 会计科目　B. 账户　C. 会计分录　D. 记账规则

8. “固定资产”账户的期初余额为 100 000 元，本期借方发生额为 70 000 元，本期贷方发生额为 65 000 元，则该账户的期末余额为（ ）元。
A. 105 000　B. 85 000　C. 170 000　D. 35 000

9. 某企业本期期初资产总额为 140 000 元，本期期末负债总额比期初增加

20 000 元，所有者权益总额比期初减少 10 000 元，则企业期末资产总额为（　　）元。

A. 170 000　　B. 130 000　　C. 150 000　　D. 120 000

10. 某企业 2017 年 10 月末负债总额 120 万元，11 月份收回应收账款 20 万元，用银行存款归还借款 15 万元，预付购货款 6 万元，11 月末负债总额为（　　）万元。

A. 105　　B. 111　　C. 115　　D. 121

11. 根据会计科目在账簿中开设的，用于分类、系统、连续地记录经济业务的载体是（　　）。

A. 会计要素　　B. 会计科目　　C. 账户　　D. 账簿

12.（　　）是指企业在日常活动中形成的、会导致所有者权益增加的、与所有者投入资本无关的经济利益的总流入。

A. 利得　　B. 收入　　C. 投资收益　　D. 利润

13.（　　）账户没有期初和期末余额。

A. 资产类　　B. 负债类

C. 所有者权益类　　D. 损益类

14. 下列属于企业资产类的有（　　）。

A. 受托代销商品　　B. 委托代销商品

C. 盘亏的存货　　D. 尚待加工的半成品

15. 账户的余额一般与（　　）在一方。

A. 增加额　　B. 金额　　C. 减少额　　D. 发生额

四、多项选择题

1. 会计等式是（　　）的基础。

A. 编制资产负债表　　B. 设置账户

C. 复式记账　　D. 成本计算

2. 经济业务的类型包括（　　）。

A. 引起资产和权益项目同时增加，增加金额相等的经济业务

B. 引起资产和权益项目同时减少，减少金额相等的经济业务

C. 引起资产内部项目有增有减，增减金额相等的经济业务

D. 引起权益项目有增有减，增减金额相等的经济业务

3. 与单式记账法相比较，复式记账法具有（　　）等特点。

A. 能有效地防止或减少记账中的差错

B. 出现差错，比较容易核对查找

C. 利于简化记账工作

D. 可以了解经济业务的来龙去脉

4. 在借贷记账法下，账户的借方登记（　　）。

A. 资产的增加　　B. 收入的减少

C. 成本费用的减少　　D. 权益的减少

5. 下列属于借贷记账法下总分类账户试算平衡表中平衡关系的有（　　）。

A. 所有账户期末借方余额合计＝所有账户期末贷方余额合计
B. 每个账户借方发生额（或余额）＝每个账户贷方发生额（或余额）
C. 所有账户期初借方余额合计＝所有账户期初贷方余额合计
D. 所有账户本期借方发生额合计＝所有账户本期贷方发生额合计

6. 下列属于资产类项目的有（　　）。
A. 应收账款　B. 预收账款　C. 应付账款　D. 预付账款

7. 下列不属于负债类项目的有（　　）。
A. 营业成本　B. 预收账款　C. 实收资本　D. 未分配利润

8. 下列属于所有者权益的有（　　）。
A. 实收资本　B. 资本公积　C. 盈余公积　D. 银行借款

9. 企业以银行存款 200 000 元购买材料。这项经济业务发生后，企业的会计要素发生的变化有（　　）。
A. 资产增加　B. 资产减少　C. 费用增加　D. 负债增加

10. 下列账户借方表示增加的有（　　）。
A. “实收资本”　B. “应收账款”　C. “预收账款”　D. “制造费用”

11. 下列属于流动负债的有（　　）。
A. 长期借款　B. 应付票据　C. 短期借款　D. 应付职工薪酬

12. 下列各项中，属于费用要素特点的有（　　）。
A. 企业在日常活动中发生的经济利益的总流出
B. 会导致所有者权益减少
C. 与向所有者分配利润无关
D. 会导致所有者权益增加

13. 下列项目中不属于总分类（或一级）会计科目的有（　　）。
A. 机器　B. 在产品　C. 固定资产　D. 原材料

14. 会计科目与会计账户的一致性表现在（　　）。
A. 两者项目名称一致　B. 两者结构一致
C. 两者反映的经济内容一致　D. 会计科目是设置账户的依据

15. 账户的各项金额包括（　　）。
A. 期初余额　B. 期末余额　C. 本期增加额　D. 本期减少额

五、计算与会计处理题

1. 甲、乙、丙三家公司的简单资料如下表所示。

企业名称	资产（元）	负债（元）	所有者权益（元）
甲企业	（　　）	82 700	63 500
乙企业	82 800	（　　）	34 100
丙企业	104 500	52 900	（　　）

要求：计算括号中应填写的金额。

2. 假设某企业 12 月 31 日的资产、负债和所有者权益情况如下表所示。

资产	金额（元）	负债和所有者权益	金额（元）
库存现金	1 000	短期借款	8 000
银行存款	26 000	应付账款	32 000
应收账款	35 000	应交税费	3 000
原材料	50 000	长期借款	B
长期股权投资	A	实收资本	200 000
固定资产	200 000	未分配利润	54 000
合计	372 000	合计	C

要求：

（1）计算表中的 A、B、C；

（2）计算该企业的流动资产和流动负债总额；

（3）计算该企业的净资产总额。

3. 下列经济业务用什么账户进行核算？其增加、减少金额应计入 T 形账户的左方还是右方？

（1）从银行提取现金 38 000 元；

（2）向银行借入短期借款 50 000 元；

（3）购入材料 30 000 元，已验收入库，货款未付；

（4）购买固定资产 120 000 元，以银行存款支付；

（5）以现金支付职工工资 45 000 元；

（6）提取应付本月银行利息 4 000 元；

（7）销售商品 86 000 元，款项已收到一半，剩余款项未收到；

（8）通过银行支付本月水电费 3 600 元。

4. 某公司 8 月部分账户相关数据如下表所示。

账户名称	期初余额	本期借方发生额	本期贷方发生额	期末余额
资产类：				
应收账款	8 000	A	35 000	6 000
原材料	10 000	60 000	B	8 000
负债类：				
应付账款	6 500	4 000	1 200	C
所有者权益类：				
资本公积	D	80 000	100 000	220 000

要求：计算并填写上面表格中字母所代表的数字。

5. 大中公司 2019 年 7 月 31 日资产负债表显示资产总计 115 000 元，负债合计 40 000 元，所有者权益合计 75 000 元。大中公司 2019 年 8 月份发生的经济业务如下：

（1）买入机器设备 1 台，价值 7 500 元，以银行存款支付。

（2）以银行存款归还短期借款 7 500 元。

(3) 投资者投入一批原材料，价值 15 000 元。

(4) 收到客户所欠账款 12 000 元，存入银行。

(5) 一笔长期负债 7 500 元转化为对公司的投资。

(6) 向银行借入短期借款 15 000 元，存入银行。

(7) 从银行提现 300 元，准备购买办公用品。

(8) 收到客户欠款 9 000 元，其中 7 500 元存入银行，1 500 元以现金收取。

(9) 以银行存款 15 000 元归还长期借款 12 000 元，以及所欠供应单位账款 3 000 元。

要求：

(1) 根据上述经济业务，分析说明会计要素变动情况以及对会计等式的影响；

(2) 计算 2019 年 8 月末大中公司的资产、负债和所有者权益总计。

第3章

Chapter 3 会计循环与会计系统原理

学习目标

1. 掌握会计循环的基本原理
2. 掌握会计凭证和会计账簿的含义与分类
3. 了解试算平衡表和财务报表的编制
4. 了解基于信息技术的会计系统

会计的产生基于企业的交易活动。企业在其较为长久的存续期间，将不断地发生与其经营内容相关联的各种经济业务。那么会计如何全面、连续、系统地反映企业在一定期间所发生的经济业务？最终以何种方式向企业的各利益相关主体提供描述企业的基本财务状况、经营成果和现金流量状况的信息？这些都依赖于会计工作的一系列流程，即会计循环，只有高质量完成这些工作环节才能保证会计信息的完整、真实、可靠。本章将重点介绍会计循环的主要环节。

3.1 会计循环概述

3.1.1 会计循环的含义

企业在一个会计期间内，其会计工作必须经过确认、计量、记录和报告等一系列环节。它从会计期初开始，至会计期末结束，并循环往复、周而复始，故称为会计循环。企业若以一年为一个会计分期，则会计循环历时一年；若按月编表和结账，则会计循环历时一个月。

3.1.2 会计循环的环节

会计循环通常包括会计确认、会计计量、会计记录和会计报告四个环节。

1. 会计确认

会计确认是指会计数据进入会计系统时确定如何进行记录的过程，即将某一经济业务作为资产、负债、所有者权益、收入、费用或利润等会计要素正式加以记录和列入报表的过程。会计确认是要明确某一经济业务涉及哪个会计要素的问题。会计确认的基础包括权责发生制和收付实现制两种。

权责发生制指以应收、应付为标准来确认本期收入和费用的一种会计确认基础，又称应计制。按照权责发生制会计确认基础的要求，凡是本期已经实现的收入和已经发生或应当负担的费用，不论款项是否已经收到或付出，都应当作为本期的收入和费用处理；凡是不属于本期的收入和费用，即使款项已经在本期收到或付出，都不应作为本期的收入和费用处理。

收付实现制亦称实收实付制，它是以款项是否实际收到或付出作为确定本期收入和费用标准的一种会计确认基础。采用这一会计确认基础时，凡是本期实际收到款项的收入和付出款项的费用，不论其是否归属于本期，都作为本期的收入和费用处理；凡是本期没有实际收到款项的收入和付出款项的费用，均不作为本期的收入和费用处理。收付实现制完全以是否实际收到或付出货币资金作为确定本期收入和费用的标准，因此也称现金制。

2. 会计计量

会计计量是指将企业符合确认条件的会计要素登记入账并列报于财务报表（会计报表及其附注）而确定其金额的过程。会计的计量属性反映的是会计要素金额的确定基础。会计计量属性主要包括历史成本、重置成本、可变现净值、现值和公允价值五种。

历史成本也称实际成本，是指企业在取得或建造某项资产时实际支付的现金或现金等价物。在历史成本计量下，资产按照购置时支付的现金或者现金等价物的金额，或者按照购置资产时付出的对价的公允价值计量；负债按照因承担现时义务而实际收到的款项或者资产的金额，或者按照承担现时义务的合同金额，或者按照日常活动中为偿还负债预期需要支付的现金或者现金等价物的金额计量。

重置成本也称现行成本，是指在当前市场条件下，重新购置相同资产所付出的现金或现金等价物。在重置成本计量下，资产按照现在购买相同或相似资产所需支付的现金或者现金等价物的金额计量；负债按照现在偿付该项债务所需支付的现金或者现金等价物的金额计量。

可变现净值是指在正常生产经营活动中，以存货的估计售价减去至完工时估计将要发生的成本、估计销售费用及相关税金后的金额。在可变现净值计量下，资产按照其正常对外销售所能收到现金或者现金等价物的金额扣减该资产至完工时估计将要发生的成本、估计的销售费用及相关税费后的金额计量。

现值是考虑货币时间价值因素的一种计量属性，是指采用恰当的折现率对未来现金流量进行折现后的价值。在现值计量下，资产按照预计从其持续使用和最终处置中产生的未来净现金流入量的折现金额计量；负债按照预计期限内需要偿还的未来净现金流出量的折现金额计量。

公允价值是指在公平交易中，熟悉情况的交易双方自愿进行资产交换或者债务清偿的金额。在公允价值计量下，资产和负债按照在公平交易中，熟悉情况的交易双方自愿进行资产交换或者债务清偿的金额计量。

企业在对会计要素进行计量时，一般应当采用历史成本，采用重置成本、可变现净值、现值、公允价值计量的，应当保证所确定的会计要素金额能够取得并可靠计量。

3. 会计记录

会计记录是指对经过会计确认、会计计量的经济业务，采用一定方法予以记录的过程。在会计记录中，对于经过确认而可以进入会计信息系统处理的每项数据，要运用预先设计的会计账户和有关文字及金额，按复式记账规则的要求，在账簿上加以登记。会计记录的载体包括会计凭证和会计账簿。

4. 会计报告

这里所称会计报告即财务会计报告，是指企业提供的反映企业某一特定日期财务状况和某一会计期间经营成果、现金流量的文件。它是以账簿记录为依据，采用表格和文字形式，把会计所形成的财务信息传递给信息使用者的手段。通过记录生成的信息量很多又分散，必须压缩信息的数量、提高其质量，使其形成相互联系的财务指标体系，便于信息使用者的使用。会计信息必须以一定的方式和格式传递给信息使用者，会计报告就是要把按照各种会计核算方法确认、计量、记录的资产、负债、所有者权益、收入、费用和利润的数据编制成财务报表，向使用者提供有关企业财务状况和经营成果的信息。财务会计报告包括财务报表和财务报表附注。财务报表主要包括资产负债表、利润表、所有者权益变动表及现金流量表。财务报表附注是为了便于财务报表使用者理解财务报表的内容而做的解释。

3.2 会计凭证

3.2.1 会计凭证的含义与种类

会计凭证是记录经济业务、明确经济责任、按一定格式编制、据以登记会计账簿的书面证明。会计凭证按其编制程序和用途的不同，分为原始凭证和记账凭证。

3.2.2 原始凭证

原始凭证指经办业务的部门和人员在经济业务发生或完成时取得或填制的、用来记载或证明经济业务发生或完成情况、作为记账原始依据的一种会计凭证，包括收料单、领料单、验收单、购货发票、飞机票、火车票等。不同类型的经济业务，其原始凭证的形式和内容不完全相同。以采购与付款业务为例，采购人员购买原材料，从供应商处获取增值税专用发票，增值税专用发票即为证明采购业务已发生的凭证；采购的原材料运达企业，经过验收，由仓库管理员收入仓库，仓库管理员填制的入库单即为证明原材料已经入库的凭证；会计人员通过网银支付购买原材料的货款，银行提供的网络银行支付回单即为证明货款已经支付的凭证。

原始凭证要及时传递，不得积压，以保证会计核算的及时、正常进行。会计人员收到原始凭证，必须按照国家统一的会计制度的规定和企业管理制度进行审核，对不真实、不合法、不合理的原始凭证有权不予接受；对记载不准确、不完整的原始凭证予以退回，并要求按照国家统一的会计制度的规定更正、补充。

3.2.3 记账凭证

记账凭证以反映经济业务的原始凭证为依据，遵循借贷记账法，记录经济业务的会计信息。记账凭证逐笔或多笔合并反映已经发生的经济业务，将经济信息转化为会计信息，是会计信息的展现形式之一。

记账凭证主要包括会计科目、借贷方向、金额、填制凭证的日期、凭证号、摘要、附原始凭证张数，以及凭证填制人员、审核人员、记账人员和会计主管人员的签名或者盖章。凭证号必须连续，以清晰记录经济业务的先后顺序；摘要用于简要描述经济业务；相关会计人员的签章用于明确与记账凭证有关的会计责任。

记账凭证可以不分类，企业使用通用记账凭证一个类别记录不同类型的经济业务。如果企业经济业务数量大，可以将记账凭证分为收款凭证、付款凭证和转账凭证三个类别。收款凭证用于反映与收取货币资金有关的经济业务，其借方必有银行存款、库存现金等会计科目。付款凭证用于反映与支付货币资金有关的经济业务，其贷方必有银行存款、库存现金等会计科目。转账凭证用于反映与货币资金无关的经济业务，借贷方都没有银行存款、库存现金等会计科目。同时涉及货币资金收与支的业务，如将库存现金存入银行或者从银行提取现金，一律填制付款凭证。企业也可以根据经济业务的特征和会计管理的要求，采用其他方式对记账凭证进行分类。

3.2.4 编制会计分录与记账

经济业务发生后，根据经济业务编制会计分录（即填制记账凭证）。在借贷记账法下，如何确定经济业务发生额所记入的账户和方向，并据以编制会计分录？一般而言，一笔经济业务发生后，应按下列步骤编制会计分录：

第一步：分析所发生的经济业务应记入的账户名称，即记入哪些账户中；

第二步：分析所记入账户的性质，应归属于资产类、负债类、所有者权益类，还是成本类、损益类；

第三步：分析所涉及账户应记录金额的增减变动情况，是记增加还是记减少；

第四步：根据账户结构，确定所涉及账户的记账方向，是借方还是贷方；

第五步：按照分录的书写格式，编制会计分录，并检查记入借方的金额与记入贷方的金额是否相等。

例 3－1

20×8 年 1 月 1 日，量家股份有限公司注册成立，2 位出资人出资 400 000 万元现金作为公司的注册资本。所属行业为电子产品制造业，主要从事电视机等数字智能终端产品生产。20×8 年 1 月，量家公司发生如下经济业务：

(1) 1 日，收到出资人投入的资金 400 000 万元，资金已存入银行。

(2) 2 日，从银行提取现金 0.5 万元备用。

(3) 3 日，从银行取得长期借款 100 000 万元，款项已存入银行。

(4) 4 日，以银行存款购买机器设备一台，价值 100 000 万元，该设备交付使用。

(5) 7 日，公司采购员王琦因外出采购向公司预支差旅费 0.2 万元，以现金支付。

(6) 8 日，从银光公司购买原材料 100 000 万元，货款尚未支付。

(7) 8 日，王琦出差归来，报销差旅费 0.18 万元，余款退回现金。

(8) 15 日，以银行存款偿还前欠银光公司 100 000 万元的货款。

(9) 23 日，以银行存款支付办公费 20 万元。

(10) 31 日，结算本月应付职工薪酬 300 万元，其中，企业管理人员工资 200 万元，企业销售人员工资 100 万元。

(11) 31 日，向四格商贸公司出售电视机取得 100 000 万元销售收入，电视机的生产成本为 76 900 万元。

根据上述经济业务分析并编制会计分录如下：

(1) 1 日，公司成立时收到出资人投资款，此项经济业务的发生，使资产方银行存款增加，权益类实收资本增加，应编制如下会计分录：

借：银行存款　4 000 000 000
　贷：股本　4 000 000 000

(2) 2 日，从银行提取现金，此项经济业务的发生，使资产方库存现金和银行存款一增一减，应编制如下会计分录：

借：库存现金　2 000
　贷：银行存款　2 000

(3) 3 日，取得银行长期借款，此项经济业务的发生，使资产方银行存款增加，同时负债方长期借款增加，应编制如下会计分录：

借：银行存款　1 000 000 000
　贷：长期借款　1 000 000 000

(4) 4 日，购买机器设备，此项经济业务的发生，使资产方固定资产和银行存款一增一减，应编制如下会计分录：

借：固定资产　1 000 000 000
　贷：银行存款　1 000 000 000

(5) 7 日，采购员王琦预支差旅费，此项经济业务的发生，使资产方其他应收款和库存现金一增一减，应编制如下会计分录：

借：其他应收款　　2 000

　贷：库存现金　　2 000

(6) 8 日，购买原材料，此项经济业务的发生，使资产方原材料增加，同时使负债方应付账款增加，应编制如下会计分录：

借：原材料　　1 000 000 000

　贷：应付账款　　1 000 000 000

(7) 8 日，采购员王琦出差归来报销差旅费，此项经济业务的发生，使损益类管理费用增加，资产方库存现金和其他应收款一增一减，应编制如下会计分录：

借：管理费用　　1 800

　　库存现金　　200

　贷：其他应收款　　2 000

(8) 15 日，以银行存款偿还前欠银光公司货款，此项经济业务的发生，使资产方银行存款减少，同时使负债方应付账款减少，应编制如下会计分录：

借：应付账款　　1 000 000 000

　贷：银行存款　　1 000 000 000

(9) 23 日，支付办公费用，此项经济业务的发生，使损益类管理费用增加，同时资产方银行存款减少，应编制如下会计分录：

借：管理费用　　200 000

　贷：银行存款　　200 000

(10) 31 日，计提本月应付职工薪酬，此项经济业务的发生，使损益类管理费用和生产成本增加，同时使负债方应付职工薪酬增加，应编制如下会计分录：

借：管理费用　　2 000 000

　　销售费用　　1 000 000

　贷：应付职工薪酬　　3 000 000

(11) 31 日，出售电视机，此项经济业务的发生，使损益类主营业务收入增加，使资产类银行存款增加，在售出产品的同时需要结转产品生产成本，损益类主营业务成本增加，库存商品减少，应编制如下会计分录：

借：银行存款　　1 000 000 000

　贷：主营业务收入　　1 000 000 000

借：主营业务成本　　769 000 000

　贷：库存商品　　769 000 000

3.3 会计账簿与试算平衡

3.3.1 会计账簿

会计账簿是以审核无误的会计凭证为依据，对经济业务进行全面、系统、连续、分类的记录的簿籍。通过会计账簿，可以了解会计期间内经济业务对某会计账户增减变动及其结果的影响。会计账簿是连接记账凭证和财务报表的纽带，是会计信息的展现形式之一。会计账簿分为总分类账、明细分类账、日记账和备查簿。

1. 总分类账

总分类账，简称总账，是依据总分类科目开设账户，用来登记全部经济业务，进行总分类核算，提供总括核算资料的分类账簿。

2. 明细分类账

明细分类账，简称明细账，是根据明细分类科目开设账户，用来登记某一类经济业务，进行明细分类核算，提供明细核算资料的分类账簿。

3. 日记账

日记账又称为序时账，是按照经济业务发生或完成时间的先后顺序逐日逐笔进行登记的账簿。序时账簿要求当日发生的经济业务当日登记，以便了解当日发生额和余额。企业通常会设置库存现金日记账和银行存款日记账，每日收到或支付款项，及时进行登记，每日经济业务结束即可分别了解库存现金和银行存款当日借方发生额、贷方发生额和借方余额。

4. 备查簿

备查簿，又称辅助账簿，记录对经济业务进行详细说明的辅助信息，是总分类账、明细分类账和日记账等主要账簿信息的补充。企业根据实际情况决定是否设置备查簿，备查簿没有固定格式。

3.3.2 试算平衡

在会计记录过程中，有可能发生一些错误。例如，将借方误记为贷方，或将贷方误记为借方，导致账簿中只有借记没有贷记，或只有贷记没有借记；将交易金额的数字错记，导致账簿中数字错误；在将会计凭证中的分录结转至分类账时，漏掉结转某一借方或贷方；等等。由于财务报表的编制是以各总账科目余额为基础的，因此，上述错误将延续至财务报表。为了防止这种情况出现，会计人员需要在各期会计账簿结出余额后，进行试算平衡。试算平衡的目的即为预先验证会计记录的准确性，以提高会计工作效率。试算平衡的基本原理源于借贷记账规则和会计恒等式。借贷记账法下的试算平衡一般采用发生额平衡法和余额平衡法两种。

1. 发生额平衡法

发生额平衡是指一定期间内全部账户借方发生额合计等于该期间内全部账户贷方发生额合计。按照借贷记账法的“有借必有贷，借贷必相等”的记账规则，每一项经济业务所记入账户的借方金额等于贷方金额，那么一个期间内的全部账户的借方发生额合计必然等于全部账户的贷方发生额合计。

2. 余额平衡法

余额平衡是指一定期间期末全部账户借方余额合计等于该期末全部账户贷方

余额合计。这是以会计基本等式“资产=权益”建立起来的。因为期末全部账户借方余额合计即资产总额，期末全部账户贷方余额合计即权益总额，这两个总额始终必然相等。

在实际工作中，发生额平衡和余额平衡一般是通过编制试算平衡表来进行的。试算平衡表分两种：一种是将本期发生额和期末余额分别列表编制；另一种是将本期发生额和期末余额合并在一张表上进行试算，即编制“总分类账户本期发生额及余额试算平衡表”。

3.4 财务报表

在会计日常业务核算及期末调整分录编制完成后，所有当期发生的重要收入和费用项目均已确认入账，对应的资产、负债和所有者权益科目余额也已更新，完成了编制财务报表的准备工作。财务报表是总括账簿资料、提供财务信息的主要文件。财务报表是对企业财务状况、经营成果和现金流量的结构性表述。财务报表的构成主要包括资产负债表、利润表、现金流量表、所有者权益变动表和附注。

3.4.1 利润表

利润表是指反映企业在一定会计期间的经营成果的报表。它汇集了某一会计期间所有收入及费用账户金额。利润表如表 3－1 所示。

表 3－1 利润表

编制单位：量家公司　　　　20×8 年 1 月　　　　单位：万元

项目	金额
营业收入	100 000
减：营业成本	76 900
管理费用	200
利润	22 900

3.4.2 资产负债表

资产负债表是反映企业某一特定日期财务状况的报表，它是反映企业资产、负债、所有者权益结余状况以及相互关系的报表，表明企业在某一特定日期所拥有或控制的经济资源、所承担的现有债务和所有者对净资产的要求权。资产负债表如表 3－2 所示。

表 3-2　资产负债表

编制单位：量家公司　　20×8 年 1 月 31 日　　单位：万元

资产	金额	负债和所有者权益	金额
货币资金	379 999.82	长期借款	100 000
存货	100 000	应付职工薪酬	300
固定资产	100 000	负债合计	100 300
		所有者权益	
		股本	400 000
		留存收益	79 699.82
		所有者权益合计	479 699.82
资产总计	579 999.82	负债和所有者权益总计	579 999.82

3.4.3　所有者权益变动表

所有者权益变动表是反映构成所有者权益的各组成部分当期的增减变动情况的报表。当期损益、直接计入所有者权益的利得和损失，以及与所有者的资本交易导致的所有者权益的变动，应当分别列示。所有者权益变动表如表 3-3 所示。

表 3-3　所有者权益变动表

编制单位：量家公司　　20×8 年 1 月　　单位：万元

项目	本年金额		
	股本	留存收益	所有者权益合计
本年年初余额			
加：本年净利润		79 699.82	79 699.82
所有者本期投入资本	400 000		400 000
减：本年利润分配			
1. 提取盈余公积			
2. 对所有者（或股东）的分配			
本年期末余额	400 000	79 699.82	479 699.82

3.4.4　现金流量表

现金流量表是指反映企业在一定会计期间的现金和现金等价物流入和流出的报表。它以现金流入和流出为基础，反映企业在特定时期内的经营活动、投资活动及筹资活动引起现金流转的情况。现金流量表如表 3-4 所示。

表 3-4 现金流量表

编制单位：量家公司　　20×8 年 1 月　　单位：万元

经营活动现金流入	100 000
经营活动现金流出	220 000.18
经营活动现金净流量	(120 000.18)
投资活动现金流入	0
投资活动现金流出	0
投资活动现金净流量	0
筹资活动现金流入	500 000
筹资活动现金流出	0
筹资活动现金净流量	500 000
本期现金流量净增加额	379 999.82
加：期初现金	0
期末现金	379 999.82

3.5 基于信息技术的会计系统

基于信息技术的会计系统是一个利用信息技术对会计信息进行采集、存储、处理和传递，执行会计核算与监督职能，为企业管理决策提供辅助信息的系统。其基本构成包括硬件资源、软件资源和会计人员等基本要素，是一个人机结合的系统。

3.5.1 功能结构

基于信息技术的会计系统应该具备的基本功能结构如图 3-1 所示。

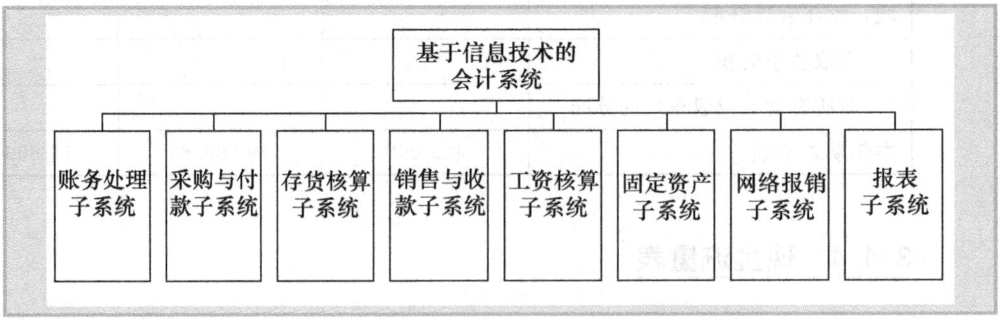

图 3-1 基于信息技术的会计系统的基本功能结构

基于信息技术的会计系统由账务处理子系统、采购与付款子系统、存货核算子系统、销售与收款子系统、工资核算子系统、固定资产子系统、网络报销子系统和报表子系统组成。账务处理子系统是信息技术环境下会计系统的核心。财务业务信息集成（又称为财务业务一体化或业财一体化）策略的应用，将实现采购与付款等其他子系统的业务单据（原始凭证）向会计信息（记账凭证）自动转换，账务处理子系统接收来自其他子系统自动转化而来的记账凭证，为报表子系统提供借方发生额合计、贷方发生额合计及余额等会计数据。

3.5.2 生成记账凭证

信息技术环境下，账务处理子系统与其他子系统之间实现财务业务信息集成。其他子系统收集原始凭证，系统根据电子数据状态的原始凭证和转账规则自动生成记账凭证，保存于账务处理子系统的记账凭证数据文件中。财务业务信息集成关系如图 3-2 所示。

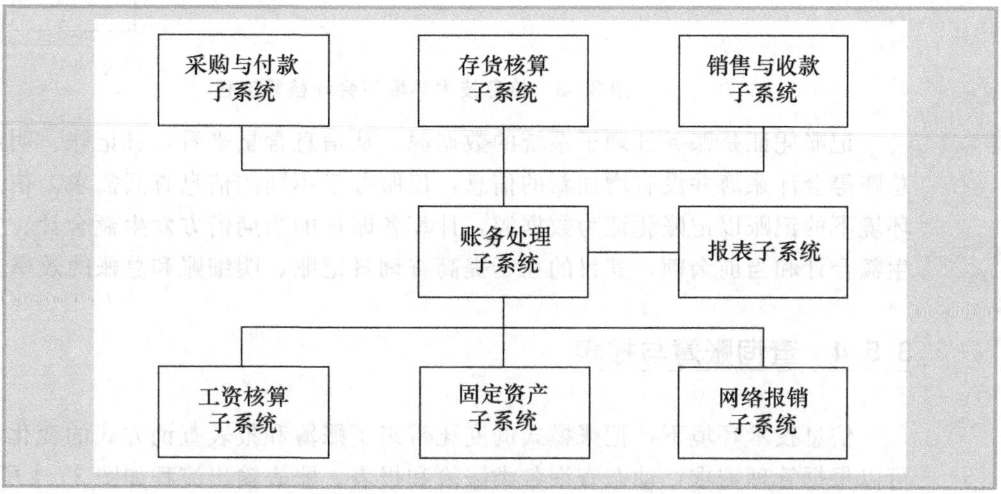

图 3-2 财务业务信息集成关系

采购与付款子系统的采购发票与付款单将自动转化为与确认采购成本、款项支付等有关的记账凭证；销售与收款子系统的销售发票与收款单将自动转化为与确认营业收入、款项收取等有关的记账凭证；存货核算子系统的入库单和出库单将自动转化为与确认原材料、库存商品、生产成本以及营业成本等有关的记账凭证；工资核算子系统的职工薪酬清单将自动转化为与确认人工成本、应付职工薪酬等有关的记账凭证；固定资产子系统的折旧清单与固定资产增减单等将转化为与确认累计折旧及对应费用、固定资产等有关的记账凭证；网络报销子系统的借款单和报销单等将转化为与确认其他应收款、相关费用及款项支付有关的记账凭证。

以销售与收款子系统的信息集成为例，财务业务集成策略由两个环节构成：其一，定义销售与收款业务的原始凭证转化为记账凭证的转账规则；其二，根据系统中录入的原始凭证及凭证模板自动生成记账凭证，传递到账务处理子系统。销售与收款子系统中，赊销业务的原始凭证是销售发票，针对赊销类业务，在系统中定义转账规则：设置销售收入科目、增值税销项税科目以及客户往来科目。系统根据定义的转账规则和未收款销售发票，生成确认营业收入、增值税以及应收账款的记账凭证。

3.5.3 优化记账环节

账务处理子系统一般需要具备记账凭证录入或生成、审核、记账以及查询账簿等功能，会计核算流程如图 3－3 所示。

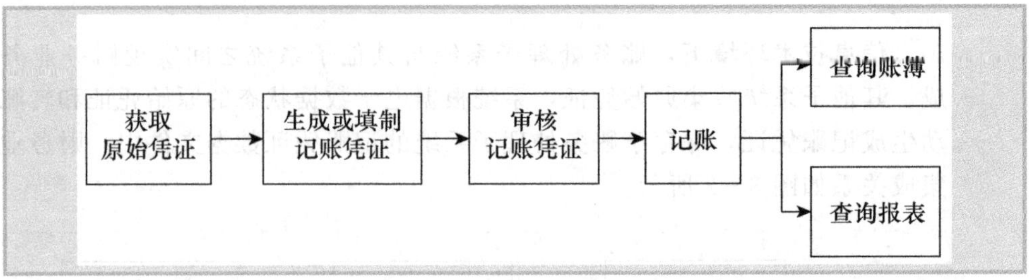

图 3－3　信息技术环境下会计核算流程

记账凭证是账务处理子系统的数据源，从信息含量来看，日记账、明细账及总账等会计账簿并没有增加新的信息，仅服务于不同的信息查阅需求。信息技术环境下的记账以记账凭证为数据源，计算各账户的当期借方发生额合计、贷方发生额合计和当前余额，其目的在于提高查询日记账、明细账和总账的效率。

3.5.4 查询账簿与报表

信息技术环境下，记账模式的变化带来了账簿和报表查询方式的变化，企业可以根据管理需求，动态查询各类账簿和报表。账表输出流程如图 3－4 所示。

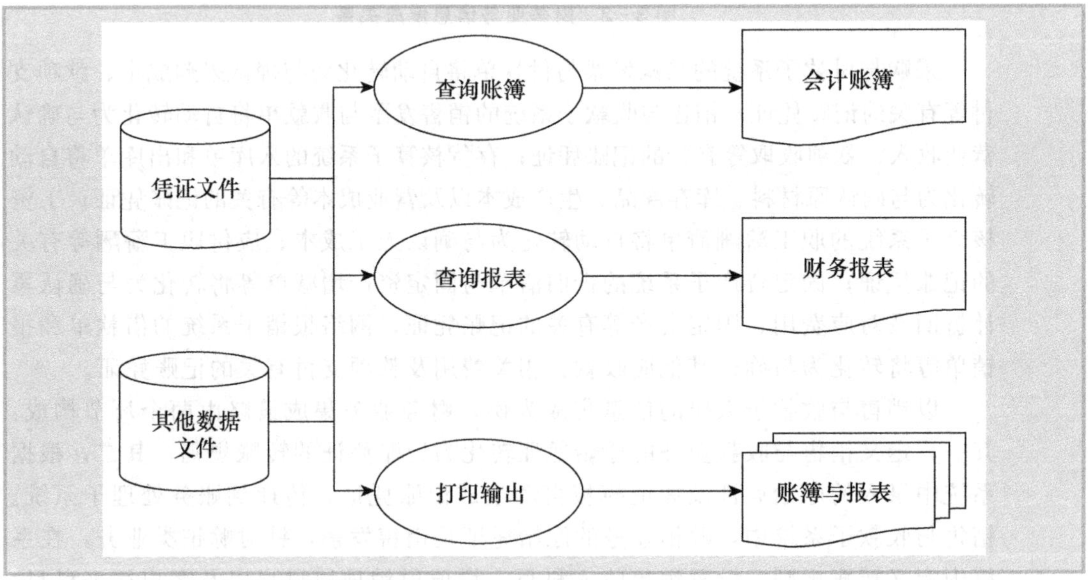

图 3－4　账表查询流程图

录入（或生成）记账凭证，保存于凭证文件中。对记账凭证进行审核后，可以动态查询某一时点或某一时间段各会计科目的日记账、明细账和总账等账簿信息。根据管理层的需求，会计人员设计报表模板，定义函数，从凭证文件等数据文件中获取会计数据。会计人员随时调用设计好的报表模板，以会计期间等作为查询条件，动态生成各期间会计报表。根据相关会计档案管理要求，可以打印纸质会计账簿与报表。

思考题

1. 如何理解会计循环过程？
2. 凭证包括哪些类型？原始凭证和记账凭证分别有什么作用？
3. 一笔经济业务发生后，如何编制会计分录？
4. 权责发生制与收付实现制的区别是什么？
5. 公司的基本财务报表包括哪些？
6. 何谓资产负债表？如何理解资产、负债与所有者权益之间的平衡关系？
7. 如何理解现金流量表揭示了“公司的现金从哪里来，到何处去”？
8. 如何理解资产负债表、利润表与现金流量表之间的关系？

练习题

一、名词解释

会计循环	会计凭证	会计分录
会计账簿	权责发生制	试算平衡表
资产负债表	利润表	现金流量表
所有者权益变动表		

二、判断题

1. 会计凭证是指由会计人员填制的凭证。（　）
2. 在审核原始凭证时，发现有伪造、涂改或不合法的原始凭证，应退还经办人员更改后再受理。（　）
3. 总账只进行金额核算，提供价值指标，不提供实物指标，而明细账有的只提供价值指标，有的既提供价值指标，又提供实物指标。（　）
4. 对于现金日记账，必须每天结出余额，并与库存现金核对。（　）
5. 通过试算平衡检查账簿记录，若借贷平衡就可以肯定记账准确无误。（　）
6. 资产负债表是反映企业在某一特定日期财务状况的报表。（　）
7. 利润表的各项都是根据相应的损益类账户的本期发生额分析填列的。（　）
8. 资产负债表属于静态报表，利润表属于动态报表。（　）
9. 为了及时报送财务会计报告，企业单位可以提前结账。（　）

10. 账证核对就是期末将账簿记录与会计凭证逐笔进行核对。（ ）

11. 计算机会计信息系统与手工会计信息系统完全不同。（ ）

12. 在账务处理子系统中，审核人和制单人可以是同一人。（ ）

13. 计算机账务处理系统中，每个会计科目均需用不同的科目代码表示。（ ）

三、单项选择题

1. 填制会计凭证的前提和依据是（ ）。

A. 登记账簿 B. 设置账户 C. 成本计算 D. 编制会计报表

2. 属于自制原始凭证的是（ ）。

A. 银行对账单 B. 发票 C. 领料单 D. 合同书

3. 对于库存现金和银行存款之间的相互划转业务，为避免重复记账，一般只填制（ ）。

A. 收款凭证 B. 付款凭证 C. 转账凭证 D. 结算凭证

4. 银行存款日记账和银行对账单核对是（ ）核对。

A. 账证 B. 账账 C. 账实 D. 账表

5. 我国公司财务会计的确认基础是（ ）。

A. 权责发生制 B. 收付实现制

C. 历史成本原则 D. 公允价值

6. 下列各项中，不会引起利润总额增减变化的是（ ）。

A. 销售费用 B. 管理费用 C. 所得税费用 D. 营业外支出

7. 下列各项中，反映公司在一定会计期间的经营成果的是（ ）。

A. 资产负债表 B. 利润表

C. 现金流量表 D. 财务状况变动表

8. 资产负债表分为左、右两方，下列各项目属于左方项目的是（ ）。

A. 所有者权益 B. 资产 C. 负债 D. 实收资本

9. 利润表中的“净利润”是企业的利润总额扣除（ ）的净额。

A. 所得税费用 B. 盈余公积 C. 应付股利 D. 营业利润

10. 财务会计报告是根据（ ）编制的。

A. 日记账、总账和明细账 B. 日记账和明细分类账

C. 日记账和总分类账 D. 明细分类账和总分类账

11. 余额试算平衡是根据（ ）确定的。

A. 会计等式 B. 经济业务的类型

C. 借贷记账法的记账规则 D. 借贷记账法的记账符号

12. 借贷记账法试算平衡的方法是（ ）。

A. 总账及所属明细账的余额平衡

B. 差额平衡

C. 所有资产类和负债类的余额平衡

D. 发生额平衡、余额平衡

13. 按照复式记账原理，对于每一项经济业务都要在（ ）中相互联系地登记。

A. 一个资产账户、一个负债账户
B. 两个或两个以上的账户
C. 一个总账账户及所属的明细账户
D. 一个账户的借方，另一个账户的贷方

四、多项选择题

1. 下列各项中属于原始凭证的是（　　）。
A. 领料单　B. 入库单　C. 发票　D. 结算凭证
2. 付款凭证左上角的“贷方科目”是（　　）科目。
A. “应付账款”　B. “库存现金”　C. “在途物资”　D. “银行存款”
3. 凡填错的现金和银行收付款原始凭证应（　　）。
A. 撕毁　B. 作废重填
C. 连同存根一起保存　D. 加盖“作废”戳记
4. 利润总额等于营业利润加减（　　）。
A. 投资收益　B. 营业外收入
C. 营业外支出　D. 其他业务利润
E. 管理费用
5. 以下影响企业营业利润的项目有（　　）。
A. 主营业务收入　B. 资产减值损失
C. 营业外收入　D. 投资收益
6. 属于利润分配的内容有（　　）。
A. 弥补以前年度亏损　B. 提取盈余公积
C. 提取资本公积　D. 向投资者分配利润
7. 下列各项中，属于筹资活动产生的现金流量的有（　　）。
A. 支付的现金股利　B. 取得短期借款
C. 增发股票收到的现金　D. 偿还公司债券支付的现金
E. 购买生产设备支付的现金
8. 利润表的各项目均需列示的两栏包括（　　）。
A. 年初数　B. 期末数　C. 本月数　D. 本年累计数
E. 本期发生数
9. 关于总分类账户的说法，正确的有（　　）。
A. 按一级会计科目开设账户
B. 提供某一会计要素的总括核算资料
C. 只用货币单位进行计量
D. 对所属的各明细分类账户起统驭作用
10. 属于复合会计分录的项目是（　　）。
A. 一借多贷分录　B. 一借一贷分录
C. 多借多贷分录　D. 一贷多借分录
11. 下列不能通过试算平衡发现的错误有（　　）。
A. 会计科目写错　B. 应借、应贷方向颠倒

C. 漏记某项经济业务　　D. 借贷双方多记或少记了相同的金额

12. 会计数据处理的一般流程包括（　　）。

A. 会计数据收集　　B. 会计数字存储

C. 会计数据处理　　D. 会计信息报告

13. 在所有余额输入完成之后，应由计算机按照等式（　　）进行试算平衡，只有平衡后才能表示所输入余额正确无误。

A. 借方发生额之和＝贷方发生额之和

B. 总账科目＝下属明细科目之和

C. 资产＝负债＋所有者权益

D. 每一笔借贷平衡

E. 期初借方余额之和＝期初贷方余额之和

五、计算与会计处理题

1. 兴华公司 2019 年 3 月 31 日部分账户资料如下表所示。

兴华公司部分账户资料

2019 年 3 月 31 日　　单位：元

账户名称	期初余额	借方发生额	贷方发生额	期末余额
银行存款	155 000	53 200	（　　）	99 400
原材料	237 600	（　　）	124 800	285 350
固定资产	（　　）	750 000	150 000	1 250 000
应付账款	380 000	260 000	25 000	（　　）
盈余公积	753 000	（　　）	250 000	900 000
预收账款	85 000	32 500	（　　）	58 000
应收票据	（　　）	25 600	48 500	39 300

要求：根据各类账户的结构，计算并填写上面表格中的空格。

2. 某公司 2019 年 5 月初各分类账户的余额如下表所示。

某公司有关总分类账户余额

2019 年 5 月 1 日　　单位：元

资产	余额	负债及所有者权益	余额
库存现金	400	短期借款	200 000
银行存款	520 000	应付票据	185 000
其他应收款	1 000	应付账款	115 000
原材料	450 000	实收资本	1 700 000
库存商品	368 600		
生产成本	80 000		
固定资产	980 000		
累计折旧	－200 000		
合计	2 200 000	合计	2 200 000

该企业 5 月发生如下经济业务：

(1) 向银行申请 3 个月期限的临时周转借款 100 000 元，款已划入企业银行存款账户。

(2) 出纳员向银行提取现金 800 元备用。

(3) 采购员王强预借差旅费 500 元，付给现金。

(4) 购入材料一批，金额 160 000 元，材料已验收入库，货款用银行存款付讫。

(5) 向本市五金采购站购入材料一批，金额 40 000 元，材料验收入库，货款尚未支付。

(6) 生产车间为生产产品领用材料一批，金额 300 000 元。

(7) 某单位对本企业投资，金额 200 000 元，款已存入开户银行。

(8) 用银行存款偿还欠款 70 000 元。

(9) 购入办公用品，金额 150 元，以现金付讫，交管理部门使用。

(10) 厂长李道持结算凭证向财务科报销，批准报销差旅费 740 元，交回现金余款 260 元，结清以前预借款项。

要求：

(1) 根据上述经济业务编制会计分录；

(2) 根据资料开设 T 形总分类账户，并登记期初余额，并根据 (1) 编制的会计分录登记总分类账户，结出各账户的本期发生额和期末余额；

(3) 根据总分类账户的本期发生额和期末余额编制试算平衡表。

3. 假定某工厂 2017 年 3 月各资产、负债和所有者权益账户期初余额如下表所示。

单位：元

资产类账户	金额	负债及所有者权益类账户	金额
库存现金	200	负债：	
银行存款	130 000	短期借款	580 000
应收账款	12 000	应付账款	16 500
生产成本	24 000	负债合计	596 500
原材料	30 000	所有者权益：	
其他应收款	300	实收资本	250 000
固定资产	650 000	所有者权益合计	250 000
总计	846 500	总计	846 500

该厂 3 月份发生下列经济业务：

(1) 以银行存款 6 000 元偿还短期借款。

(2) 收到外商投资 100 000 元存入银行。

(3) 以银行存款 2 500 元偿还前欠加工厂购货款。

(4) 收到购货单位前欠货款 3 000 元，其中支票 2 700 元存入银行，收现金 300 元。

(5) 以银行借款 20 000 元购买设备一台。

(6) 采购员预借差旅费 800 元，现金付讫。

(7) 购进材料一批，计价 15 000 元，以银行存款支付，材料已验收入库。

(8) 从银行提取现金 500 元备用。

(9) 生产车间领用材料 10 000 元。

(10) 收到某单位投资的价值为 6 000 元的设备一台。

要求：

(1) 根据该厂 3 月份的经济业务编制会计分录。

(2) 根据各科目期初余额和本期发生额编制试算平衡表。

第 4 章 Chapter 4 资本筹集的核算

学习目标

1. 掌握资本筹集的两种方式
2. 掌握有限责任公司接受初始投资的相关核算
3. 掌握股份有限公司发行股票的相关核算
4. 掌握短期借款和长期借款的相关核算
5. 熟悉债券发行的相关概念与会计处理

筹集资本是企业生产经营的首要环节。在市场经济条件下，资本是企业运行的“血液”，是其他经济活动开展的先决条件，对企业而言至关重要。那么，企业通过何种渠道筹集资本？会计上又如何清晰地反映出企业的筹资活动？本章主要介绍企业经济业务活动中常用的筹资手段及其相关的会计处理。

4.1 筹资的含义和分类

4.1.1 筹资的含义

筹资是指导致企业资本及债务规模和构成发生变化的活动，企业根据其生产经营、对外投资和调整资本结构等，运用多种筹资方式，经济有效地筹措和集中资本。在现代市场经济竞争中，企业只有正确选择筹资方式来筹集生产经营活动所需要的资本，才能保障企业生产经营活动的正常运行和扩大再生产的需要。企业所处的内外部环境各不相同，所选择的筹资方式也有相应的差异。企业只有采取了适合自身发展的筹资渠道和方式，才能够促进企业的长期发展。

4.1.2 筹资的分类

1. 按资本权属划分

按企业取得资本的权属不同，筹资可以划分为股权筹资和债务筹资两种类型。

股权筹资形成股权资本。企业的股权资本通过吸收直接投资、发行股票、内部积累等方式取得。股权资本由于一般不用还本，形成了企业的永久性资本，因而财务风险小，但付出的资本成本相对较高。

债务筹资形成债务资本，是企业按合同取得的在规定期限内需要清偿的债务。企业通过债务筹资形成债务资本，债务资本通过向金融机构借款、发行债券、融资租赁等方式取得。债权资本具有较大的财务风险，但付出的资本成本相对较低。

2. 按资本使用期限划分

按企业取得资本的使用期限不同，筹资可以划分为长期筹资和短期筹资。

长期筹资是指企业可长期使用的资本，包括权益资本和长期负债资本。权益资本不需要归还，企业可以长期使用，属于长期资本。长期借款和长期债券虽然需要归还，但是可以持续使用较长时间，也属于长期资本。通常把一年以上的债务资本称为长期债务资本。长期筹资还包括股利分配。股利分配决策同时也是内部筹资决策。净利润是属于股东的，应该分配给他们，留存一部分收益而不将其分配给股东，实际上是向现有股东筹集权益资本。

短期筹资是指为满足企业临时性流动资本需要而进行的期限在一年以内的筹资活动。企业的短期资本一般通过流动负债的方式取得，短期筹资也称为流动负债筹资或短期负债筹资。

4.2 股权筹资的核算

4.2.1 注册资本制度

我国企业的注册资本制度已由实缴登记制改为认缴登记制，并放宽了注册资本登记条件。

企业的组织形式有非公司制和公司制两种。非公司制企业包括独资企业和合伙企业，这类企业的出资人对企业债务承担无限清偿责任，并且按照个人所得税法缴纳所得税。在组建时，所有者投入的资本全部作为“实收资本”入账。

公司制企业属于企业法人，以其全部财产对债务承担有限责任。公司制企业包括有限责任公司（股东以其认缴的出资额为限对公司承担责任）和股份有限公司（股东以其认购的股份为限对公司承担责任）。有限责任公司接受投资人投入的资本称为“实收资本”，股东的股权通过所认缴的出资额比例来表示；股份公司的全部资本被分为数额较小、每一股金额相等的股份，接受投资人投入的资本称为“股本”。

由于不同组织类型的企业在设立等方面具有不同特征，在投入资本的核算上也不尽相同。本节主要介绍公司制企业股权筹资的相关核算。

4.2.2 有限责任公司投入资本的核算

（一）账户设置

企业应设置“实收资本”和“资本公积”账户，对投资者投入的资本进行核算。

“实收资本”账户的贷方登记企业实际收到所有者投入的资本，借方登记企业按法定程序收回投资或减少的资本数，期末余额在贷方，表示企业实际拥有的资本数额，即企业在工商行政管理部门登记的注册资本金额。该账户应按投资者名称设置明细账进行明细核算。其构成比例即投资者的出资比例，是确定所有者在企业所有者权益中份额的基础，也是企业进行利润分配的主要依据。

“资本公积”账户下设置“资本溢价”明细账户，贷方登记投资者交付的出资额大于按合同、协议所规定的出资比例计算的部分，借方登记企业转增资本数。

（二）会计处理

1. 接受初始投资时的会计处理

企业对资本金的筹集应该按照法律、法规、合同和章程的规定及时进行。在企业创立之初，按投资者所认缴的金额全部记入“实收资本”账户。如果是一次筹集的，投入资本应等于注册资本金；如果是分期筹集的，在所有者最后一次缴入资本后，投入资本等于注册资本金。

我国《公司法》规定，企业所有者投入资本的形式有很多种。既可以用货币出资，也可以用实物、知识产权、土地使用权等可用货币估价并可依法转让的非货币财产作价出资。以非货币财产出资的，应当评估作价，核实财产，不得高估或低估作价，并且应当依法办理其财产权的转移手续。企业收到所有者投入的资本后，根据有关凭证，按不同出资方式进行账务处理。

企业接受投资者以货币出资（包含人民币出资和外币出资）时，应当按照实际收到的金额，借记“银行存款”账户，贷记“实收资本”账户。

企业接受投资者以非现金资产投资时，应当按照投资合同或协议约定价值，确定非现金资产的价值和在注册资本中应享有的份额，借记“原材料”“固定资产”“无形资产”等资产账户，贷记“实收资本”账户。

例4-1

假设20×8年1月1日，邓量和齐家共同投资设立量家有限责任公司，主要从事电视机的生产和销售。注册资本总额为400 000万元。按照合同约定，邓量和齐家分别出资200 000万元货币资本。

该公司在收到上述出资时，根据有关凭证，应编制如下会计分录：

借：银行存款　　4 000 000 000

　贷：实收资本——邓量　　2 000 000 000

　　　　　　——齐家　　2 000 000 000

2. 追加投资时的会计处理

在企业增资扩股时，如果没有新的投资者加入，原有投资者调整投资额，直接记入“实收资本”账户。

例 4-2

承例 4-1，假设邓量于 20×8 年 12 月 31 日追加投资 100 000 万元，量家公司已将所得款项存入银行存款。

量家公司应编制如下会计分录：

借：银行存款　　1 000 000 000

　贷：实收资本——邓量　　1 000 000 000

如果有新的投资者加入，新投资者缴纳的出资额大于按约定比例计算的在注册资本中所占的份额部分，不计入实收资本，而作为资本公积处理。借记“银行存款”等账户，贷记“实收资本”“资本公积——资本溢价”等账户。

> 为什么新的投资者加入会产生资本公积呢？这是因为在有限责任公司创立之初，投资者所认缴的金额全部记入“实收资本”账户。在创立之后，企业通过正常经营活动产生盈余，形成留存收益，增加了企业的所有者权益。但由于这部分留存收益并未转入实收资本，如果有新的投资者加入，新的投资者要分享这部分留存收益，应该付出大于按一定投资比例计算的实收资本金额。多付出的这部分金额就计入了资本公积，归全体所有者共同享有。

3. 资本公积转增资本的会计处理

资本公积不得用于弥补企业的亏损，其主要用途是转增资本。在转增资本前，它是全体所有者共同享有的积累资本，不归属于某个投资者所有。在将资本公积转增投资人的资本数额时，应按转增资本的金额，借记“资本公积”账户，贷记“实收资本”账户。

4.2.3 股份有限公司投入资本的核算

（一）账户设置

股份有限公司应设置“股本”和“资本公积”账户，核算接受投资者投入的资本在股本总额中所占的份额和所产生的股本溢价。

“股本”账户的性质和结构与“实收资本”账户基本相同，贷方登记接受投资者投入的资本在股本中所占的份额，借方登记企业按照法定程序经批准减少的注册资本数，期末贷方余额反映企业的股本总额。该账户可以按照投资者设置明细账，进行明细核算。

“资本公积”账户下设置“股本溢价”明细账，核算股份有限公司发行股票时实际收到的投资者出资额超出其在股本中所占份额的差额。

（二）发行股票时的会计处理

股份有限公司在设立时，需要发行股票。设立后，为扩大生产经营等，也会增资发行新股。股票是公司签发的证明股东所持股份以及享有权利和承担义务的凭证，属于权益性证券。满足一定条件的股份有限公司经有关部门批准后，其发行的股票可以在证券交易所上市交易，这类公司称为“上市公司”，允许挂牌交易的股票则称为“流通股”。

股票的发行价格可能与票面金额一致，但通常不一致。以股票的面值为发行价格的，称为平价发行；以高于股票面值的金额为发行价格的，称为溢价发行；以低于股票面值的金额为发行价格的，称为折价发行。我国《公司法》不允许折价发行股票。

平价发行时，企业发行股票取得的收入，应全部作为股本处理，借记“银行存款”账户，贷记“股本”账户。

溢价发行时，企业应按发行股票取得的收入，借记“银行存款”账户；等于股票面值的部分作为股本（每股面值×股份总数），贷记“股本”账户；超过股票面值的溢价收入作为股本溢价，贷记“资本公积——股本溢价”账户。发行股票发生的相关手续费、佣金等交易费用，应从溢价中抵扣，冲减股本溢价，借记“资本公积——股本溢价”账户，贷记“银行存款”账户。溢价金额不足以抵扣的，冲减盈余公积和未分配利润。

例 4-3

假设 20×9 年 1 月 1 日，量家股份有限公司在证券交易所首次公开发行股票并上市，简称“量家电器”。委托某证券公司代理发行普通股 20 000 万股，每股面值 1 元，按 6.01 元/股的价格溢价发行，同时支付手续费、咨询费总计 200 万元。发行款已全部收到，发行费用全部以银行存款支付，不考虑其他因素。

根据有关凭证，该公司应编制如下会计分录：

（1）收到发行价款时：

借：银行存款　　1 202 000 000
　贷：股本　　200 000 000
　　　资本公积——股本溢价　　1 002 000 000

（2）支付发行费用时：

借：资本公积——股本溢价　　2 000 000
　贷：银行存款　　2 000 000

4.3 债务筹资的核算

本节主要介绍短期借款、长期借款与债券筹资相关业务的核算。

4.3.1 短期借款的核算

短期借款是指企业向银行或其他金融机构等借入的期限在一年以下（含一年）的各种借款，属于企业的流动负债。

短期借款按照有无担保，可以分为抵押借款和信用借款；按照本息偿付的方式，可以分为一次性偿付借款和分期偿付借款。无论是哪种借款，均应向债权人按期偿还借款的本金及利息。

（一）短期借款核算的账户设置

企业应设置“短期借款”“财务费用”“应付利息”等账户，对短期借款进行核算。

“短期借款”账户核算短期借款的增减变动和余额情况。其贷方登记取得的借款本金，借方登记偿还的借款本金，期末余额在贷方，反映尚未偿还的短期借款本金数额。该账户可按借款种类、债权人设置明细账，进行明细核算。

“财务费用”账户核算企业为筹集生产经营所需资本而发生的各项费用，属于损益类账户。其借方登记企业发生的各项财务费用，包括借款利息、借款手续费等；贷方登记结转到本年利润的金额，期末结转后账户无余额。结转的相关处理将在后续章节中具体讲述。“财务费用”账户可按照费用项目进行明细核算。

“应付利息”账户核算企业按照合同约定应支付的利息，属于负债类账户。其贷方登记按照合同利率计算确定的应付未付的利息，借方登记实际支付的利息，期末余额在贷方，反映企业尚未偿还的各种借款利息数额。该账户应按照债权人设置明细账进行明细核算。

（二）短期借款核算的会计处理

1. 借入短期借款

企业借入各种短期借款时，应当按照借款本金借记“银行存款”账户，贷记“短期借款”账户。

2. 计提和支付短期借款利息

短期借款利息有两种处理方法：直接列支法和预提法。

直接列支法在支付借款利息时，将所支付的借款利息直接计入当月财务费用。如果企业按月支付给贷款人利息，或者虽然在借款到期时与本金一起偿还但金额较小，则企业可采用直接列支法，以按照合同计算的利息金额，借记“财务费用”账户，贷记“银行存款”账户。

预提法依据权责发生制，先按月预提借款利息计入当期财务费用，期末再一并支付。这种方法适用于数额较大、按季支付的短期借款利息。在实际工作中，银行一般在每季度末收取借款利息，因此，企业的短期借款利息通常采用按月预提的方式进行核算。企业在资产负债表日预提短期借款利息时，应当按照计算确定的短期借款利息，借记“财务费用”账户，贷记“应付利息”账户；实际支付借款利息时，按照实际支付的利息款项，借记“应付利息”账户，贷记“银行存款”账户。

3. 归还短期借款

企业归还短期借款时，应当编制与借入短期借款相反的会计分录。按照应偿还的本金数额，借记“短期借款”账户，贷记“银行存款”账户。

例 4-4

量家公司于 20×9 年 4 月 1 日向银行借款 9 万元，期限 6 个月，用于生产经营。该借款年利率 4%，利息分月预提，按季支付，本金于借款到期时一次归还。

量家公司应做如下账务处理：

(1) 4 月 1 日借入短期借款时：

借：银行存款	90 000	
贷：短期借款		90 000

(2) 4 月末预提当月借款利息 0.03 万元（9×4%÷12）时：

借：财务费用	300	
贷：应付利息		300

(3) 5 月末预提当月借款利息的会计处理与 4 月份相同。

(4) 6 月末支付本季度借款利息时：

借：应付利息	600	
财务费用	300	
贷：银行存款		900

第 3 季度的会计处理与第 2 季度相同。

(5) 9 月 30 日借款到期归还本金时：

借：短期借款	90 000	
贷：银行存款		90 000

4.3.2　长期借款的核算

长期借款是指企业向银行或其他金融机构借入的期限在一年以上（不含一年）的各种借款。它一般用于固定资产的购建工程、改扩建工程、大修理工程以及满足生产经营的需要。根据还款方式，企业的长期借款可分为定期偿还借款和分期偿还借款。其中，定期偿还借款是指企业在债务到期日一次还清的长期借款；分期偿还借款则是指在举债期限内分若干次偿还的长期借款。

（一）长期借款核算的账户设置

企业应设置“长期借款”“财务费用”“应付利息”等账户，对长期借款进行核算。

“长期借款”账户核算长期借款的借入和偿付情况，属于负债类账户。其贷方登记借入的长期借款本金，借方登记归还的长期借款本金，期末贷方余额反映企业尚未偿付的长期借款本金。该账户可以按照贷款单位和贷款种类设置明细账，以“本金”“利息调整”等进行明细核算。其中“利息调整”核算企业长期借款本金与实际收到的借款数额之间的差额。

如果是分期付息到期还本的长期借款，“财务费用”“应付利息”账户的核算内容与短期借款相似。如果是到期一次还本付息的长期借款，每期计提的利息应通过“长期借款”账户进行核算。

（二）长期借款核算的会计处理

1. 借入长期借款

企业借入长期借款时，应当按照实际收到的金额，借记“银行存款”账户，贷记“长期借款——本金”账户。

2. 计提和支付长期借款利息

资产负债表日企业应当按期计提长期借款利息。计提借款利息时，应按照合同利率计算确定的应付未付利息款，借记“财务费用”等[①]账户，贷记“应付利息”账户。

企业支付所计提的长期借款利息时，与短期借款的会计处理相同，按照实际支付的利息金额，借记“应付利息”账户，贷记“银行存款”账户。

3. 归还长期借款本金

企业归还长期借款本金时，应当按照归还的金额，借记“长期借款——本金”账户，贷记“银行存款”账户。如最后一期利息的支付和本金归还一并进行，则可以合并做偿付本息的账务处理。

例 4－5

量家公司于 20×9 年 1 月 1 日向银行借款 200 万元，期限 3 年，用于生产经营。该借款年利率为 6%，利息每年末计提，每年初支付，本金于借款到期时一次归还。

根据资料，该公司的有关计算和账务处理如下：

（1）20×9 年 1 月 1 日，从银行取得长期借款：

借：银行存款　　2 000 000

　贷：长期借款——本金　　2 000 000

（2）20×9 年 12 月 31 日（借款第一年末）、20×0 年 12 月 31 日（借款第二年末）和 20×1 年 12 月 31 日（借款第三年末），计提各年借款利息费用：

每年应计提的长期借款利息＝200×6%＝12(万元)

借：财务费用　　120 000

　贷：应付利息　　120 000

各年末所计提的长期借款利息支出应全部计入财务费用。

（3）20×0 年 1 月 1 日、20×1 年 1 月 1 日和 20×2 年 1 月 1 日，支付各年借款利息：

借：应付利息　　120 000

　贷：银行存款　　120 000

---

① 不局限于“财务费用”账户，还有“在建工程”“固定资产”等账户。这取决于企业对借款费用的资本化和费用化。本书仅考虑费用化的处理。

(4) 20×2 年 1 月 1 日，偿还该笔长期借款：

借：长期借款——本金　　2 000 000

　贷：银行存款　　2 000 000

4.3.3 应付债券的核算

债券指企业为筹集资本而依照法定程序对外发行的约定在一定期限（一般一年以上）内还本付息的有价证券。债券本质上是一种债权债务关系的凭证。与长期借款相比，债券的筹资范围更广，债权人可以是单位也可以是个人，同时债券作为有价证券，具有更强的流动性。

债券的基本要素包括票面价值、票面利率和债券期限。票面价值简称面值，是指发行企业在债券到期日支付给债权人的金额；票面利率亦称名义利率，是指债券上标明的发行企业向债权人支付利息的利率；债券期限是指债券从发行日起至到期日之间的时间。债券按照计息方式，可分为一次性还本付息债券与分期付息债券；按照偿还本金的方式，可分为定期还本债券和分期还本债券。

当债券的票面利率等于市场利率时，债券按面值出售，其发行价格等于债券面值，称为平价发行。当市场利率发生变化，债券的票面利率和市场利率不一致时，企业不能直接调整票面利率，而要通过调整发行价格来使实际利率与市场利率一致，如果票面利率低于市场利率，为了弥补债券购买者少收到的利息，债券将以低于面值的价格发行，称为折价发行；如果票面利率高于市场利率，为了补偿企业多支付的利息，债券将以高于面值的价格发行，称为溢价发行。

（一）应付债券核算的账户设置

应付债券的核算包括发行债券、期末计息和付息以及到期偿还等内容。

企业应设置“应付债券”账户，核算为筹集长期资本而发行的债券的本金和利息。该账户贷方登记发行债券的票面金额和计提的到期一次付息债券的利息，借方登记偿付的债券本金和到期一次付息债券的利息，期末贷方余额反映企业尚未偿付的长期债券余额。该账户可设置“面值”“利息调整”“应计利息”等明细账户，进行明细核算。其中，“利息调整”核算企业发行债券实际收到的金额与债券票面金额之间的差额。

“财务费用”“应付利息”账户的设置与上节类似。如果是到期一次付息债券，不设置“应付利息”账户，而是设置“应付债券——应计利息”账户对债券的预提利息进行核算。

（二）应付债券核算的会计处理

1. 债券发行

企业发行债券，应按照实际收到的金额，借记“银行存款”账户；按照债券票面金额，贷记“应付债券——面值”账户；实际收到金额与债券票面金额存在差额的，应借记（折价发行）或贷记（溢价发行）“应付债券——利息调整”账户。

例 4-6

假设量家公司于 20×9 年 1 月 1 日发行一批 3 年期的公司债券，面值为 1 000 万元，票面利率为 8%，到期一次还本付息，量家公司发行债券所得款项为 1 000 万元，已全部存入银行。

20×9 年 1 月 1 日，量家公司发行债券，应进行如下会计处理：

借：银行存款	10 000 000	
贷：应付债券——面值		10 000 000

例 4-7

假设量家公司于 20×9 年 1 月 1 日发行一批 3 年期的公司债券，面值为 1 000 万元，票面利率为 8%，到期一次还本付息，此次发行债券所得款项为 1 120 万元，已全部存入银行。

20×9 年 1 月 1 日，量家公司发行债券，应进行如下会计处理：

借：银行存款	11 200 000	
贷：应付债券——面值		10 000 000
——利息调整		1 200 000

2. 债券存续期间的利息确认

折价或溢价以及发行费用之和与面值之间的差额，要在债券存续期间进行摊销。资产负债表日，企业应根据摊余成本和实际利率确定债券的利息费用，借记“财务费用”等账户；按照债券面值和票面利率确定应付未付的利息，如果债券是分期付息、一次还本的，则应贷记“应付利息”账户，如果债券是到期一次性还本付息的，应贷记“应付债券——应计利息”账户；借贷双方的差额，即各期溢（折）价摊销额，应记入“应付债券——利息调整”账户。

债券的摊余成本与实际利率法

我国《企业会计准则》规定：企业应当对已发行的债券以摊余成本进行后续计量。应付债券的摊余成本应当以其初始确认金额经下列调整后的结果确定：(1) 扣除已偿还的本金；(2) 加上或减去采用实际利率法将该初始确认金额与到期日金额之间的差额进行摊销形成的累计摊销额。

实际利率法是指计算金融资产或金融负债的摊余成本以及将利息收入或利息费用分摊计入各会计期间的方法。应付债券的实际利率是指将应付债券在预计存续期的估计未来现金流量折现为摊余成本所使用的利率。发行方支付或收取的属于实际利率组成部分的各项费用、交易费用及溢价或折价等，应当在确定实际利率时予以考虑。

实际利率法下的计算公式为：

应计利息＝债券面值×债券利率

利息费用＝期初债券账面价值×实际利率

各期溢(折)价摊销额＝应计利息－利息费用

例 4-8

假设量家公司于 20×9 年 1 月 1 日发行一批 3 年期的公司债券，面值为 1 000 万元，票面利率为 8%，债券合同约定应于每年末付息。根据相关规定，量家公司应将有关利息费用全部确认为财务费用。

(1) 20×9 年 12 月 31 日，量家公司应计提利息为 80 万元（1 000×8%），进行如下会计处理：

借：财务费用　　800 000
　贷：应付利息　　800 000

量家公司实际偿还利息时编制如下会计分录：

借：应付利息　　800 000
　贷：银行存款　　800 000

(2) 20×0 年 12 月 31 日（债券第二年末）、20×1 年 12 月 31 日（债券第三年末）的会计处理与 20×9 年 12 月 31 日（债券第一年末）相同。

3. 债券终止确认

在债券到期支付本息时，对于一次还本付息的债券，企业应按照实际偿还的本息金额，借记“应付债券——面值、应计利息”账户，贷记“银行存款”账户；对于分期付息一次还本的债券，企业应借记“应付债券——面值”账户，贷记“银行存款”账户，企业也可将最后一期支付利息和到期偿还本金合并进行账务处理。

例 4-9

假设量家公司于 20×9 年 1 月 1 日发行一批 3 年期的公司债券，面值为 1 000 万元，票面利率为 8%，债券合同约定应于每年末付息。

20×2 年 1 月 1 日量家公司偿还债券本金时，应编制如下会计分录：

借：应付债券——面值　　10 000 000
　贷：银行存款　　10 000 000

思考题

1. 股权筹资与债务筹资有哪些区别？
2. 有限责任公司和股份有限公司在投入资本核算的账户设置方面有何区别？
3. 股票发行价格与面值之间具有怎样的关系？
4. 短期借款的利息与长期借款的利息在账务处理上有何不同？
5. 长期借款与短期借款在核算内容、账户设置以及账务处理方面有哪些异同？
6. 债券的发行价格与其面值之间具有怎样的关系？
7. 为什么会出现企业债券的溢价或折价？对于溢折价应如何处理？
8. 在债券利息计提日，应付债券的利息应如何计算？

练习题

一、名词解释

长期筹资	短期筹资	实收资本
资本公积	短期借款	长期借款
应付利息	应付债券	票面利率
溢价发行	折价发行	

二、判断题

1. 由于内部筹资一般不产生筹资费用，所以内部筹资的资本成本最低。（　　）

2. 按面值发行股票时，公司发行股票支付的手续费、佣金等发行费用，直接计入当期财务费用。（　　）

3. 股份有限公司按法定程序报经批准采用收购本公司股票方式减资的，购回股票支付的价款（含交易费用）低于其面值总额的，应依次增加资本公积（股本溢价）、盈余公积和未分配利润。（　　）

4. 在大多数借款合同中都会出现的保护性条款是特殊性保护条款。（　　）

5. 吸收直接投资是股份制企业筹集权益资本的基本方式，采用吸收直接投资的企业，资本不分为等额股份，无须公开发行股票。（　　）

6. 股东最基本的权利是按投入公司的股份额，依法享有公司收益获取权、公司管理经营权和选择公司管理者的权利，并以其所持股份为限对公司承担责任。（　　）

7. 利用留存收益筹资会增加公司的权益资本，从而会稀释原有股东的控制权。（　　）

8. 一定数额的资本金是企业取得债务资本的必要保证。（　　）

9. 企业负债比例越高，财务风险越大，因此负债对企业总是不利的。（　　）

10. 债券筹资的财务风险高，但资本成本低。（　　）

11. 对于财务状况越好、信用等级越高的企业，由于违约风险低，使得银行贷款利率高，从而有较高的银行借款成本。（　　）

12. 债券持有人与股票持有人一样，可参与企业的决策。（　　）

13. 按照所筹资本使用期限的长短，可将筹资分为权益筹资和负债筹资。（　　）

14. 相对于股票筹资而言，银行借款的缺点是筹资成本高，财务风险大。（　　）

15. 相对于股权资本，长期借款由于借款期限长，风险大，因此资本成本比较高。（　　）

16. 普通股具有双重性质，它既属于自有资本又兼有债券性质。（　　）

三、单项选择题

1. 公司在创立时的首选筹资方式是（　　）。

A. 向银行借款　　B. 吸收直接投资

C. 发行企业债权　　D. 融资租赁

2. 投入资本是非股份制企业筹集（　　）的重要形式之一。

A. 长期资本　B. 短期资本　C. 自有资本　D. 借入资本

3. 企业收到投资人投入的资本时，应贷记的账户是（　　）。

A. “投资收益”　B. “实收资本”　C. “资本公积”　D. “盈余公积”

4. 有限责任公司在增资时，新加入的投资者缴纳的出资额大于其按约定比例计算的在注册资本中所占的份额部分，应记入的账户是（　　）。

A. “利润分配”　B. “资本公积”　C. “营业外收入”　D. “实收资本”

5. 借：资本公积，贷：实收资本。这笔会计分录反映的经济业务是（　　）。

A. 将资本公积转增注册资本　　B. 冲销资本公积和实收资本

C. 将实收资本转增资本公积　　D. 提取资本公积

6. 甲公司经批准发行普通股 1 500 万股，每股面值 1 元，每股发行价格 4 元，支付手续费等费用 300 万元。该公司发行普通股应记入“股本”账户的金额为（　　）万元。

A. 1 500　B. 4 500　C. 5 700　D. 6 000

7. 乙公司委托证券公司发行普通股，股票面值总额为 3 000 万元，发行价格总额为 12 000 万元，发行费按发行价格总额的 2%计算（不考虑其他因素），收到股票发行净收入存入银行。则该公司此笔业务应记入“资本公积”账户的金额为（　　）万元。

A. 30 008 760　B. 8 760　C. 8 820　D. 9 000

8. 丙公司 2014 年 1 月 1 日向银行借入资本 500 万元，期限 3 年，年利率 6%，年末计息，下年初支付利息，到期还本并支付最后一年利息。那么在 2014 年 12 月 31 日，该长期借款账面价值为（　　）万元。

A. 500　B. 530　C. 560　D. 590

9. 丁公司 2014 年 7 月 1 日，按面值发行 5 年期、到期一次还本付息、年利率 4%（不计复利）、面值总额为 8 000 万元的债券。假定票面利率与实际利率一致，不考虑相关税费。2014 年 12 月 31 日“应付债券”账户的账面余额为（　　）万元。

A. 8 000　B. 8 160　C. 8 320　D. 8 480

10. 一般情况下，下列筹资方式中资本成本最低的是（　　）。

A. 发行债券　B. 发行股票　C. 留存收益　D. 长期借款

11. 一般而言，与融资租赁筹资相比，发行债券的优点是（　　）。

A. 资本成本较低　　B. 限制条件较少

C. 财务风险较小　　D. 融资速度较快

12. 下列各项中，不属于企业筹资活动主要交易和事项的是（　　）。

A. 从银行借款　　B. 接受投资者投资

C. 发行债券　　D. 销售商品

13. 不通过金融机构进行的筹资是（　　）。

A. 权益资本　B. 负债资本　C. 直接筹资　D. 间接筹资

14. 当票面利率相对于市场利率而言符合以下（　）条件时，债券应按折价发行。

A. 大于　B. 小于　C. 等于　D. 不确定

15. 根据《公司法》的规定，累计债券总额不得超过公司净资产额的（　）。

A. 30%　B. 40%　C. 50%　D. 60%

16. 若甲企业的信用等级高于乙企业，则下列表述正确的是（　）。

A. 甲企业的筹资成本比乙企业高　B. 甲企业的筹资能力比乙企业强

C. 甲企业的债务负担比乙企业重　D. 甲企业筹资风险比乙企业大

四、多项选择题

1. 企业筹集的资本，按资本权属可分为（　）。

A. 股权资本　B. 债务资本　C. 短期资本　D. 长期资本

2. 下列属于企业筹资方式的有（　）。

A. 商业信用　B. 发行股票

C. 国家财政资本　D. 融资租赁

3. 投入资本包括（　）。

A. 实收资本　B. 股本

C. 未分配利润　D. 资本溢价或股本溢价

4. 企业投资者的出资方式有（　）。

A. 实物投资　B. 工业产权投资

C. 现金投资　D. 土地使用权投资

5. 企业吸收投资者出资时，下列账户的余额可能发生变化的有（　）。

A. 无形资产　B. 盈余公积　C. 实收资本　D. 资本公积

6. 下列经济业务发生时可能会引起资本公积变动的有（　）。

A. 有限责任公司成立之后接受新投资者出资

B. 将资本公积转增实收资本

C. 与发行权益性证券直接相关的手续费、佣金等交易费用

D. 处置采用权益法核算的长期股权投资

7. 下列项目中能引起盈余公积发生增减变动的有（　）。

A. 以盈余公积转增资本　B. 用任意盈余公积弥补亏损

C. 用盈余公积发放现金股利　D. 提取任意盈余公积

8. 股票的发行价格通常有（　）。

A. 等价　B. 时价　C. 溢价　D. 折价

9. 下列属于借款费用的有（　）。

A. 发行公司债券的手续费　B. 发行公司债券发生的折价

C. 发行公司债券溢价的摊销　D. 外币借款发生的汇兑差额

10. 企业计提长期借款利息时涉及的账户有（　）。

A. “资本公积”　B. “财务费用”　C. “在建工程”　D. “长期借款”

11. 企业发行债券按期计提利息时涉及的会计账户有（　　）。

A. “在建工程”　B. “财务费用”　C. “应付利息”　D. “应付债券”

12. 下列各项中，属于所有者权益的是（　　）。

A. 资本溢价　B. 任意盈余公积

C. 库存股　D. 长期投资减值准备

13. 决定债券发行价格的因素有（　　）。

A. 面值　B. 票面利率　C. 债券期限　D. 市场利率

14. 与股权筹资相比，银行借款筹资的优点包括（　　）。

A. 借款弹性大　B. 筹资费用低

C. 筹资速度快　D. 使用限制少

15. 企业短期资本的主要来源包括（　　）。

A. 留存收益　B. 发行股票　C. 短期借款　D. 商业信用

16. 下列各项中属于筹资决策必须考虑的因素有（　　）。

A. 取得资本的方式　B. 取得资本的渠道

C. 取得资本的成本、风险　D. 取得资本的规模

五、计算与会计处理题

1. 某公司 2019 年 1 月发生下列经济业务：

(1) 1 日，收到甲公司投入的货币资本 300 000 元，存入银行。

(2) 3 日，收到乙公司投入的土地使用权，双方协商以 300 000 元作为投入资本入账。

(3) 5 日，接受丙公司投入的仓库一幢，双方协商价为 200 000 元，丁公司投入机器设备一台，协商价为 150 000 元。

(4) 6 日，向建设银行借入期限为 1 年的借款 100 000 元，存入银行，年利率为 6%。

(5) 10 日，计提上项借款的本月银行借款利息 500 元。

(6) 15 日，收到甲公司作为资本投入的 A 材料一批，投资协议约定价值 100 000 元（假设不考虑增值税）。

(7) 20 日，以银行存款偿还以前月份借入的短期借款 200 000 元。

(8) 23 日，收到戊公司投入货币资本 100 000 元，存入银行。投资合同规定，戊公司享有的权益为 90 000 元，其余作为资本公积处理。

(9) 25 日，从工商银行借入 3 年期的借款 500 000 元，年利率为 6.5%，存入银行。

(10) 30 日，经批准将企业的资本公积 100 000 元转增注册资本。

要求：编制上述经济业务的会计分录。

2. 长兴公司 2019 年 3 月发生下列经济业务：

(1) 2 日，向银行申请取得期限 3 年的借款 150 000 元，已存入银行存款账户。

(2) 6 日，甲企业以新建厂房一栋向本企业投资，价值 500 000 元。

(3) 12 日，用银行存款归还已到期的 2 年期借款本息共计 120 000 元。

(4) 14 日，因临时需要向银行申请 3 个月期借款 50 000 元，存入银行存款账户。

(5) 17 日，收到大龙公司以专利权向本公司进行的投资，评估价 60 000 元。

(6) 21 日，收到龙华公司投入资本 200 000 元，存入银行。

(7) 30 日，经批准将资本公积 120 000 元转增注册资本。

(8) 31 日，用银行存款归还已到期的期限为 6 个月的借款 60 000 元。

要求：根据上述经济业务编制会计分录。

3. 天龙公司为建设某一两年期工程项目，于 2019 年 1 月 1 日发行一批 2 年期债券，总面值为 100 万元，年利率为 5%，每年付息一次，到期一次还本。

(1) 假设该公司发行债券时，市场利率恰好等于票面利率 5%，公司按面值发行债券，收到款项并存入银行。

(2) 假设市场利率为 4%，公司按 102 万元的溢价发行债券，收到款项并存入银行。

(3) 假设市场利率为 6%，公司按 98 万元的折价发行债券，收到款项并存入银行。

要求：编制不同情况下，该公司债券发行时的会计分录。

第5章 Chapter 5 长期经营性资产

学习目标

1. 掌握固定资产会计核算、各种折旧方法
2. 掌握无形资产会计核算
3. 了解长期资产期末计价规则

企业经营过程中投资并使用的各种长期性资产通常包括固定资产、自然资源[①]与无形资产。固定资产在多数企业资产负债表中占据了资产的大部分，尤其是制造企业。企业购置或建造固定资产的支出称为资本性支出，它会影响企业短期及长期的营运状况，无形资产也有类似的影响。本章将介绍固定资产和无形资产的购置与使用，以及相应的会计处理。

5.1 长期经营性资产的概念与分类

企业的投资包括金融性资产投资和经营性资产投资。严格地说，经营性资产投资包括流动资产投资和长期资产投资。企业的长期资产投资在会计学上表现为长期资产。

长期资产是指企业拥有或控制的仅供其经营活动使用，而不是为了销售，并且其经济使用寿命将经历多个会计期间的资产项目。在性质上，长期资产属于非流动资产，在企业的资产负债表上通常单独列示。

企业的长期资产按其是否具有实物形态可以分为两大类：(1) 具有实物形态的资产，如机器设备、厂房建筑物和运输工具等。这些资产项目统称为固定资产或有形资产。不过，在有形资产中，有一类资产如森林、矿山和油田等自然资源

① 由于我国大多数企业的经营过程不涉及自然资源业务，本书不介绍自然资源的会计核算与管理。长期资产还包括长期投资，长期投资并不直接参与经营过程，而是作为企业合并、多元化经营的手段，本书将在第9章专门介绍长期投资。

的账务处理比较特殊，因而单独作为一类有形资产，称为递耗资产。(2) 不具有实物形态的资产，如专利权、非专利技术、商标权、特许经营权、著作权、土地使用权等。这类资产通称为无形资产。因此，企业的长期资产可以分为固定资产、递耗资产和无形资产三类。

固定资产、递耗资产和无形资产具有一个共同特征：可以在多个会计期间为企业提供效用。企业为取得这些资产所发生的成本或支出都作为资本支出，先资本化为这些资产项目的原始成本，然后随着它们为企业提供效用和获得收入的潜在能力的递减，其原始成本也要在各个会计期间内转销为成本费用，以便体现权责发生制和配比原则。

在会计学上，长期资产的原始成本通常分别通过这些相应资产的备抵账户如累计折旧、累计折耗和累计摊销转销为成本费用。在企业的资产负债表上，这些备抵账户都应该作为各相应资产项目的抵减项目，从而确定其账面价值。

5.2 固定资产

5.2.1 固定资产的概念与分类

(一) 固定资产的概念

固定资产是指为生产商品、提供劳务、出租或经营管理而持有的，使用寿命超过一个会计期间的有形资产。使用寿命是指企业使用固定资产的预计期间，或者该固定资产所能生产产品或提供劳务的数量。固定资产同时满足下列条件的，才能予以确认：

(1) 该固定资产包含的经济利益很可能流入企业；

(2) 该固定资产的成本能够可靠地计量。

(二) 固定资产的分类

为了加强对固定资产的管理和便于组织会计核算，企业应对其进行科学分类。根据管理的不同需要，固定资产可以按不同标准进行分类，主要有以下几种。

1. 按经济用途分类

按经济用途可以将其分为生产经营用固定资产和非生产经营用固定资产。

(1) 生产经营用固定资产，是指直接服务于企业生产经营过程的各种固定资产，如生产经营用的房屋、建筑物、机器、设备、器具、工具等。

(2) 非生产经营用固定资产，是指不直接服务于企业生产经营过程的各种固定资产。

2. 按使用情况分类

按使用情况，可将其分为使用中固定资产、未使用固定资产和不需用固定资产。

(1) 使用中固定资产，是指正在使用中的经营性和非经营性固定资产。由于季节性经营或大修理等原因而暂时停止使用的固定资产仍属于企业使用中的固定资产，企业出租给其他单位使用的固定资产和内部替换使用的固定资产也属于使用中的固定资产。

(2) 未使用固定资产，是指已完工或已购建的尚未交付使用的新增固定资产以及因进行改建、扩建等而暂停使用的固定资产。如企业购建的尚待安装的固定资产、因经营任务变更而停止使用的固定资产以及主要的备用设备等。

(3) 不需用固定资产，是指本企业多余不用或不再适用而准备调配处理的固定资产。

3. 按所有权分类

按所有权，可将其分为自有固定资产和租入固定资产。

(1) 自有固定资产，是指企业拥有的可供企业自由支配使用的固定资产。

(2) 租入固定资产，是指企业采用租赁方式从其他单位租入的固定资产。企业对租入固定资产只拥有使用权，同时要履行支付租金的义务。租入固定资产可分为经营性租入固定资产和融资租入固定资产。

4. 会计核算中对固定资产的分类

我国企业会计实际工作中对固定资产进行综合分类，一般分为六大类：生产用、非生产用、租出、未使用、不需用和融资租入固定资产。

5.2.2 固定资产取得

(一) 账户设置

为了组织固定资产的核算，企业一般需要设置“固定资产”“累计折旧”“在建工程”“工程物资”“固定资产清理”等账户。

(1)“固定资产”账户核算企业固定资产的原价，借方登记企业增加的固定资产原价，贷方登记企业减少的固定资产原价，期末余额在借方，反映期末固定资产的账面原价。

(2)“累计折旧”账户属于“固定资产”账户的调整账户，核算企业提取的固定资产折旧及固定资产折旧的累计数额。期末余额在贷方，反映企业固定资产折旧的累计数。

(3)“在建工程”账户核算企业建造工程、安装工程等实际发生的支出。借方登记企业各项在建工程的实际支出，贷方登记完工工程转出的实际支出，期末借方余额反映企业尚未完工的基建工程发生的实际支出。

(4)“固定资产清理”账户核算企业由于出售、报废和毁损等原因转入清理的固定资产价值及其在清理过程中发生的清理费用和清理收入。借方登记转入清理固定资产净值和发生的清理费等，贷方登记清理固定资产的变价收入等，期末余额反映企业尚未清理完毕固定资产的价值及清理收入。

(二) 固定资产取得的计量与记录

企业对固定资产计量的基本原则是要求按成本进行初始计量。取得时的成本包括企业为购建某项固定资产达到预定可使用状态前所发生的一切合理的、必要的支出，如支付的固定资产的价款、运杂费、包装费和安装成本等。企业可以通过多种方式取得固定资产。不同的取得方式，其账务处理有所不同。

（1）购入的固定资产，其成本包括购买价款、进口关税和其他税费，使固定资产达到预定可使用状态前所发生的可归属于该项资产的场地整理费、运输费、装卸费、安装费和专业人员服务费等。以一笔款项购入多项没有单独标价的固定资产，应当按照各项固定资产公允价值比例对总成本进行分配，分别确定各项固定资产的成本。企业外购的固定资产，如果不需要安装，根据其成本记入“固定资产”账户的借方，同时记入“银行存款”账户的贷方；如果需要进一步安装，则支付的固定资产价款及发生的安装费用等均应通过“在建工程”账户核算，安装完成交付使用时再转入“固定资产”账户。

例 5-1

量家公司向乙公司购入一台不需要安装的设备，取得的增值税专用发票上注明设备的买价为 60 万元，增值税税额为 7.8 万元（假设增值税可以全额抵扣，增值税税率为 13%），另支付运杂费 1 万元，款项全部以银行存款付清。

量家公司编制会计分录如下：

固定资产成本＝60＋1＝61(万元)

借：固定资产	610 000
应交税费——应交增值税（进项税额）	78 000
贷：银行存款	688 000

增值税的核算

“应交税费”账户属于负债类账户，用来核算企业按照税法等规定计算应缴纳的各种税费，包括增值税、消费税、所得税、土地使用税和教育费附加等。贷方登记企业计算的各种应交税费；借方登记企业实际缴纳的各种税费；期末余额可能在贷方，也可能在借方。如果在贷方，表示尚未缴纳的税费；如果在借方，表示多缴或尚未抵扣的税费。该账户应按税费项目设置明细分类账户。在固定资产购置过程核算中，主要是用来核算增值税的，应在“应交税费”下设置“应交增值税”明细分类账户。

增值税是对我国境内销售货物、进口货物，或提供加工、修理修配劳务的增值额征收的一种流转税。增值税是一种价外税，不影响企业的损益，实行进项税额抵扣法进行核算。

按照纳税人经营规模和会计核算是否健全，增值税纳税人分为一般纳税人和小规模纳税人。

> 一般纳税人增值税的计算为：
>
> 当期应纳增值税＝当期销项税额－当期进项税额
>
> 销项税额＝销售额×增值税税率
>
> 进项税额＝购进货物或劳务的价款×增值税税率
>
> 自2019年4月1日起，增值税一般纳税人采取了基本税率（13%）加低税率（9%，6%）和零税率的模式。
>
> 小规模纳税人则采用简易的计算方法，即按照销售额和规定的征收率确定。征收率通常适用3%，但营改增试点的部分特殊项目，适用5%的征收率。
>
> “应交税费——应交增值税”账户借方登记企业购买材料或接受劳务时支付的“进项税额”和当月上缴的“已交税金”等；贷方登记企业销售产品或提供劳务应向购货方收取的“销项税额”等；期末借方余额反映本期尚未抵扣的进项税额。本账户下又设多个明细账户，包括“进项税额”“销项税额”“已交税金”等。

（2）自行建造的固定资产，按建造该项资产达到预定可使用状态前所发生的全部支出，作为入账价值。企业自行建造固定资产过程中，领用的工程物资、原材料或库存商品等，根据其成本记入“在建工程”账户的借方，同时记入“工程物资”“原材料”“库存商品”等账户的贷方。如果涉及增值税问题，还需要结转相应的增值税。

（3）投资者投入固定资产，其成本应当按照投资合同或协议约定的价值确定，但合同或协议约定价值不公允的除外，即以双方确认的公允价值确认固定资产成本。接受捐赠的固定资产，按照有关凭据上的金额加上相关税费，作为入账价值，如果没有提供有关凭据，按照同类或类似市场价格估计的金额予以确认。

例5-2

量家公司接受D公司的一台设备作为投资，根据投资合同的约定，该设备的价值为500万元。

量家公司相关的账务处理如下：

借：固定资产	5 000 000	
贷：实收资本		5 000 000

（4）购买固定资产的价款超过正常信用条件延期支付，实质上具有融资性质的，固定资产的成本以购买价款的现值为基础。

（5）企业在财产清算中盘盈固定资产，应作为前期差错处理，通过“以前年度损益调整”账户核算。发生盘盈时，应按固定资产的重置成本，借记“固定资产”账户，贷记“累计折旧”账户，将两者的差额贷记“以前年度损益调整”账户。固定资产盘亏造成的损失，应当计入当期损益。企业在财产清查中盘亏的固定资产，按盘亏固定资产的账面价值借记“待处理财产损溢”账户，按已计提的累计折旧借记“累计折旧”账户，按已计提的减值准备借记“固定资产减值准备”账户，按固定资产原价贷记“固定资产”账户。

5.2.3 固定资产折旧

(一) 固定资产折旧的概念

企业的固定资产可以长期参加生产经营过程而仍保持其原有的实物形态，但其价值将随着固定资产的使用而逐渐转化为成本费用。这部分随着固定资产磨损而逐渐转移的价值称为固定资产折旧。

固定资产应当按月计提折旧，当月增加的固定资产，当月不计提折旧，从下月起计提折旧；当月减少的固定资产，当月仍计提折旧，从下月起不计提折旧。固定资产折旧提足后，不论能否继续使用，均不再计提折旧；提前报废的固定资产，也不再补提折旧。

已达到预定可使用状态但尚未办理竣工决算的固定资产，应当按照估计值确定其成本，并计提折旧；待办理竣工决算后，再按实际成本调整原来的暂估价值，但不需要调整原已计提的折旧额。

(二) 影响固定资产折旧的因素

1. 固定资产的折旧基数

从计量属性来看，固定资产折旧遵循的是历史成本原则，企业一般以固定资产的账面原价作为折旧的基数。

2. 预计净残值

预计净残值指假定固定资产预计使用寿命已满并处于使用寿命终了时的预期状态，从该项资产处置中获得的扣除预计处置费用后的金额，等于估计处置时的残值收入减去预计清理费用。

应提折旧总额＝固定资产原价－预计净残值

3. 固定资产的使用年限

固定资产使用年限的长短直接影响到各期应提的折旧额。在确定固定资产使用年限时，应考虑预计生产能力或实物产量、预计有形损耗和无形损耗、法律或者类似规定对资产使用的限制。

4. 固定资产减值损失

已计提减值准备的固定资产应当扣除已计提的固定资产减值准备累计金额作为固定资产计提折旧的基础。

5. 折旧方法

折旧方法不同，计提折旧额相差很大，企业应当根据固定资产所包含的经济利益预期实现方式，系统、合理地选择固定资产折旧方法。

(三) 固定资产折旧方法

现在常用的折旧方法包括年限平均法、工作量法、双倍余额递减法和年数总和法等。固定资产的折旧方法一经确定，不得随意变更。

1. 平均折旧法

平均折旧法是按照某种标志均衡提取折旧的方法。具体又分为以下两种方法：

(1) 年限平均法。年限平均法也称直线法，是指按固定资产使用年限平均计算折旧的一种方法。

折旧计算公式如下：

年折旧额=(固定资产原价-预计净残值)÷预计使用年限

月折旧额=年折旧额÷12

例 5-3

量家公司有一幢厂房，原值 5 000 万元，预计可使用 20 年，预计报废时的残值率为 4%。则该厂房的折旧率和折旧额的计算如下：

年折旧率=(1-4%)÷20=4.8%

月折旧率=4.8%÷12=0.4%

月折旧额=5 000×0.4%=20(万元)

(2) 工作量法。工作量法是指按照固定资产预计完成的工作总量计提折旧的一种方法，主要适用于车辆、船舶等运输工具以及大型精密设备的折旧计算。其计算公式如下：

单位工作量折旧额=固定资产原价×(1-净残值率)÷预计完成的工作总量

某项固定资产月折旧额=该项固定资产当月工作量×单位工作量折旧额

例 5-4

量家公司有货运卡车一辆，原值为 8 万元，预计净残值率为 5%，预计总行驶里程为 50 万公里，当月行驶里程为 4 000 公里。该项固定资产的月折旧额计算如下：

单位里程折旧额=80 000×(1-5%)÷500 000=0.152

本月折旧额=4 000×0.152=608(元)

2. 加速折旧法

加速折旧法，也称为快速折旧法或递减折旧法，其特点是在固定资产有效使用年限的前期多提折旧，后期则少提折旧，从而相对加快折旧的速度，以使固定资产成本在有效使用年限中加快得到补偿。其主要理论依据是：首先，固定资产在前期工作效率比后期高，前期比后期提供更多经济效用，根据配比原则，前期应计提较多的折旧费；其次，固定资产在使用年限的后期需要更多的维修支出，因此后期应计提较少的折旧费。

加速折旧的计提方法有多种，常用的有以下两种：

(1) 双倍余额递减法。双倍余额递减法是以固定资产的期初账面净值乘以不考虑净残值情况下直线法折旧率的双倍来计算各期折旧额的一种方法。其计算公式为：

年折旧率=2÷预计使用年限×100%

年折旧额=固定资产账面净值×年折旧率

在采用双倍余额递减法时，为了避免固定资产的账面净值降低到它的预计净残值以下，应在固定资产折旧年限到期前两年内，将固定资产净值扣除预计净残值后的余额平均摊销。

例 5-5

量家公司购入一台固定资产，价值 50 000 元，使用年限 5 年，估计残值 2 000 元，采用双倍余额递减法计提折旧。各年折旧额如表 5-1 所示。

表 5-1 固定资产折旧计算表（一） 单位：元

年份	期初账面折余值	折旧率	折旧额	累计折旧额	期末账面折余值
1	50 000	40%	20 000	20 000	30 000
2	30 000	40%	12 000	32 000	18 000
3	18 000	40%	7 200	39 200	10 800
4	10 800		4 400	43 600	6 400
5	6 400		4 400	48 000	2 000

表 5-1 中，年折旧率为 40%（2÷5×100%）。第 4 年、第 5 年改用年限平均法，年折旧额为 4 400 元［(10 800－2 000)÷2］。

（2）年数总和法。年数总和法是将固定资产原值减去残值后的净额乘以一个逐年速减的分数作为折旧率来计算各期固定资产折旧额的一种方法。逐年递减分数的分子代表固定资产尚可使用的年数，分母代表使用年限的各年年数之和。其计算公式如下：

年折旧率＝尚可使用年数÷预计使用年限的年数总和×100%

年折旧额＝(固定资产原价－预计净残值)×年折旧率

例 5-6

资料同例 5-6，采用年数总和法计提折旧。各年折旧率和折旧额的计算如表 5-2 所示。

表 5-2 固定资产折旧计算表（二） 单位：元

年份	应提折旧总额	年折旧率	年折旧额	累计折旧额
1	48 000	5/15	16 000	16 000
2	48 000	4/15	12 800	28 800
3	48 000	3/15	9 600	38 400
4	48 000	2/15	6 400	44 800
5	48 000	1/15	3 200	48 000

（四）固定资产折旧的记录

企业计提固定资产折旧时，应根据固定资产的使用地点和用途，记入有关成本费用账户。生产车间固定资产计提的折旧借记“制造费用”账户；行政管理部门计提的折旧借记“管理费用”账户；以经营租赁方式租出固定资产计提的折旧借记“其他业务成本”账户，贷记“累计折旧”账户。

例 5-7

量家公司采用年限平均法提取固定资产折旧。根据“固定资产折旧计算表”确定的各车间及行政管理部门应分配的折旧额为：甲车间 16 000 元，乙车间 24 000 元，丙车间 20 000 元，公司管理部门 6 000 元。

量家公司编制会计分录如下：

借：制造费用——甲车间	16 000	
——乙车间	24 000	
——丙车间	20 000	
管理费用	6 000	
贷：累计折旧		66 000

5.2.4 固定资产处置

固定资产的处置是指固定资产的出售、转让、报废或毁损等情形。企业应定期或至少每年实地盘点一次，对那些由于使用而不断磨损直至最终报废的固定资产，或由于技术进步等原因发生提前报废的固定资产，或由于遭受自然灾害等非常损失发生毁损的固定资产等，都要按规定办理转让、报废手续，转入清理。

为了如实反映和严格监督固定资产的清理过程，企业应设置“固定资产清理”账户，记录清理过程中转入的处置的固定资产账面价值、清理费用和相关税金等。企业因出售、报废、毁损、对外投资等转出的固定资产，按该项固定资产的账面价值借记“固定资产清理”账户，按已计提的累计折旧借记“累计折旧”账户，按其账面原价贷记“固定资产”账户。

清理过程中应支付的相关税费及其他费用，借记“固定资产清理”账户，贷记“银行存款”等账户。收回出售固定资产的价款、残料价值和变价收入等，借记“银行存款”“原材料”等账户，贷记“固定资产清理”。应由保险公司或过失人赔偿的损失，借记“其他应收款”等账户，贷记“固定资产清理”账户。

固定资产清理完成后，由于已丧失使用功能或自然灾害发生毁损等原因而报废清理产生的利得或损失应记入“营业外收入”或“营业外支出”账户；由于出售、转让等原因产生的固定资产处置利得或损失应记入“资产处置损益”账户。

例 5-8

量家公司 2019 年 8 月出售一幢建筑物，其原值为 5 000 万元，已提折旧 3 600 万元，出售收入 1 900 万元已存入银行，用银行存款支付清理费用 100 万元。

相关的账务处理如下：

(1) 将固定资产净值转入“固定资产清理”账户时：

借：固定资产清理	14 000 000	
累计折旧	36 000 000	
贷：固定资产		50 000 000

(2) 支付清理费用：

借：固定资产清理　　1 000 000

　贷：银行存款　　1 000 000

(3) 收到价款：

借：银行存款　　19 000 000

　贷：固定资产清理　　19 000 000

(4) 结转固定资产清理后的净收益：

借：固定资产清理　　4 000 000

　贷：资产处置损益　　4 000 000

5.3 无形资产

5.3.1 无形资产的概念与构成

(一) 无形资产的概念

无形资产是指企业拥有或者控制的没有实物形态的可辨认非货币性资产，包括专利权、非专利技术、商标权、著作权、土地使用权等。无形资产所体现的是一种权利，或获得超额利润的能力，它没有实物形态，但却具有价值，或者能使企业获得高于同行业一般水平的盈利能力。无形资产的特征主要体现在如下几个方面：

(1) 不存在实物形态。无形资产不具有实物形态，它以某种特有技术和权利形式存在。

(2) 能够在多个会计期间为企业带来经济利益。判断无形资产产生的经济利益是否可能流入时，应当对无形资产在预计使用寿命内可能存在的各种经济因素做出合理估计，并且应当有明确证据支持。无形资产确认时的账面价值通常与其实际经济价值差距很大，且所能带来的未来经济利益具有很大的不确定性。

(3) 它是可以辨认的资产。一般，如果该项资产符合下列标准便可以认为符合辨认标准：能够从企业中分离或者划分出来，并且单独或者与相关合同、资产或负债一起，用于出售、转移、授予许可、租赁或者交换；或者源自合同性权利或其他法定权利，无论这些权利是否可以从企业或其他权利和义务中转移或者分离。

(4) 它是非货币性资产，但其价值能够用货币计量。更具体而言，其价值能够找到合理的计量属性进行计量，包括公允价值、历史成本、可变现净值、现值、重置成本等。注意：商誉是企业合并成本大于合并取得被购买方各项可辨认资产、负债公允价值份额的差额，其存在无法与企业自身分离，不具有可辨认性，因此企业自创商誉以及内部产生的品牌、报刊名等，不属于无形资产。

(二) 无形资产的构成

1. 专利权

专利权是指权利人在法定期限内对某一发明创造所拥有的独占权和专有权。

专利权的主体是依据专利法被授予专利权的个人或单位，专利权的客体是受专利法保护的专利范围。

2. 商标权

商标是用来辨认特定的商品或劳务的标记。商标权是商标所有人将商标依法注册登记而取得的专用权。

3. 土地使用权

土地使用权是指企业依法取得的对土地开发、利用、经营的权利。它实质上是一种土地租赁权。在我国，企业可以依法获得土地使用权，或将已获得的土地使用权转让。企业从政府土地管理部门申请取得土地使用权，一次性支付的土地使用权出让金作为无形资产处理；从其他企业取得的，取得使用权的企业应将一次性支付的土地使用权转让金作为无形资产处理。

4. 著作权

著作权亦称“版权”，即法律赋予文学、艺术和科学作品创作者的一种专有的民事权利，也就是作者的权利。著作权包括发表权、署名权、修改权、保护作品完整权、使用权和获得报酬权。

5. 经营特许权

经营特许权也称为专营权，是指在某一地区经营或销售某种特定商品的权利，或是一家企业接受另一家企业使用其商标、商号、技术秘密等的权利。如水、电、邮电通信等专营权，烟草专卖权，连锁店的分店等。只有支付了费用取得的经营特许权，才能作为无形资产入账。

6. 专有技术

专有技术也称非专利技术，是指发明人垄断的、不公开的、具有实用价值的先进技术、资料、技能、知识等。它包括设计、计算、建筑，各种设施和制成品的准备与科学研究，有经验的技术人员所利用的方法、方式和技能，制造过程的制定和实施，原料、物质、合金等的结构和制造方法，医疗方法，矿藏的勘探和开采方法，以及政治、经济、财政和其他制度方面的知识和经验。专有技术具有经济性、机密性、动态性等特点。

（三）无形资产的确认标准

资产在符合下列条件时，满足无形资产定义中的可辨认性标准：

（1）能够从企业中分离或者划分出来，并且单独或者与相关合同、资产或负债一起，用于出售、转移、授予许可、租赁。

（2）源自合同性权利或其他法定权利，无论这些权利是否可以从企业或其他权利和义务中转移或者分离。

只有同时满足下面三个条件的无形项目，才能确认为企业的一项无形资产：

（1）符合无形资产的定义；

（2）与该资产相关的预计未来经济利益很可能流入企业；

（3）该资产的成本能够可靠地计量。

5.3.2 无形资产取得

(一) 账户设置

为了核算与无形资产相关的经济业务，企业应设置“无形资产”账户来反映其所拥有的无形资产的初始成本，并要按照无形资产的明细项目进行明细核算，同时拥有无形资产的企业还可能设置“累计摊销”账户，反映对使用寿命有限的无形资产计提的累计摊销。

(二) 无形资产取得的计量与记录

无形资产进行初始计量贯彻成本原则，即按照成本进行初始计量。根据无形资产取得方式的不同，其成本构成不同，具体包括：

(1) 外购无形资产的成本，包括购买价款、进口关税和其他税费以及直接归属于使该项资产达到预定用途所发生的其他支出，购买无形资产的价款超过正常信用条件延期支付的，无形资产的成本以其购买价款的现值为基础确定。

例 5-9

量家公司购买一项专利权，价款为 500 000 元，发生业务洽谈、技术、考察等相关费用 2 800 元，价款已从银行存款户付讫。

量家公司编制会计分录如下：

借：无形资产——专利	502 800
贷：银行存款	502 800

(2) 自行开发的无形资产，应当区分研究阶段支出与开发阶段支出。属于企业内部研究开发项目研究阶段的支出，应当于发生时计入当期损益。企业内部研究开发项目开发阶段的支出，能够形成企业的无形资产时，直到预定使用前所发生的支出中符合资本化条件的，作为确认无形资产的成本。

例 5-10

量家公司自行研究与开发一项专利技术。在研究与开发过程中，耗费了原材料 400 000 元，支付职工薪酬 300 000 元，其他相关费用 100 000 元。其中符合资本化条件的支出为 300 000 元。该专利技术已经达到预定用途并顺利申请了专利。

相关账务处理如下：

(1) 发生相关费用时：

借：研发支出——费用化支出	500 000	
——资本化支出	300 000	
贷：原材料		400 000
应付职工薪酬		300 000
银行存款		100 000

(2) 期末，结转研究与开发支出时：

借：管理费用	500 000

　　无形资产——专利权　　300 000
　　贷：研发支出——费用化支出　　500 000
　　　　　　　　——资本化支出　　300 000

(3) 投资者投入的无形资产，应当按照投资合同或协议约定的价值作为成本，但合同或协议约定价值不公允的除外。

例 5－11

量家公司接受 B 公司的一项铝化工专利技术作为投资。经双方协议，专利技术作价 800 000 元。则在办完产权转让手续后，量家公司会计分录如下：

　　借：无形资产　　800 000
　　　　贷：实收资本　　800 000

5.3.3　无形资产摊销

对使用寿命有限的无形资产，企业应按月在其使用寿命内系统合理摊销，摊销金额一般计入当期损益。企业摊销无形资产，应当自无形资产可供使用时起至不再作为无形资产确认时止。企业选择的无形资产摊销方法，应当反映企业预期消耗该项无形资产所产生的未来经济利益的方式。无法可靠确定消耗方式的，应当采用直线法摊销。使用寿命不确定的无形资产不应摊销，而应当在资产负债表日对其进行减值测试。

企业应设置“累计摊销”账户，对使用寿命有限的无形资产进行摊销核算。企业按期（月）计提无形资产的摊销，借记“管理费用”“其他业务成本”等账户，贷记“累计摊销”账户。处置无形资产还应同时结转累计摊销。

例 5－12

量家公司 2019 年 8 月购买了一项专利权，其入账价值为 240 000 元，有效使用年限为 5 年。按直线法摊销。

根据专利权的有效期限计算每月摊销额：

年摊销额＝购入商标的全部价款÷有效使用年限

＝240 000÷5＝48 000(元)

月摊销额＝48 000÷12＝4 000(元)

每月摊销无形资产时会计分录如下：

　　借：管理费用　　4 000
　　　　贷：累计摊销　　4 000

5.3.4　无形资产处置

无形资产的处置指的是无形资产的对外出售、报废。出售无形资产时，应按实际收到的金额等借记“银行存款”等账户，按已计提的累计摊销借记“累计摊销”账户，按应支付的相关税费及其他费用贷记“应交税费”“银行存款”等账户，按其账面余额贷记“无形资产”，按其差额记入“资产处置损益”账户。

无形资产预期不能为企业带来未来经营利益的，应当将该无形资产的账面价值予以转销，其账面价值转入营业外支出。

例 5－13

量家公司将一项自创并按规定程序申请取得的专利权转让出去，取得转让收入 100 000 元。该项专利权开发阶段支出总成本为 35 000 元，法定有效期限 10 年，公司已用了 4 年。

专利权累计摊销金额＝35 000÷10×4＝14 000（元）

转让收益＝100 000－（35 000－14 000）＝79 000（元）

借：银行存款	100 000	
累计摊销	14 000	
贷：无形资产		35 000
资产处置损益		79 000

5.4 长期经营性资产期末计价

长期资产中涉及经营过程的资产期末计价主要涉及减值的确认与报告。以固定资产为例，由于折旧计算中使用折旧年限和折旧方法不可避免地存在主观估计因素，亦未完全考虑客观情况变化因素，折旧之后的固定资产账面价值不一定能够代表固定资产的现行价值。如果现行价值与账面价值相差不大，按照重要性原则，可以忽略不计。如果现行价值明显高于账面价值，根据稳健性原则，对尚未实现的固定资产升值不予确认，反之若固定资产的现行价值明显低于账面价值，则需要计提固定资产减值准备。无形资产减值准备的会计处理与固定资产类似。

（一）固定资产减值

固定资产由于发生损坏、技术陈旧或经济原因存在减值迹象的，应当估计其可收回金额。可收回金额应当根据“资产的公允价值减去处置费用后的净额”与“资产预计未来现金流量的现值”两者之间较高者确定。资产的可收回金额低于其账面价值，称为固定资产减值。

1. 影响减值的主要因素

对于已经发生的资产减值如果不予以确认，必然导致虚增资产的价值，这既不符合可靠性原则，也有悖稳健性原则。因此，对那些经济价值大幅下降、不能为企业带来预期经济利益的固定资产，应该计提固定资产减值准备。

判断固定资产是否发生减值，企业应主要考虑以下因素：

（1）固定资产市价大幅下跌，其跌幅大大高于因时间推移或正常使用而预计的下跌，并且预计在近期内不可能恢复；

（2）企业所处经营环境，如技术、市场、经济或法律环境，或者产品营销市场在当期或近期发生重大变化，并对企业产生负面影响；

（3）同期市场利率等大幅提高，进而很可能影响企业计算固定资产可收回金额的折现率，并导致固定资产可收回金额大幅降低；

（4）固定资产陈旧过时或发生实体损坏等；

（5）固定资产预计使用方式发生重大不利变化，如企业计划终止或重组该资产所属的经营业务、提前处置资产等情形，从而对企业产生负面影响；

（6）其他有可能表明资产已发生减值的情况。

2. *减值准备的会计处理*

企业应当在会计期末对固定资产进行核查，判断资产是否有迹象表明可能发生了减值，并根据稳健性原则，合理预计各项资产可能发生的损失。对可能发生的各项固定资产损失计提资产减值准备。对存在下列情况之一的固定资产，应当全额计提减值准备：

（1）长期闲置不用，在可预见的未来不会再使用，且已无转让价值的固定资产；

（2）由于技术进步等原因，已不可使用的固定资产；

（3）虽然固定资产尚可使用，但使用后产生大量不合格品的固定资产；

（4）已遭毁损，以致不再具有使用价值和转让价值的固定资产；

（5）其他实质上已经不能再带来经济利益的固定资产。

资产减值损失确认后，减值资产的折旧或者摊销额应当在未来期间做相应调整，以使该资产在剩余使用寿命内，系统地分摊调整后的资产账面价值（扣除预计净残值）。已经全额提取减值准备的固定资产，不再提取折旧。固定资产减值损失一经确认，在以后会计期间不得转回。

企业发生固定资产减值时，借记“资产减值损失”账户，贷记“固定资产减值准备”账户。

例 5-14

量家公司在年末的固定资产清查过程中发现，账面价值为 925 000 元的专用设备，其现行市价只有 780 000 元。根据会计准则的要求，提取固定资产减值准备 145 000 元。

量家公司的账务处理如下：

借：资产减值损失	145 000	
贷：固定资产减值准备		145 000

（二）无形资产减值

企业应当定期或者至少在每年年度终了检查各项无形资产预计给企业带来未来经济利益的能力，对预计可收回金额低于其账面价值的，应当计提减值准备。当存在下列一项或若干项情况时，应当将该项无形资产的账面价值全部转入当期损益：

（1）某项无形资产已被其他新技术替代，并且该项无形资产已无使用价值和转让价值；

（2）某项无形资产已超过法律保护期限，并且已不能为企业带来经济利益；

（3）其他足以证明某项无形资产已经丧失使用价值和转让价值的情形。

当存在下列一项或若干项情况时，应当计提无形资产减值准备：

（1）某项无形资产已被其他新技术替代，使其为企业创造经济利益的能力受到重大不利影响；

（2）某项无形资产的市价在当期大幅下跌，并在剩余摊销年限内不会恢复；

（3）某项无形资产已超过法律保护期限，但仍然具有部分使用价值；

（4）其他足以证明某项无形资产实质上已经发生减值的情形。

企业发生无形资产减值时，借记“资产减值损失”账户，贷记“无形资产减值准备”账户。一方面考虑到固定资产、无形资产等资产发生减值后，价值回升的可能性比较小，通常属于永久性减值；另一方面从会计信息稳健性要求考虑，为了避免确认资产重估增值和操纵利润，资产减值损失一经确认，在以后会计期间不得转回。

思考题

1. 固定资产具有哪些特征？企业对于固定资产可以怎样分类？
2. 购入需要安装和不需要安装的固定资产在核算上有什么区别？
3. 什么是固定资产折旧？计算固定资产折旧时应考虑哪些因素？为什么要设置“累计折旧”账户？
4. 对固定资产的出售和报废如何进行处理？
5. 无形资产通常包括哪些项目？相比有形资产，它具有什么特征？
6. 外购固定资产和无形资产的成本怎样确定？试分析其内容构成，比较异同。
7. 如何对无形资产进行摊销？它与固定资产折旧有哪些区别？
8. 对无形资产的转让如何进行处理？
9. 如何计提减值准备？影响减值的主要因素是什么？
10. 什么情况下减值准备可以转回？

练习题

一、名词解释

长期资产	固定资产	累计折旧
双倍余额递减法	年数总和法	无形资产
累计摊销	资产减值	

二、判断题

1. 固定资产的各组成部分即使具有不同使用寿命或者以不同方式为企业提供经济利益，也不应当将各组成部分分别确认为单项固定资产。 （　　）
2. 是否具有可辨认性是无形资产与有形资产的根本区别。 （　　）

3. 盘亏固定资产应记入“待处理财产损溢”账户借方。 （ ）

4. 固定资产发生毁损，在报经批准后，净损失应计入营业外收入。（ ）

5. 无形资产是指企业为生产商品、提供劳务、出租给他人或管理目的而持有的没有实物形态的非货币性长期资产。 （ ）

6. 企业外购无形资产的成本包括购买价款、相关税费、使无形资产达到预定用途所发生的专业服务费用以及为引入新产品进行宣传发生的广告费、管理费用及其他间接费用。 （ ）

7. 企业研究开发无形资产，不管是研究阶段还是开发阶段发生的费用，只要满足资本化条件，均应予以资本化。 （ ）

8. “固定资产”账户的期末余额反映固定资产的原值，“无形资产”账户的期末余额反映其成本。 （ ）

9. 对于某项预计使用年限为5年的固定资产，如果分别采用直线法和年数总和法计提折旧，则不论其原价、净残值是多少，第3年计提的折旧额相等。 （ ）

10. 固定资产计提折旧时，当月增加的固定资产计提折旧，当月减少的固定资产不计提折旧。 （ ）

11. 无形资产在摊销时，当月增加的无形资产进行摊销，当月减少的无形资产不进行摊销。 （ ）

12. 企业出租的固定资产，因为未被本企业使用，所以本企业不计提折旧。 （ ）

13. 已计入各项损益的研究与开发费用在相关技术申请专利权时，应予以转回并计入专利权的入账价值。 （ ）

14. 无形资产只能用直线法摊销。 （ ）

15. 固定资产计提的减值准备不可以转回，无形资产计提的减值准备可以转回。 （ ）

三、单项选择题

1. 下列各项中，不属于企业持有固定资产目的的是（ ）。

A. 为经营管理而持有　B. 为出租而持有

C. 为出售而持有　D. 为生产经营而持有

2. 某公司为增值税一般纳税人，购入需要安装的一台设备用于某生产线。该设备购买价格为750万元，增值税专用发票上列示的增值税税额为97.5万元，支付运输费和装卸费7.5万元。该生产线安装期间，发生安装费用54万元。假定该生产线达到预定可使用状态，则其入账价值为（ ）万元。

A. 811.5　B. 877.5　C. 885　D. 939

3. 某公司2019年5月20日购入设备一台，入账价值为300万元，预计使用年限为5年，预计净残值为20万元，按年限平均法计算2019年的折旧额为（ ）万元。

A. 28　B. 30　C. 32.67　D. 56

4. 下列固定资产中，不应计提折旧的是（ ）。

A. 闲置不用的厂房　　B. 经营租赁方式租出的设备

C. 融资租赁租入的设备　　D. 提前报废的设备

5. 某项固定资产的原值为 100 000 元，预计净残值为 1 000 元，预计使用年限为 4 年。则在年数总和法下第 2 年的折旧额为（　　）元。

A. 19 800　　B. 24 750　　C. 25 000　　D. 29 700

6. 关于固定资产处置的说法，下列各项中错误的是（　　）。

A. 企业持有待售的固定资产应当停止计提折旧

B. 企业处置固定资产时，应通过“固定资产清理”科目核算

C. 企业应当对持有待售固定资产的预计净残值进行调整

D. 固定资产的盘盈或盘亏均应计入当期损益

7. 实行（　　）计提折旧的固定资产，一般应在固定资产折旧年限到期前两年内，将固定资产账面净值扣除预计净残值后的净额平均摊销。

A. 工作量法　　B. 双倍余额递减法

C. 年数总和法　　D. 年限平均法

8. 在不考虑固定资产减值准备的情况下，下列各种折旧方法下，每期折旧额均相等的方法是（　　）。

A. 工作量法　　B. 双倍余额递减法

C. 年数总和法　　D. 年限平均法

9. 以下列出的资产项目中，不能纳入无形资产进行核算的是（　　）。

A. 专利权　　B. 商标权　　C. 商誉　　D. 专有技术

10. 下列不属于无形资产特征的是（　　）。

A. 为企业拥有或控制　　B. 具有实物形态

C. 具有可辨认性　　D. 属于非货币性资产

11. 下列应计入无形资产成本的是（　　）。

A. 为运行无形资产发生的培训支出

B. 无形资产达到预定用途前发生的可辨认的初始运作损失

C. 无形资产达到预定用途前发生的可辨认的无效损失

D. 开发无形资产时消耗的材料费

12. 某公司于 2017 年 1 月 30 日购入一项专利权，用银行存款支付价款 360 万元，该无形资产预计使用年限为 9 年。2018 年 12 月 31 日，由于该无形资产相关经济因素发生不利变化，致使其发生减值，公司估计可收回金额为 135 万元。假定无形资产按照直线法进行摊销。则至 2019 年底，无形资产的累计摊销额为（　　）万元。

A. 105　　B. 120　　C. 130　　D. 135

13. 某公司以 180 万元的价格转让一项专利权。该项专利权系公司以 410 万元的价格购入，购入时该专利权预计使用年限为 10 年。转让时该专利权已使用 7 年，支付相关税费 9 万元。该无形资产按直线法摊销，在第 7 年年末计提减值准备 24 万元。则公司转让该专利权所获得的净收益为（　　）万元。

A. 45　　B. 45. 9　　C. 48　　D. 72

14. 无形资产在计提资产减值准备之后，如有充分的证据表明其减值又得以恢复，应该（ ）。

A. 按已恢复部分，在无形资产减值准备的数额内，冲减无形资产减值准备，并确认为当期损益

B. 按可能恢复部分，在无形资产减值准备的数额内，冲减无形资产减值准备，并确认为当期损益

C. 按已恢复部分，在无形资产减值准备的数额内，冲减无形资产减值准备，并确认为资本公积

D. 一律不冲回

15. 下列减值（或跌价）准备可以转回的是（ ）。

A. 固定资产减值准备　　B. 在建工程减值准备

C. 无形资产减值准备　　D. 存货跌价准备

四、多项选择题

1. 下列可用于表示固定资产使用寿命的有（ ）。

A. 预计处置收入　　B. 预计使用年限

C. 预计行驶里程　　D. 预计生产产品的数量

2. 企业购入固定资产可能借记的账户有（ ）。

A. “在建工程”　B. “应交税费”　C. “工程物资”　D. “固定资产”

3. 加速折旧法包括（ ）。

A. 直线法　　B. 年数总和法

C. 双倍余额递减法　　D. 工作量法

4. 下列固定资产中应计提折旧的有（ ）。

A. 季节性停用的机器设备　　B. 大修理停用的机器设备

C. 未使用的机器设备　　D. 处于更新改造过程中的固定资产

5. 双倍余额递减法和年数总和法是两种计算折旧的方法，其共同点包括（ ）。

A. 都属于加速折旧的方法　　B. 每期折旧率是固定的

C. 前期折旧高，后期折旧低　　D. 都不考虑残值

6. 下列各项固定资产中，应通过“固定资产清理”账户核算的有（ ）。

A. 盘亏的固定资产　　B. 出售的固定资产

C. 报废的固定资产　　D. 损毁的固定资产

7. 下列各项固定资产中，应当计提折旧的有（ ）。

A. 闲置的固定资产

B. 单独计价入账的土地

C. 经营租出的固定资产

D. 已提足折旧仍继续使用的固定资产

8. 下列各项中属于无形资产的有（ ）。

A. 自创商誉　　B. 非专利技术

C. 特许权　　D. 企业内部产生的品牌

9. 外购无形资产的成本包括（　　）。
A. 购买价款
B. 进口关税
C. 其他相关税费
D. 可直接归属于使其达到预定用途所发生的其他支出
10. 下列有关无形资产研发支出的表述，不正确的有（　　）。
A. 企业内部研究开发项目研究阶段的支出，应计入无形资产成本
B. 企业内部研究开发项目研究阶段的支出，应计入管理费用
C. 符合资本化条件但尚未完成的开发费用，期末应保留在“研发支出”账户中
D. 企业内部研究开发项目开发阶段的支出，应予以资本化
11. 下列有关无形资产的会计处理中，不正确的有（　　）。
A. 使用寿命不确定的无形资产，不应摊销，但应于每个会计期末进行减值测试
B. 转让无形资产所有权取得的收入计入其他业务收入
C. 转让无形资产使用权取得的收入计入当期损益
D. 购入但尚未投入使用的、使用寿命有限的无形资产的成本不应进行摊销
12. 无形资产的可收回金额按下面（　　）两者中的较大者确定。
A. 无形资产的账面原值
B. 无形资产的公允价值减去处置费用后的金额
C. 无形资产的净值
D. 无形资产的预计未来现金流量的现值
13. 下列有关固定资产和无形资产的表述，正确的有（　　）。
A. 成本均能可靠地计量　　B. 企业均对其拥有所有权
C. 相关的经济利益很可能流入企业　D. 属于非流动性资产
14. 下列各项中，会引起无形资产账面价值发生增减变动的有（　　）。
A. 对无形资产计提减值准备　　B. 无形资产的摊销金额
C. 出租一项无形资产　　D. 外购一项新的无形资产
15. 下列各项中，影响每期固定资产折旧额和无形资产摊销额的有（　　）。
A. 成本　B. 预计净残值　C. 使用寿命　D. 减值准备

五、计算与会计处理题

1. 鑫盛公司为增值税一般纳税企业，适用的增值税税率为13%。

(1) 2019年5月18日，该公司购入一台不需要安装的设备，取得的增值税专用发票上列示的价款为127 500元，增值税为16 575元，另发生运杂费3 780元，款项全部以银行存款付讫。

(2) 2019年6月12日，购入一台需要安装的设备，取得的增值税专用发票上列示的价款为405 000元，增值税为52 650元，另发生运杂费7 950元，全部款项开出转账支票支付。该设备购入后当即交付安装，安装过程中以银行存款支付安装费用40 200元。安装完毕，该设备达到预定可使用状态。

要求：根据上述资料，编制有关会计分录。

2. 甲企业某项固定资产的原始价值为 80 000 元，预计使用年限为 5 年，预计残值收入为 2 500 元，预计清理费用为 500 元。

要求：分别采用年限平均法和年数总和法计算该项固定资产的年折旧率、年折旧额、月折旧率、月折旧额。

3. 黄河公司 2014 年 3 月购置设备一部 66 000 元。预计有效使用年限为 8 年，净残值为 1 200 元。2019 年 6 月 24 日因事故报废。收回残料，一部分出售获得 3 000 元，另一部分作价 600 元入库，发生清理费用 400 元，申请保险赔款 4 000 元，向事故责任人收取罚款 1 000 元。

要求：企业采用直线法提取折旧，试计算该设备的清理损益，编制有关清理的会计分录。

4. 白宇公司 2019 年 4 月底的固定资产账面原值为 2 000 000 元，已提折旧为 760 000 元（5 月份计提的折旧为 35 000 元）。6 月份，固定资产发生下列变化：

(1) 以银行存款购入设备一台，原价为 100 000 元，增值税为 13 000 元，估计净残值为 4 000 元，预计使用年限为 8 年。

(2) 出售机器一台，原价为 150 000 元，已提折旧为 72 000 元。该机器的预计净残值为 6 000 元，预计使用年限为 6 年，已使用 3 年。出售收入为 90 000 元，存入银行。

(3) 公司接受光大公司投入的全新固定资产一批，经投资各方确认，入账价值为 580 000 元。其使用年限为 10 年，净残值为零。

要求：

(1) 计算购入设备、出售机器以及新增设备的每月折旧额。

(2) 计算 6 月、7 月的公司固定资产折旧额（采用年限平均法）。

(3) 编制上述业务的会计分录（假设全部固定资产均由车间使用）。

5. 乙公司 2017 年 7—12 月间为了研究一项专利耗资 38 000 元，2018 年又耗费 20 000 元，其中符合资本化条件的支出为 18 000 元，2019 年 3 月 1 日获得专利权证书，同年 4 月份正式投产该项专利产品。该公司决定在 5 年期限内将该专利权的成本摊销完毕。

要求：编制 2017 年 7 月至 2019 年 12 月与专利权业务有关的会计分录。

6. 晨色公司购入一项专利权，价款共计 200 000 元，用银行存款支付。该专利权的有效期限为 10 年。使用 2 年后，晨色公司以 175 000 元的价格将其出售给另一家公司。

要求：编制晨色公司有关专利权购入、摊销和转让的会计分录。

第6章 Chapter 6 采购与付款循环

学习目标

1. 掌握企业采购与付款循环包含的业务
2. 掌握材料和商品存货的范围及入账时间
3. 掌握采购材料和商品存货的会计核算
4. 了解应付账款、预付账款的会计核算

企业在获得资金后，进入了资金周转的过程。为了保证生产、销售业务的正常运行，首先需要组织资产的采购和验收，即企业的供应过程。一般来说，采购既包括商品、材料等存货的购进活动，也包括固定资产购进活动，相应也发生了付款业务。由于上一章已介绍了固定资产和无形资产的核算，本章主要关注制造企业中原材料的采购和付款。

6.1 采购与付款循环及流程

采购与付款循环是企业的重要业务流程，主要包括采购和付款两个重要业务类别。企业的采购与付款循环包括购买商品、劳务等①，以及企业在经营活动中为获取收入而发生的直接或间接的支出。部分支出可能与产品收入直接相关，部分支出可能会形成企业资产，而这些资产又形成了企业经营活动的基础。

采购与付款业务通常要经过请购—订货—验收—付款等程序，涉及的会计业务包括对原材料、商品、劳务等的核算，实际支付与确认负债，以及记录货币资金的支出。主要过程和会计凭证如下：

（1）填制请购单，并编制订购单。请购单由商品制造、资产使用等部门的有关人员填写，交至采购部门，作为申请购买商品、劳务或其他资产的书面凭证。请购单需注明所采购的物品种类、数量以及请购人。订购单由采购部门填写，交

---

① 本章的采购业务仅涉及商品存货的采购，不涉及固定资产等长期资产的购置。

至供应商处，作为向供应商订购指定商品、劳务或其他资产的书面凭证。

（2）验收商品和劳务，并确认债务。验收部门检查收到的商品的种类是否与订购单一致，同时核查数量与质量。验收合格后填制预先编号、一式多联的验收单，其中一联交予仓库或其他请购部门作为入账凭证，另一联送会计部门作为记录债务的凭证。应付账款记录人员核查卖方发票、订购单、验收单等各项原始凭证后，登记采购日记账和应付账款明细账，再进行汇总、过账。

（3）处理和记录价款的支付。应付账款记录人员掌管连续编号的付款凭单，卖方发票、订购单、验收单等作为支持性凭证。会计人员经过核查后签署支票，并在付款凭单和支持性凭证上加盖印鉴或以其他方式注销。出纳员根据签发支票及时登记银行日记账，会计人员登记应付账款明细账。

6.2 外购存货的种类及核算

6.2.1 存货的定义及分类

（一）存货的定义

存货是指企业在日常经营活动中持有的以备出售的产成品或商品、处在生产过程中的在产品、在生产或提供劳务过程中耗用的材料和物资等。通常情况下，存货在一年或超过一年的一个营业周期内被消耗或经出售转换为现金、银行存款、应收账款等，流动性较强，属于流动资产。

存货是为了进行正常生产经营而储存的流动资产，非该种用途的资产不应当被列为存货。例如，特种储备的以及按有关部门规定储备的资产，只能列为其他资产；为购置和建造固定资产而储备的资产，只能列为有关的长期资产。

存货同时满足以下两个条件，才能予以确认：

（1）与该存货有关的经济利益很有可能流入企业；

（2）该存货的成本能够可靠地计量。

企业应以所有权的归属为依据来确定企业存货的范围，因此采购与付款循环中的存货范围确认，应注意以下两点：

（1）凡是所有权以及相应的风险和报酬已经归属于本企业的外购物品，即使未存放于本企业仓库，也应当作为存货计入，如已购入但尚未收到的运输在途物资。

（2）凡是不属于本企业所有以及相应的风险和报酬未转移到本企业的接收物品，即使存放于本企业仓库，也不应当作为存货计入，如受托代销的存货、受托加工的存货等。

（二）存货的构成与分类

制造企业的存货主要包括原材料、包装物、低值易耗品、自制半成品和产成品等。

1. 原材料

原材料是指企业为制造产品耗用并构成产品实体的外购物品，以及外购的供生产耗用而不构成产品实体的辅助性材料。原材料主要包括原料及主要材料、辅助材料、外购半成品（外购件）、修理备件（备品、备件）、包装材料等。

2. 包装物

包装物是指为了包装本企业产品而储备的各种包装容器。包装物主要包括生产过程中用于包装产品、作为产品组成部分的包装物品，随同产品出售而单独计价的包装物品，以及出租或借给购买单位使用的包装物品等。

3. 低值易耗品

低值易耗品是指单位价值在规定限额以下，或者使用年限在一年以内，不作为固定资产核算的各种物品，如工具、管理用具、玻璃器皿，以及在经营过程中周转使用的包装容器等。

4. 自制半成品

自制半成品是指已经过一定生产过程并且检验合格交付半成品仓库，但尚未制造完成为商品，仍可继续加工的半成品或中间产品。

5. 产成品

产成品是指企业已经完成全部生产过程并验收入库，合乎标准规格和技术条件，可以按照合同规定的条件送交订货单位，或者可以作为商品对外销售的产品。

制造企业存货的构成比较复杂，可按不同依据加以分类。存货按用途可分为生产用存货和销售用存货等；按处地可分为库存存货、在途存货和委托加工存货等；按来源可分为外购存货、自制存货和委托加工存货等。

6.2.2 外购存货的种类

采购与付款循环中的存货都属于外购存货，外购存货是指从企业以外的单位购入的存货，包括企业为产品生产和商品销售而持有的外购原材料、外购商品、外购周转材料等。

外购原材料是指从企业外部购入的、用于生产产品，并构成产品的原料及主要材料、辅助材料、修理用备件、一次性包装材料、燃料等。用于固定资产建造工程的专项材料不能作为存货。

外购商品是指从企业外部购入的、全部完成生产过程并验收入库、达到可出售或交货状态、可以作为商品对外销售或按照合同规定的条件交予订货单位的产品。外购商品既包括存放在仓库中的产品，也包括存放在企业所属门市部备售的产品、交展览会展出的产品。

外购周转材料是指从企业外部购入的、能够多次使用但不符合固定资产条件的用品，包括能够反复使用的商品包装物、工具、管理用具、劳动保护用品、生产经营过程中周转使用的容器等低值易耗品，以及建造承包商的脚手架等周转材料。周转材料从性质上讲具有固定资产特征，经多次使用不改变其实物形态，因此周转材料只要符合固定资产的特征就应当计入固定资产，否则列入存货。

就外购存货而言，工业制造类企业主要持有原材料，商品流通类企业主要持有商品存货。本书以制造企业为背景，采购业务以采购原材料为例。

6.2.3　外购存货的入账价值

外购存货以其采购成本入账，存货的采购成本包括购货价格，相关税费，以及运输费、装卸费、保险费等其他可直接归属于存货采购成本的费用。

1. 购货价格

购货价格是因购货而支付的对价，但不包括按规定可抵扣的增值税额。对于现购业务而言，购货价格就是实际支付的货款扣除按规定可抵扣的增值税后的价格；对于赊销业务而言，购货价格就是购货发票上的货款减去按规定可抵扣的增值税后的价格。

2. 计入存货采购成本的相关税费

计入外购存货采购成本的相关税费是指企业外购货物应支付的税金及相关费用，包括关税、消费税、海关手续费、小规模纳税人购进货物支付的增值税等。需要注意的是，小规模纳税人和购入物资不能取得增值税专用发票的企业，购入物资支付的不可抵扣的增值税进项税额应计入所购物资的成本。

3. 其他计入存货采购成本的给价

其他计入存货采购成本的给价是指为使外购货物达到预定可使用状态所支付的除买价及相关税费之外的采购费用，主要包括外购货物到达仓库以前发生的仓储费、包装费、运杂费、运输保险费、运输过程中的合理损耗等。

6.3　采购与付款业务的核算

6.3.1　采购原材料的账户设置

采购原材料业务需设置以下账户进行会计处理。

(1)“材料采购”账户，核算外购材料的买价和采购费用，并据以计算材料的实际采购成本。借方登记外购材料的买价和采购费用；贷方登记入库材料的实际成本；期末借方余额表示尚未到达或尚未验收入库的在途材料的实际采购成本。该账户应按材料品种或类别设置明细分类账。需要说明的是，在企业采用实际成本进行材料日常核算时，可以设置“在途物资”账户核算尚未到达或尚未验收入库材料的成本。

(2)“原材料”账户，核算企业库存材料的增减变动及其结余情况。借方登记已验收入库材料的成本；贷方登记发出材料的成本；期末借方余额表示库存材料的成本。该账户应按材料类别、品种和规格设置明细分类账户。

(3)“应付账款”账户，核算企业因购买材料和接受劳务供应等经营活动而应付给供应单位的款项。该账户属于负债类账户，借方登记已偿还的账款，包括已经偿付或已开出、承兑的商业汇票抵付的应付账款；贷方登记尚未支付的款项；期末余额一般在贷方，反映企业应支付而未支付的账款余额。该账户应按供应单位名称设置明细分类账户。

(4)“应交税费”账户，核算企业按照税法等规定应计算缴纳的各种税费，包括增值税、消费税、所得税、土地使用税和教育费附加等。贷方登记企业计算的各种应交税费；借方登记企业实际缴纳的各种税费；期末余额可能在贷方，也可能在借方。如果在贷方，表示尚未缴纳的税费；如果在借方，表示多缴或尚未抵扣的税费。该账户应按税费项目设置明细分类账户。在原材料采购过程核算中，主要是用来核算增值税的，应在“应交税费”下设置“应交增值税”明细分类账户。

(5)“应付票据”账户，核算企业因购买材料和接受劳务等经营活动而开出、承兑的商业汇票。该账户属于负债类账户，贷方登记企业开出的商业汇票；借方登记到期承兑的商业汇票；期末贷方余额表示尚未到期付款的商业汇票。该账户应按债权人分别设置明细分类账户。

(6)“预付账款”账户，核算按照合同规定向供应单位预付购料款而与供应单位发生债权的增减变动及结存情况。该账户属于资产类账户，其借方登记预付的款项；贷方登记收到供应单位提供的材料而冲减的预付款项；期末一般为借方余额，表示企业已预付而未转销的款项。本账户应按供货单位名称设置明细分类账户。需要说明的是，在企业预付账款不多的情况下，也可以不设置“预付账款”账户，而通过“应付账款”账户来核算企业预付账款的情况。

6.3.2 采购原材料的会计核算

企业外购材料时，可以选择从本地进货，也可以从外埠进货。企业从外埠进货时，结算凭证通过银行传递，材料经有关部门运输，因此会产生三种情况：(1) 结算凭证到达同时材料验收入库；(2) 结算凭证先到，材料后入库；(3) 材料先验收入库，结算凭证后到。企业从本地进货时，一般会在同日收到结算凭证并将材料验收入库。

外购原材料在会计核算上，一般需要设置“原材料”“在途物资”等账户，并按材料种类设置明细账户。

(一) 结算凭证与材料同时到达

发生此类业务时，应根据入库材料的实际成本借记“原材料”账户，根据入库材料的增值税借记“应交税费”账户，根据实际付款金额贷记“银行存款”等账户。

例 6－1

量家公司从 A 公司购入材料 2 000 件用于生产，单价 100 元/件，计 200 000 元，增值税专用发票上注明的增值税进项税额为 26 000 元（200 000×13%），以银行存款全款交付，当场取货。运杂费共计 1 000 元，增值税专用发票上注明的运费增值税进项税额为 90 元（1 000×9%），运杂费以银行存款支付。

量家公司应编制如下会计分录：

材料成本＝2 000×100＋1 000＝201 000(元)

进项税额＝2 000×100×13%＋1 000×9%＝26 090(元)

借：原材料　　201 000
　　应交税费——应交增值税（进项税额）　　26 090
　贷：银行存款　　227 090

（二）结算凭证先到，材料后入库

这种情况是指在办理有关结算时承担了该材料的风险和报酬，但材料尚未到达企业、未验收入库的情况。此时应根据有关结算凭证中记载的已付款材料价格借记“在途物资”账户，根据已付款材料的增值税借记“应交税费”账户，根据实际付款金额贷记“银行存款”等账户。

例 6－2

量家公司于 2019 年 6 月 25 日从外埠购入一批用于生产的材料 2 000 件，单价 100 元/件，计 200 000 元，增值税专用发票上注明的增值税进项税额为 26 000 元（200 000×13%），款项均以银行存款支付，已收到结算凭证，但材料尚未验收入库。6 月 30 日材料运达量家公司并已验收入库。

量家公司应编制如下会计分录：

（1）6 月 25 日收到结算凭证：

借：在途物资　　200 000
　　应交税费——应交增值税（进项税额）　　26 000
　贷：银行存款　　226 000

（2）6 月 30 日验收入库：

借：原材料　　200 000
　贷：在途物资　　200 000

（三）材料先验收入库，结算凭证后到

这种情况是指企业收到材料并验收入库时即承担该材料的风险和报酬，但尚未支付的情况。此时因企业从外埠进货未收到结算凭证，尚无法确定材料实际成本，同时材料运输时间短于结算凭证的传递时间，因此不是一般的赊销业务。收到材料并验收入库时可暂时不做账务处理，只将有关的入库单证单独保管，待结算凭证到达后，按照结算凭证与材料同时到达的情况处理。但若会计期末仍有已入库而未付款的材料，为反映企业存货及负债情况，应将其估价入账，借记“原材料”账户，贷记“应付账款”账户，下月初再以红字冲回。

例 6-3

量家公司于 2019 年 6 月 25 日验收从外埠购入的用于生产的材料，6 月 28 日结算凭证到达，共计 2 000 件，单价 100 元/件，增值税税率 13%，运杂费共 1 000 元，运杂费适用的增值税税率为 9%。验单后以银行存款支付全部货款及运杂费。

量家公司应做如下处理：

（1）6 月 25 日不编制会计分录，仅在辅助账簿中加以记录。

（2）6 月 28 日编制如下会计分录：

借：原材料	201 000	
应交税费——应交增值税（进项税额）	26 090	
贷：银行存款		227 090

例 6-4

量家公司于 2019 年 6 月 28 日验收从外埠购入的用于生产的材料，7 月 2 日结算凭证到达，共计 2 000 件，单价 100 元/件，增值税税率 13%，运杂费共 1 000 元，运杂费适用的增值税税率为 9%。

量家公司应编制如下会计分录：

（1）6 月 30 日结算凭证未到，按照材料价款 200 000 元（2 000×100）估价入账：

借：原材料	200 000	
贷：应付账款		200 000

（2）7 月 1 日将估价入账的材料用红字冲回：

借：原材料	200 000	
贷：应付账款		200 000

（3）7 月 2 日结算凭证到达，办理付款手续：

借：原材料	201 000	
应交税费——应交增值税（进项税额）	26 090	
贷：银行存款		227 090

6.4 应付账款、应付票据及预付账款

6.4.1 应付账款的核算

应付账款是指企业在正常生产经营过程中因购进货物或接受劳务，承诺向供货商支付而尚未支付的款项，应在一年内偿还。一般来说，应付账款不再单独计算利息，业务发生时的金额即为未来应付金额。企业确认应付账款时，应借记有关账户，贷记“应付账款”账户；偿付应付账款时，应当借记“应付账款”账户，贷记“银行存款”等账户。

应付账款的主要会计问题是确定应付账款入账金额，主要涉及两个问题：一是是否考虑货币时间价值；二是如何处理购货折扣。由于期限较短，应付账款一般按将来应付的金额入账，而不考虑货币的时间价值。企业发生应付账款，供应商有时会在偿还期间内设置不同程度的现金折扣。① 对于产生的购货折扣，有两种处理方法——总价法和净价法。在总价法下，应付账款应按发票上记载的应付账款总额入账，如果企业在折扣期内付款，则将其视为企业的理财收益，冲减财务费用。在净价法下，应付账款应按发票上记载的应付金额扣除折扣后的净值入账，超过折扣期付款而丧失的折扣应作为一项财务费用。

我国目前一般采用总价法。在偿还期内支付货款、取得现金折扣时，一般不调整购货价格，而是把获得的现金折扣视为提前付款取得的利息收入，冲减财务费用，按照应付账款总价借记“应付账款”账户，按实际支付价款贷记“银行存款”账户，取得的现金折扣贷记“财务费用”账户。

例 6-5

量家公司于 2019 年 6 月 3 日赊购一批商品用于销售，购入 2 000 件，单价 100 元/件，增值税税率 13%，商品已经入库。付款条件为“2/10，1/20，n/30”，即在 10 天内付款折扣 2%，11～20 天内付款折扣 1%，21～30 天内付款没有折扣。

量家公司应编制如下会计分录：

（1）6 月 3 日购入商品存货：

借：库存商品	200 000	
应交税费——应交增值税（进项税额）	26 000	
贷：应付账款		226 000

（2）若 6 月 12 日支付价款：

226 000×(1－2%)＝221 480(元)

借：应付账款	226 000	
贷：银行存款		221 480
财务费用		4 520

（3）若 6 月 22 日支付价款：

226 000×(1－1%)＝223 740(元)

借：应付账款	226 000	
贷：银行存款		223 740
财务费用		2 260

（4）若 6 月 30 日支付价款：

借：应付账款	226 000	
贷：银行存款		226 000

① 现金折扣将在第 8 章详细介绍。

6.4.2 应付票据的核算

应付票据是指企业采用商业汇票结算方式延期付款购入货物应付的票据款。在我国，商业汇票的付款期限最长为6个月，因此应付票据为短期应付票据。应付票据应按票面价值入账，企业取得结算凭证并签付商业汇票后，应按票面价值借记“原材料”“应交税费”等账户，贷记“应付票据”账户，企业向银行申请兑付的手续费应计入财务费用。

商业汇票到期时，收款人应持票据前往付款企业开户行进行兑付。若付款企业有能力偿还，则企业开户行无条件支付票款，核销应付票据，此时借记“应付票据”账户，贷记“银行存款”账户；若企业无力偿还商业承兑汇票，承兑人即为付款人，开户行应将票据退还给收款人，由收款人和付款人协商解决，此时付款人应将应付票据转入应付账款；若企业无力偿还银行承兑汇票，承兑人为承兑银行，由银行先行垫付票款，并将其转为对付款人的短期借款，其支付的罚息计入财务费用。

例6-6

量家公司2019年6月3日从C公司购入材料用于生产，购入2 000件，单价100元/件，计200 000元，增值税专用发票上注明的增值税进项税额为26 000元（200 000×13%），运杂费共计1 000元，增值税专用发票上注明的运费增值税进项税额为90元（1 000×9%），材料已验收入库。量家公司以商业汇票结算，付款期限为3个月，9月3日用银行存款支付票据款。

量家公司应编制如下会计分录：

（1）6月3日购入原材料：

借：原材料	201 000	
应交税费——应交增值税（进项税额）	26 090	
贷：应付票据		227 090

（2）9月3日支付票据款：

借：应付票据	227 090	
贷：银行存款		227 090

6.4.3 预付账款的核算

预付账款是指企业按照购货合同规定，预先以货币资金支付给供应商的款项。企业因购货而预付账款时，借记“预付账款”账户，贷记“银行存款”账户；收到货物时，应按照计入物资采购成本的金额借记“在途物资”“原材料”“库存商品”等账户，按增值税专用发票注明的增值税税额借记“应交税费”账户，按发票账单注明的应付金额贷记“预付账款”账户；补付款项时，借记“预付账款”账户，贷记“银行存款”账户；收到退回款项时，借记“银行存款”账户，贷记“预付账款”账户。

例 6-7

量家公司于 2019 年 6 月 3 日预付购买的原材料定金为 100 000 元，实际购入 2 000 件，单价 100 元/件，6 月 12 日收到结算凭证并且材料验收入库，增值税专用发票上注明的增值税进项税额为 26 000 元（200 000×13%），运杂费共计 1 000 元，增值税专用发票上注明的运费增值税进项税额为 90 元（1 000×9%），同时补付货款。

量家公司应编制如下会计分录：

(1) 6 月 3 日预付定金：

借：预付账款	100 000	
贷：银行存款		100 000

(2) 6 月 12 日收到原材料：

借：原材料	201 000	
应交税费——应交增值税（进项税额）	26 090	
贷：预付账款		227 090

(3) 同时补付商品款：

借：预付账款	127 090	
贷：银行存款		127 090

思考题

1. 什么是存货？存货有哪些特征？
2. 简述企业存货范围及确定依据。
3. 企业外购存货的成本包括哪些内容？
4. 存货入账价值的影响因素有哪些？
5. 简述采购与付款循环的基本流程。
6. 原材料采购业务的会计核算需要设置哪些账户？
7. 原材料采购业务的账务处理存在几种情况？应如何编制会计分录？
8. 总价法和净价法在处理购货折扣上有什么区别？
9. 如何确定应付账款的入账价值？
10. 在我国应付票据一般是指什么？包括哪些票据？
11. 商业承兑汇票和银行承兑汇票有什么区别？

练习题

一、名词解释

存货	原材料	在途物资
应交税费	应付账款	应付票据

预付账款　　　　　　　　　总价法　　　　　　　　　净价法

二、判断题

1. 采购人员的差旅费不计入材料物资采购成本。（　）
2. “在途物资”账户期末一定没有余额。（　）
3. 材料验收入库时应贷记“在途物资”账户。（　）
4. 购入材料在运输途中发生的合理损耗应计入管理费用。（　）
5. 企业采购商品过程中发生的采购费用应计入当期损益。（　）
6. 因非常损失造成的存货毁损应按该存货的实际成本计入营业外支出。（　）
7. 购入材料在运输途中发生的合理损耗无须单独进行账务处理。（　）
8. 企业为建造固定资产等各项工程而储备的材料在资产负债表中的“存货”项目中反映。（　）
9. 小规模纳税企业采购货物支付的增值税，无论是否在发票上单独列明，一律计入所采购货物的采购成本。（　）
10. 凡属运输途中合理损耗，应相应提高入库材料的实际单位成本，不再另做账务处理。（　）
11. 对于材料已经收到，但月末结算凭证仍然未收到的业务，不能记入“原材料”账户进行核算。（　）
12. 对不同的材料可以采用不同的计价方法，但计价方法一经确定不得随意变更。（　）
13. 企业接收外来原材料加工制造的代制品不属于库存商品。（　）
14. “主营业务成本”账户借方对应的账户是“库存商品”。（　）
15. 企业已发出的商品均不属于企业的存货。（　）
16. 应付账款是负债类账户，所以“应付账款”账户不会出现借方余额。（　）

三、单项选择题

1. 下列各项中，不属于库存商品的是（　）。

A. 寄存在外销售的商品
B. 接收外来材料的代制品
C. 已完成销售手续，客户未领取
D. 为外单位加工代修品

2. 企业的下列材料物资中，不属于存货的是（　）。

A. 工程物资　　B. 在途物资　　C. 周转材料　　D. 委托加工物资

3. 下列与存货相关的费用中，不应计入存货成本的是（　）。

A. 采购过程中发生的装卸费
B. 库存商品入库后发生的储存费用
C. 材料入库前发生的挑选整理费
D. 采购过程中发生的保险费

4. 某企业月初资产总额300万元，本月发生下列经济业务：(1) 赊购材料10万元；(2) 用银行存款偿还短期借款20万元；(3) 收到购货单位偿还的欠款

30万元存入银行。月末资产总额为（ ）万元。

A. 280　B. 290　C. 310　D. 320

5. 下列各项中，在“在途物资”账户的贷方核算的是（ ）。

A. 已验收入库物资应结转的实际采购成本

B. 登记购入材料的买价

C. 登记购入材料的采购费用

D. 在途材料的采购成本

6. 某工业生产企业为小规模纳税人，采用计划成本对材料进行日常核算，本期购入原材料一批，取得增值税专用发票上注明原材料价款为200 000元，增值税额为26 000元，材料尚未到达，支付运费1 200元，运费增值税额为108元，已取得运费发票，其在采购的时候应记入“材料采购”账户的金额为（ ）元。

A. 201 200　B. 226 000　C. 227 200　D. 227 308

7. 企业购入存货时，在允许折扣的期限内取得的现金折扣应当（ ）。

A. 作为营业外收入　B. 作为其他收入

C. 冲减存货账面成本　D. 冲减当期财务费用

8. 企业对某项存货是否加以确认，依据应为企业对该项存货是否（ ）。

A. 实际收到　B. 支付货款

C. 交付定金或签订合同　D. 具有法定所有权

9. 用银行存款偿还前欠某厂购料款，应借记的账户是（ ）。

A. “应收账款”　B. “应付账款”　C. “预收账款”　D. “预付账款”

10. 随同产品出售单独计价的包装物，应于发出时按其实际成本计入（ ）。

A. 其他业务成本　B. 管理费用

C. 销售费用　D. 主营业务成本

11. 下列原材料相关损失项目中，应计入营业外支出的是（ ）。

A. 计量差错引起的原材料盘亏　B. 自然灾害造成的原材料损失

C. 原材料运输途中的合理损耗　D. 人为责任造成的原材料损失

12. 下列各项中，不会引起企业期末存货账面价值变动的是（ ）。

A. 已收到材料但尚未收到发票账单

B. 已发出商品但尚未确认销售收入

C. 已收到发票账单并付款但尚未收到材料

D. 已确认销售收入但尚未发出商品

13. 企业采购过程中发生的存货短缺，应计入有关存货采购成本的是（ ）。

A. 供货单位责任造成的存货短缺

B. 运输单位责任造成的存货短缺

C. 意外事故等非常原因造成的存货短缺

D. 运输途中的合理损耗

14. “预付账款”明细账若有贷方余额，应将其计入资产负债表中的（　　）项目。

A. 应收账款　B. 应付账款　C. 预收账款　D. 预付账款

15. 应付账款的入账价值为（　　）。

A. 未来偿付数额的贴现值　B. 到期应付金额的现值

C. 未来应付的金额　D. 正常金额

16. 企业确定无法支付的应付账款，应贷记的账户是（　　）。

A. “应付账款”　B. “资本公积”　C. “投资收益”　D. “营业外收入”

四. 多项选择题

1. 存货的确认以法定产权的取得为标志，下列属于存货范围的有（　　）。

A. 已出售但货物尚未运离本企业的存货

B. 未购入但存放在企业的存货

C. 已经运离企业但尚未出售的存货

D. 已经购入但未存放在本企业的货物

2. 下列各项中，应当作为存货进行核算的有（　　）。

A. 在建工程　B. 工程物资

C. 低值易耗品　D. 周转材料

E. 生产成本

3. 企业资产负债表中的“存货”项目应当包括的项目有（　　）。

A. 在产品　B. 生产成本　C. 工程物资　D. 委托代销商品

E. 受托代销商品

4. 货款尚未支付，发票账单未到，材料已验收入库，则此经济业务涉及的账户有（　　）。

A. 应付账款

B. 原材料

C. 银行存款

D. 应交税费——应交增值税（进项税额）

5. 材料采购成本包括（　　）。

A. 买价　B. 运输费

C. 包装费　D. 入库前的挑选整理费

6. 某工业企业外购材料，应包括在采购成本中的有（　　）。

A. 外地运杂费　B. 材料的买价

C. 材料的包装费　D. 材料运输途中的合理损耗

E. 材料的装卸费

7. 材料采购业务的会计核算需要设置的账户可能包括（　　）。

A. “在途物资”　B. “原材料”　C. “应付账款”　D. “预收账款”

E. “预付账款”

8. 下列各项中，在“材料采购”账户的借方核算的有（　　）。

A. 登记采购材料的实际成本　B. 登记入库材料的计划成本

C. 材料入库时结转的节约差异　　D. 材料入库时结转的超支差异

9. 影响存货入账价值的主要因素有（　　）。

A. 购货价格　B. 购货费用　C. 税金　D. 制造费用

E. 营业费用

10. 企业购入材料 6 000 元，以银行存款支付 3 000 元，余额未付，材料已入库。这一经济业务涉及的账户有（　　）。

A. “应收账款”　B. “应付账款”　C. “银行存款”　D. “原材料”

11. 适当的职责分离有助于防止各种有意的或无意的错误，以下采购与付款业务不相容岗位包括（　　）。

A. 询价与确定供应商　　B. 请购与审批

C. 付款审批与付款执行　　D. 采购合同的订立与审批

12. 下列各项控制程序中，能保证已发生的采购业务均已记录的有（　　）。

A. 请购单均经事先编号并登记入账

B. 订货单均经事先编号并登记入账

C. 验收单均经事先编号并登记入账

D. 对购货发票、验收单、订货单和请购单进行内部核查

13. 应付账款的入账时间是企业（　　）。

A. 取得所购材料所有权　　B. 取得所购商品所有权

C. 已接受劳务供应　　D. 未接受劳务供应

14. 应付账款入账价值的确定依据是（　　）。

A. 发票账单所记载的实际价款　　B. 应付给供应单位价款的暂估价

C. 到期应付金额的现值　　D. 应付给供货单位的实际价款

15. 下列关于应付账款的处理中，正确的有（　　）。

A. 货物与发票账单同时到达，待货物验收入库后，按发票账单登记入账

B. 应付账款应该按照购买商品的品种或提供的劳务设置明细账

C. 企业采购业务中形成的应付账款，在确认其入账价值时不需要考虑将要发生的现金折扣

D. 货物已到，但至月末时发票账单还未到达，应在月份终了时暂估入账

五. 计算与会计处理题

1. 大美工厂 2019 年 6 月发生下列经济业务：

(1) 2 日，从伊家公司购进 A 材料 600 千克，买价 30 000 元，增值税进项税额 3 900 元，B 材料 400 千克，买价 8 000 元，增值税进项税额 1 040 元，共发生运杂费 500 元，款项已用银行存款支付，材料尚未到达（运杂费按材料重量分配，暂不考虑运费增值税问题）。

(2) 5 日，从伊家公司购入的 A 材料和 B 材料已到达，并验收入库。

(3) 7 日，从量家公司购入 C 材料 200 千克，买价 50 000 元，增值税进项税额 6 500 元，D 材料 100 立方米，买价 30 000 元，增值税进项税额 3 900 元，运杂费 4 800 元。款项尚未支付，材料已验收入库（运杂费按材料买价进行分配，暂不考虑运费增值税问题）。

(4) 13 日，用银行存款支付欠量家公司的购料款 95 200 元。

(5) 18 日，从杉家公司购入 A 材料 300 千克，买价 15 000 元，增值税进项税额 1 950 元，C 材料 100 千克，买价 25 000 元，增值税进项税额 3 250 元，运杂费共计 180 元，款项已用银行存款支付，材料亦已验收入库（运杂费按材料重量分配，暂不考虑运费增值税问题）。

(6) 25 日，从思佳公司购入 B 材料 1 000 千克，买价 20 000 元，增值税进项税额 2 600 元，运杂费 550 元，款项已用银行存款支付，材料尚未到达。

要求：

(1) 根据上述经济业务分别计算购入的各批各类材料的采购成本和单位成本。

(2) 根据上述经济业务和 (1) 的计算结果编制会计分录。

2. 立兴公司 2019 年 5 月发生如下经济业务：

(1) 3 日，从伊家公司购入 A 材料 500 千克，买价 60 000 元，增值税进项税额为 7 800 元，款项已用银行存款支付，材料验收入库。

(2) 7 日，从量家公司买入 C 材料 20 千克，买价 400 元，增值税进项税额 52 元，D 材料 5 千克，买价 100 元，增值税进项税额 13 元，价款已用现金支付，材料验收入库。

(3) 9 日，用银行存款偿还上月欠佳佳公司的购料款 58 000 元。

(4) 16 日，从杉家公司购入 B 材料 300 千克，买价 30 000 元，增值税进项税额 3 900 元，款项已用银行存款支付，材料尚未到达。

(5) 18 日，从杉家公司购入的 B 材料到达并验收入库。

(6) 23 日，从思佳公司买入 A 材料 200 千克，买价 24 000 元，增值税进项税额 3 120 元，款项尚未支付，材料验收入库。

(7) 27 日，用银行存款支付欠思佳公司的购料款 27 120 元。

要求：编制上述经济业务的会计分录。

3. 大华公司 2019 年 5 月 20 日购入原材料一批。原材料已经验收入库，但发票账单尚未收到，货款也尚未支付；6 月 30 日，收到所购原材料的发票账单，价款 10 000 元，增值税进项税额 1 300 元，随后将款项通过银行存款支付。

要求：编制上述经济业务的会计分录。

4. 振兴公司 2019 年 11 月 1 日购入原材料一批，价值为 100 000 元，增值税进项税额为 13 000 元，通过银行存款支付 13 000 元，剩余货款开出一张 3 个月承兑的商业汇票，面值为 100 000 元，票据为不带息票据。

要求：编制 2019 年 11 月至 2020 年 1 月底的相关会计分录。

5. 唯美公司 2019 年 9 月发生部分经济业务如下：

(1) 9 月 1 日，赊购材料 30 000 元，付款条件为“2/10，n/30”。

(2) 9 月 6 日，赊购材料 56 000 元，付款条件为“5/10，2/20，n/30”。

(3) 9 月 9 日，以银行存款支付 9 月 1 日的购货款。

(4) 9 月 12 日，以银行存款支付 9 月 6 日购货款的一半。

(5) 9 月 25 日，以银行存款支付 9 月 6 日的剩余货款。

(6) 9 月 28 日，开出一张面值为 40 000 元、3 个月的带息票据，利率为 6%，以偿付上月 30 日购料款（上月赊购材料 40 000 元，付款条件为“2/10，n/30”）。

要求：按照总价法编制上述经济业务的会计分录。

6. 大鹏公司 2019 年 8 月 1 日根据购货合同的约定，通过银行存款预付给蓝天公司订购原材料款项 9 000 元。9 月 1 日，所购该批原材料验收入库，增值税专用发票列明材料价款（含运费）是 10 000 元，增值税进项税额为 1 300 元，共计 11 300 元。大鹏公司通过银行存款补付蓝天公司材料款 2 300 元。

要求：编制上述经济业务的会计分录。

第7章 Chapter 7 生产与成本核算

学习目标

1. 了解制造企业的生产过程
2. 掌握产成品与在产品的成本分配方法
3. 了解确定发出存货实际成本的方法
4. 掌握存货盘盈、盘亏的会计处理

生产过程是制造企业资金循环的第二个阶段。在生产过程中，企业将原材料等劳动对象投入生产，经过工人的劳动加工，制造出适合社会需要的产品。一方面从实物形态看，生产过程把材料加工成产品，是产品的制造过程；另一方面从价值形态看，这一过程发生各种各样的耗费，形成生产费用，最终核算产品成本，产品完工后验收入库。本章将介绍生产过程各种耗费的发生、归集、分配、结转，以及发出存货的计价和存货的期末计价。

7.1 企业生产业务过程

制造企业的生产过程由将原材料转化为产成品的有关活动组成，所涉及的业务通常包括计划和安排生产、投入原材料、加工产品、产成品入库、计算产品成本等。主要过程和会计凭证如下：

（1）计划和安排生产。生产计划部门根据客户订单或销售预测与产品需求的分析来决定生产授权，并签发预先顺序编号的生产通知单。

（2）投入原材料。生产部门通常会发出一式三联的领料单，列示所需材料种类、数量及需求部门。仓库部门收到领料单之后发出原材料，并将其中一联连同材料交付领料部门，一联自己留存登记材料明细账，一联交予会计部门进行材料收发和成本核算。

（3）加工产品。生产部门收到生产通知单并领取材料后，将生产任务布置给工人。生产任务完成后，将完成的产成品或半成品交付生产部门查验，然后转交给验收员验收并办理入库手续，或移交给下一个部门进一步加工。

（4）产成品入库。在全部加工程序完结后，生产部门将产成品移交仓储部门。仓储部门需先行点验和检查，然后签收，并将实际入库数量通知会计部门。

（5）计算产品成本。生产过程中的各种记录、生产通知单、领料单、计工单、入库单等文件需要回到会计部门用以检查核对，了解和控制存货流转；同时，会计部门设置相应账户，持续记录原材料—在产品—产成品的流转和成本结转过程，对生产所消耗的原材料、人工等直接成本和间接费用进行分配与归集，计算产成品的成本。

7.2　生产成本的核算

7.2.1　生产成本的构成及账户设置

生产成本是指生产活动的成本，即企业为生产产品而发生的成本。生产成本是生产过程中各种资源利用情况的货币表示，是衡量企业技术和管理水平的重要指标。按照其计入产品成本的方式不同，生产成本可以分为直接费用和间接费用两类。直接费用包括直接材料成本（包括为生产产品领用的原材料、辅助材料、备品备件、燃料及动力等成本）、直接人工成本（生产部门人员的工资、补贴等成本）和其他直接支出（如福利费），可直接计入产品成本。间接费用主要包括制造费用（生产部门为组织和管理生产而发生的各项费用），需要通过分配与归集计入产品成本。按照这些成本项目的发生额归集到成本计算对象上，就构成了某一成本计算对象的生产成本。

为了正确记录生产过程中资源的消耗和费用的产生，并合理地将这些消耗和费用归集到各类产品的成本中，需要设置“生产成本”账户，以实现相关的会计处理。

“生产成本”账户用于归集生产过程中产品的所有直接成本和费用。当一批产品的生产全部完工后，将这批产品的生产成本转入“库存商品”账户。若在会计期末，一批产品仅有一部分完工，剩余部分仍在生产过程中，则按特定方法对生产成本进行分配，一部分转入“库存商品”账户。“生产成本”账户月末的借方余额则表示生产过程中尚未完工的在产品实际生产成本。

7.2.2　生产成本的归集

（一）直接材料成本的归集

直接材料是指企业生产产品过程中消耗的、直接用于产品生产、构成产品实体的各种原料及主要材料、外购半成品等。譬如，汽车制造厂制造的汽车一般由发动机、底盘、车身和电气设备等部件组成。直接材料成本是指直接用于产品生产的材料成本。对于直接材料成本，一般在领取材料并投入生产的时间点确认生产成本。

1. 领用材料成本的确定

本期生产领用的原材料存货或销售发出的产成品存货可能是分批次的，而这些存货的采购价格或生产成本往往是不同的，因此产生领用或发出存货的成本计算或计价问题。在企业的实际生产工作中，常常会遇到存货数量大、品类繁多的情况，难以保证存货的实物流转与成本结转完全保持一致。于是，根据我国会计准则规定，以不同存货成本流转假设为依据，企业可以选择先进先出法、加权平均法、移动平均法或个别计价法确定发出存货的实际成本。对于性质和用途相似的存货，应当采用同种计价方法确定发出存货的成本。下面通过例 7－1 来具体说明四种方法的运用。

例 7－1

量家公司于 2019 年 6 月 1 日为生产产品购入生产液晶电视所用塑料外壳 1 000 件，单价 120 元/件；6 月 3 日取用 600 件投入产品生产；6 月 4 日购入 300 件，单价 130 元/件；6 月 10 日取用 500 件进行生产；6 月 16 日购入 500 件，单价 110 元/件，6 月 20 日取用 500 件进行生产。本月合计购入 1 800 件，发出 1 600 件。按照不同的计价方法计量如下。

(1) 先进先出法。先进先出法是指以先购入的存货应先发出这种存货实物流转假设为前提，对发出存货进行计价的一种方法。由于最先购入的存货最先发出，使用先进先出法计算出的期末结存存货的账面价值包含的是最近的购货成本，比较接近最新市价。但在手工核算的情境下，先进先出法的工作量较大，特别是对于存货进出频繁的制造企业。此外，先进先出法不利于成本与收入的配比，确认当期收入的同时结转往期成本，尤其在通货膨胀的背景下，先进先出法会低估存货成本，虚增企业利润，加重企业的税务负担，不利于资本保全。

量家公司采用先进先出法的情况如表 7－1 所示。

表 7－1 先进先出法

日期	摘要	收入			发出			结存		
		数量（件）	单价（元）	金额（元）	数量（件）	单价（元）	金额（元）	数量（件）	单价（元）	金额（元）
1 日	采购	1 000	120	120 000				1 000	120	120 000
3 日	发出				600	120	72 000	400	120	48 000
4 日	采购	300	130	39 000				400	120	48 000
								300	130	39 000
10 日	发出				400	120	48 000	200	130	26 000
					100	130	13 000			
16 日	采购	500	110	55 000				200	130	26 000
								500	110	55 000
20 日	发出				200	130	26 000	200	110	22 000
					300	110	33 000			

(2) 加权平均法。加权平均法是仅在期末计算本期可供销售的存货的平均成本，以此计算发出的存货成本。使用加权平均法核算存货成本工作量较小，但由于只在月末进行一次计算，不能随时提供存货账面价值信息。在物价变动幅度较大的情况下，使用加权平均法计算的期末存货价值与现行成本存在较大差异。因此，加权平均法主要适用于存货物价变动不大的情况。

计算公式为：

$$加权平均单位成本=\frac{本期全部可销售的存货实际成本}{全部可销售存货数量}$$

$$=\frac{120\ 000+39\ 000+55\ 000}{1\ 800}=118.89(元)$$

量家公司采用加权平均法的情况如表 7-2 所示。

表 7-2　加权平均法

日期	摘要	收入			发出			结存		
		数量（件）	单价（元）	金额（元）	数量（件）	单价（元）	金额（元）	数量（件）	单价（元）	金额（元）
1 日	采购	1 000	120	120 000				1 000		
3 日	发出				600	118.89	71 333	400		
4 日	采购	300	130	39 000				700		
10 日	发出				500	118.89	59 444	200		
16 日	采购	500	110	55 000				700		
20 日	发出				500	118.89	59 444	200	118.89	23 777

(3) 移动平均法。移动平均法要求每次进货后都计算一次当期可供销售的存货加权平均单位成本。这种方法能够随时提供存货账面价值信息，有利于管理层控制，但是同样在手工核算的情境下，工作量也比较大。

计算公式为：

$$移动平均单位成本=\frac{每次进货后全部可销售的存货实际成本}{每次进货后全部可销售存货数量}$$

$$4\ 日成本=\frac{48\ 000+39\ 000}{400+300}=124.29(元)$$

$$16\ 日成本=\frac{87\ 000-500\times124.29+55\ 000}{700-500+500}=114.08(元)$$

量家公司采用移动平均法的情况如表 7-3 所示。

表 7-3　移动平均法

日期	摘要	收入			发出			结存		
		数量（件）	单价（元）	金额（元）	数量（件）	单价（元）	金额（元）	数量（件）	单价（元）	金额（元）
1 日	采购	1 000	120	120 000				1 000	120	120 000
3 日	发出				600	120	72 000	400	120	48 000

续表

日期	摘要	收入			发出			结存		
		数量（件）	单价（元）	金额（元）	数量（件）	单价（元）	金额（元）	数量（件）	单价（元）	金额（元）
4 日	采购	300	130	39 000				700	124.29	87 000
10 日	发出				500	124.29	62 143	200	124.29	24 857
16 日	采购	500	110	55 000				700	114.08	79 857
20 日	发出				500	114.08	57 041	200	114.08	22 816

（4）个别计价法。个别计价法是指逐一辨认各批发出存货的购入批次或生产批次，按照其购入或生产时的实际成本计算发出存货的成本。个别计价法下存货的成本结转与实物流转完全一致，能够准确计算存货的发出成本，实现成本与收入的配比，是最为客观的计价方法。但是，个别计价法的工作烦琐、计算量大，特别在企业存货品种繁多、发出与收入频繁时，使用个别计价法核算发出存货成本会为企业带来高昂的成本。因此，个别计价法主要适用于容易识别、品种数量不多、单位成本较高的存货计价。

量家公司采用个别计价法的情况如表 7-4 所示。

表 7-4　个别计价法

日期	摘要	收入			发出				结存	
		数量（件）	单价（元）	金额（元）	数量（件）	购进批次	单价（元）	金额（元）	数量（件）	金额（元）
1 日	采购	1 000	120	120 000					1 000	120 000
3 日	发出				600	6 月 1 日	120	72 000	400	48 000
4 日	采购	300	130	39 000					700	87 000
10 日	发出				300	6 月 1 日	120	36 000	400	51 000
					200	6 月 4 日	130	26 000	200	25 000
16 日	采购	500	110	55 000					700	80 000
20 日	发出				500	6 月 16 日	110	55 000	200	25 000

2. 领用原材料的账务处理

根据每类产品消耗的每类材料数量，借记“生产成本”账户，贷记“原材料”账户。

例 7-2

量家公司于 2019 年 3 月 12 日，领用原材料电路主板 5 000 份，其中 3 000 份用于生产液晶电视，2 000 份用于生产激光电视；领用原材料集成块 2 500 份，其中 1 500 份用于生产液晶电视，1 000 份用于生产激光电视；领用原材料芯片 5 000 份，其中 3 000 份用于生产液晶电视，2 000 份用于生产激光电视。原材料电路主板、集成块和芯片的单价分别为 100 元、120 元和 150 元。此外，为生产液晶电视，生产部门额外领用液晶显示屏 1 500 份，塑料外壳 1 500 份，液晶显示屏与塑料外壳的价格分别为600元和120元；为生产激光电视，生产部门额外领用激光光源投影仪1 000份，激光幕布1 000份，激光光源投影仪与激光幕布的价格分别为1 600元和2 200元。

计算可得，3月12日液晶电视耗费的直接材料成本为3 000×100+1 500×120+3 000×150+1 500×600+1 500×120 =2 010 000（元），激光电视耗费的直接材料成本为2 000×100+1 000×120+2 000×150+1 000×1 600+1 000×2 200 =4 420 000（元）。

原材料电路主板消耗量为5 000×100=500 000（元），原材料集成块消耗量为2 500×120=300 000（元），原材料芯片消耗量为5 000×150=750 000（元），原材料液晶显示屏消耗量为1 500×600=900 000（元），原材料塑料外壳消耗量为1 500×120=180 000（元），原材料激光光源投影仪消耗量为1 000×1 600=1 600 000（元），原材料激光幕布消耗量为1 000×2 200=2 200 000（元）。

则3月12日的会计分录为：

借：生产成本——液晶电视	2 010 000	
——激光电视	4 420 000	
贷：原材料——电路主板		500 000
——集成块		300 000
——芯片		750 000
——液晶显示屏		900 000
——塑料外壳		180 000
——激光光源投影仪		1 600 000
——激光幕布		2 200 000

（二）直接人工成本的归集

直接人工成本指直接从事生产工作的工人的工资以及福利费用。对于直接人工成本，一般在一批产品生产结束的时间点确认生产成本，若是时间跨期较长或重复性的生产作业，也可能在每月末结算工资时确认生产成本。根据每类产品消耗的工人工作量或工作时长，借记“生产成本”账户，贷记“库存现金”“银行存款”“应付职工薪酬”账户。

例7-3

量家公司于2019年3月31日结算本月生产工人工资168万元，工资以银行存款支付。本月生产工人共生产液晶电视1 500台，激光电视1 000台。其中生产一台液晶电视需要12工时，生产一台激光电视需要工时24工时。

计算可得，本月生产液晶电视共需要1 500×12=18 000（工时），生产激光电视共需要1 000×24=24 000（工时），两种产品归集的工作时长之比为3∶4。因此归集到液晶电视的直接人工成本为168×3/7=72（万元），归集到激光电视的直接人工成本为168×4/7=96（万元）。

则3月31日会计分录为：

借：生产成本——液晶电视　720 000
　　　　　　——激光电视　960 000
　贷：银行存款　1 680 000

(三) 制造费用的归集与分配

制造费用指不属于直接材料成本和直接人工成本、与生产相关的其他费用，比如生产机器、车间厂房的折旧费用，生产部门的管理人员的工资，生产单位的水电费，产品相关专利使用权的摊销费用，等等。企业还有很多与生产不直接相关的费用，如办公大楼的折旧费用、行政单位的人员工资、产品销售的广告费用等。这些与生产不直接相关的费用，不得归入生产成本账户，一般归入管理费用或销售费用，直接抵减当期损益。

与直接材料成本和直接人工成本不同，制造费用并不会在发生时直接记入“生产成本”账户，而是在发生时先记入“制造费用”账户的借方余额，在期末再按各种产品应该负担的制造费用数额分配，分别借记“生产成本”账户，贷记“制造费用”账户。

例 7-4

量家公司于 2019 年 3 月 31 日结算本月固定资产折旧费用 20 万元，其中生产液晶电视的机器折旧费用 6 万元，生产激光电视的机器折旧费用 10 万元，行政管理部门使用的电脑折旧费用 4 万元。

则 3 月 31 日会计分录为：

借：制造费用　160 000
　　管理费用　40 000
　贷：累计折旧　200 000
借：生产成本——液晶电视　60 000
　　　　　　——激光电视　100 000
　贷：制造费用　160 000

有时制造费用并不只归集到一种产品上，要归集到每种产品的分配比例也不一定直观可得，比如两种产品共同承担一项专利使用权的摊销费用。此时需要提前设定制造费用归集的会计政策，如按产量比例分配、按产品价值比例分配等。

7.2.3 产成品成本计算

(一) 产成品与在产品的成本分配

在制造企业的实际生产过程中，由于生产工序繁杂，企业在各个会计核算期期末可能存在一定数量的在产品，应当根据在产品数量的大小、各项费用的比重等具体条件将生产成本在产成品与在产品之间进行合理分配。常用的分配方法有以下七种：

(1) 不计算在产品成本。即当月发生的成本全部结转到产成品成本之中，适用于月末在产品数量很小的情况。

(2) 在产品按完工产品成本计算法。适用于月末在产品已基本加工完毕，只是未验收或包装入库的情况。

(3) 在产品按年初固定数核算。即当月发生的成本全部结转到产成品成本之中，并在年终实点在产品数量，重新调整在产品成本，适用于在产品数量较小或各月在产品数量变化不大的情况。

(4) 在产品成本按照其耗用的原材料比例核算。即在产品成本只计算其耗用的原材料费用，当月发生的直接人工与制造费用全部计入产成品成本之中。适用于材料成本在产品生产成本中占比较大且原材料在生产开始时一次投入的情况。

(5) 约当产量法。约当产量是指按照在产品完工程度将其折算为完工产品数量分配生产成本。适用于在产品数量较大，直接材料、直接人工、制造费用投入比例大致相当的情况。

(6) 在产品成本按定额成本计算。即在产品单位成本固定，在产品实际生产成本与定额成本之间的差异全部由产成品来承担。适用于各项消耗定额或成本定额比较准确、稳定，而且各月末在产品数量变化不是很大的产品。

(7) 定额比例法。即按照产成品和月末在产品的定额消耗量（直接材料的核算）或定额工时（直接人工和制造费用的核算）的比例分配计算产成品和月末在产品的成本。适用于各项消耗定额或成本定额比较准确、稳定，但各月末在产品数量变动较大的产品。

（二）产成品成本结转

在每个会计期末，企业应当采取适当方式将生产成本在产成品与在产品之间进行归集与分配，并将产成品成本结转至“库存商品”账户。完工产品属于产成品，借记“库存商品”账户，贷记“生产成本”账户；未完工部分的产品属于在产品，直接保留在“生产成本”账户，不需要转出。

例7-5

量家公司生产的一批液晶电视于2019年3月31日尚未全部完工，其中产成品1 000件；在产品1 000件，完工程度为50%。这批产品在3月31日为止归集的生产成本为300万元。量家公司以约当产量法分配产成品与在产品成本。

计算可得，该批液晶电视产成品单位成本为3 000 000/(1 000＋1 000×50%)＝2 000（元），产成品总成本为2 000×1 000＝2 000 000（元）。

借：库存商品——液晶电视	2 000 000	
贷：生产成本——液晶电视		2 000 000

7.3 存货期末计价

存货期末计价是指会计期末对存货价值的重新计量。根据我国企业会计准则的有关规定，资产负债表日，企业应当按照成本与可变现净值孰低计量。即当存货成本低于存货可变现净值时，存货按成本计量；当存货可变现净值低于成本时，存货按可变现净值计量。

7.3.1 可变现净值的确定

可变现净值是指存货的估计售价减去至完工时将要发生的成本、估计的销售费用以及相关税费后的金额。可变现净值的确定必须有可靠的证据。可靠证据指对存货的可变现净值有直接影响的事实依据，包括产品的市场价格、类似产品的市场价格、原材料价格等。

企业在确定存货可变现净值时，应当首先考虑持有存货的目的。一般而言，存货按照其持有目的不同可以分为两类：一类是持有以备出售的存货；一类是为生产而持有的存货。

（一）持有以备出售的存货

持有以备出售的存货包括库存商品、产成品以及持有以备直接出售的原材料。其可变现净值＝估计售价－估计销售费用－估计相关税费。有销售合同或劳务合同约定的存货，其估计售价依照合同价格确定；持有以备出售且无销售合同的存货，一般按照存货的市场价格或类似产品的市场价格估计售价。

例 7－6

2018 年 6 月 1 日，量家公司与伊家公司签订销售合同，规定 2019 年 6 月 1 日以每台 2 万元的价格销售 10 台激光电视，预计发生销售相关税费共 5 000 元。2018 年 12 月 31 日，该激光电视的市场价格为每台 1.8 万元，销售每台激光电视预计发生销售费用 300 元、相关税费 500 元。期末量家公司激光电视库存为 30 台。

在此例中，期末公司 30 台激光电视的库存中，其中 10 台存在销售合同，估计售价以销售合同的价格计算，可变现净值为 19.5 万元（2×10－0.5）；其余 20 台激光电视不存在销售合同，其估计售价按照市场价格计算，可变现净值为 34.4 万元（(1.8－0.03－0.05)×20）。

（二）为生产而持有的存货

为生产而持有的存货即未来将在生产过程或提供劳务的过程中被耗用的存货，主要包括生产所用原材料、半成品等。其可变现净值＝存货所生产的产成品的估计售价－至完工时估计将发生的成本－估计销售费用－估计相关税费。

例 7－7

2018 年 12 月 31 日，量家公司持有一批液晶显示屏用于生产液晶电视。该批液晶电视的市场价格为 20 万元，预计至完工时共发生其他材料与加工费用 5 万元，预计销售费用 5 000 元，相关税费 4 000 元。

在此例中，这批液晶显示屏主要用于未来生产，其可变现净值为 14.1 万元（20－5－0.5－0.4）。

7.3.2　存货跌价准备的会计处理

（一）存货跌价准备的计提

在每个资产负债表日，企业应当重新考察存货价值，当存货成本可变现净值低于其成本时，存货按可变现净值计量，同时按照成本高于可变现净值的差额计提存货跌价准备，借记“资产减值损失——存货跌价准备”账户，贷记该存货的“存货跌价准备”账户。

例 7－8

2018 年 12 月 31 日，量家电器股份有限公司仓库有一批库存商品（液晶电视），账面成本 30 万元。年末有可靠证据表明，公司所生产的液晶电视价格下降，经核算，需对该批存货计提存货跌价准备 2 万元。

2018 年末应编制如下会计分录：

借：资产减值损失——存货跌价准备　　20 000
　贷：存货跌价准备——库存商品　　20 000

（二）存货跌价准备的转回与转销

当计提存货跌价准备的影响因素已经消失时，应在已计提的存货跌价准备的金额内转回，按转回金额借记该存货的“存货跌价准备”账户，贷记“资产减值损失——存货跌价准备”账户，转回金额不高于该存货跌价准备金额。对于已计提跌价准备的存货，在该存货销售、消耗或损失时，相应的存货跌价准备也一并转出。

例 7－9

承例 7－8，假设至 2018 年 12 月 31 日，量家电器股份有限公司的这批库存商品（液晶电视）全部未出售，年末有可靠证据表明，公司所生产的液晶电视价格回升，经核算，需转回该批存货计提的存货跌价准备 2 万元。

2018 年末应编制如下会计分录：

借：存货跌价准备——库存商品　　20 000
　贷：资产减值损失——存货跌价准备　　20 000

例 7－10

承例 7－8，假设 2019 年 1 月，量家电器股份有限公司将这批库存商品（液晶电视）全部售出，需转销该批存货计提的存货跌价准备 2 万元。

结转产品销售成本时，应编制如下会计分录：

借：主营业务成本　　280 000
　　存货跌价准备——库存商品　　20 000
　贷：库存商品　　300 000

思考题

1. 制造企业的生产过程包括哪些步骤？请简要概述。

2. 以计入产品成本的方式为标准，企业生产成本包括哪些内容？

3. 企业发出存货可以采用哪些不同的计价方法？请简述不同计价方法的优缺点并思考该方法对企业的财务状况和经营成果有哪些影响。

4. 制造费用科目具有哪些特点？请结合实际具体谈谈企业的制造费用包括哪些内容。

5. 生产成本在产成品与在产品之间的分配方法有哪些？各适用于何种情况？

6. 生产成本账户期末借方余额具体代表什么含义？

7. 根据我国会计准则相关规定，存货的期末计价应采用何种方法？请思考存货的可变现净值如何确定。

8. 存货的跌价准备是否可以转回？结合本教材所述其他内容思考哪些资产减值（跌价）准备可以转回，哪些资产减值（跌价）准备不可转回。

练习题

一、名词解释

生产成本	直接费用	间接费用
先进先出法	加权平均法	移动平均法
制造费用	产成品	在产品
约当产量法	定额比例法	可变现净值

二、判断题

1. 产品的生产过程从实物形态来看，这一过程的经济业务发生了各种各样的耗费，形成生产费用，最终核算产品成本，产品完工后验收入库。（　）

2. 生产车间发生的固定资产租赁费用属于直接费用。（　）

3. 成本项目是对生产成本按经济用途的分类，一般包括直接材料、直接人工和制造费用。（　）

4. 企业本期发生的构成产品成本的费用，包括直接材料、直接人工和制造费用均属于直接费用。（　）

5. 对于产品的制造费用，在该产品生产过程结束后应将其由制造费用的借方转入生产成本的贷方。（　）

6. 期末生产成本科目的借方余额代表当月在产品的生产成本。（　）

7. 发出存货的计价方法包括先进先出法、后进先出法、加权平均法与个别计价法。（　）

8. 在通货膨胀的市场条件下，先进先出法存货更接近于市价，企业当年净

利润降低，所得税减少。（　　）

9. 加权平均法工作量较小，但由于只在月末进行一次计算，因此不能随时提供存货账面价值信息。（　　）

10. 生产产品期间，公司办公大楼的折旧费应计入产品成本。（　　）

11. 本期期末存货账面结存成本＝本期期初存货结存成本＋本期增加存货成本－本期减少存货成本。（　　）

12. 采用月末在产品按定额成本计价法时，定额成本与实际成本之间的差异由月末在产品负担。（　　）

13. 采用约当产量法计算完工产品和月末在产品成本时，各成本项目的约当总产量是相等的。（　　）

14. 期末存货计价采用账面价值与可变现净值孰低的方法。（　　）

15. 当存货可变现净值提高时，原计入存货跌价准备的金额可以按其可变现净值与存货账面价值的差额转回。（　　）

三、单项选择题

1. 下列各项中，属于制造费用的是（　　）。

A. 生产产品耗用的原材料　　B. 生产工人的福利费

C. 生产车间的水电费　　D. 行政部门的职工工资

2. 某企业本月生产A产品耗用机器工时3 000小时，生产B产品耗用机器工时2 000小时。本月发生车间管理人员工资100 000元，产品生产人员工资300 000元。该企业按机器工时比例分配制造费用。假设不考虑其他因素，本月B产品应分配的制造费用为（　　）元。

A. 40 000　　B. 60 000　　C. 140 000　　D. 160 000

3. 下列各项中，会计分录正确的是（　　）。

A. 对于直接材料成本，借记“生产成本”，贷记“原材料”

B. 对于直接人工成本，借记“管理费用”，贷记“应付职工薪酬”

C. 对于生产机器的折旧费用，借记“管理费用”，贷记“累计折旧”

D. 对于行政部门的职工工资，借记“生产成本”，贷记“应付职工薪酬”

4. 量家公司于2019年3月31日结算本月生产工人工资20万元，工资以现金发放。本月生产工人共生产液晶电视500台，激光电视600台。其中生产一台液晶电视需要工时40分钟，生产一台激光电视需要工时50分钟。下列各项会计分录中，不正确的是（　　）。

A. 借记“生产成本——液晶电视”8万元

B. 借记“生产成本——激光电视”12万元

C. 借记“管理费用”20万元

D. 贷记“库存现金”20万元

5. 某企业2019年1月1日甲材料账面实际成本为90 000元，结存数量500吨；1月4日购进甲材料500吨，每吨实际单价为200元；1月17日购进甲材料300吨，每吨实际单价180元；1月5日和22日各发出甲材料100吨。该企业按移动平均法计算其发出甲材料的实际成本，那么2019年1月31日甲材料的账面余额应为（　　）元。

A. 206 000　　B. 206 250　　C. 206 462　　D. 208 000

6. 企业存货采用先进先出法计价，在存货物价上涨的情况下，将会使企业（　　）。

A. 期末存货成本升高，当期利润减少

B. 期末存货成本升高，当期利润增加

C. 期末存货成本降低，当期利润增加

D. 期末存货成本降低，当期利润减少

7.《企业会计准则第1号——存货》规定，企业发出存货时不得采用的成本计价方法是（　　）。

A. 先进先出法　　B. 移动加权平均法

C. 后进后出法　　D. 个别计价法

8. 某企业月初资产总额300万元，本月发生下列经济业务：(1) 赊购材料10万元；(2) 用银行存款偿还短期借款20万元；(3) 收到购货单位偿还的欠款30万元存入银行。月末资产总额为（　　）万元。

A. 280　　B. 290　　C. 310　　D. 320

9. 某企业月初资产总额300万元，本月发生下列经济业务：(1) 用银行存款购买材料10万元；(2) 用银行存款偿还应付账款20万元；(3) 收到所有者投入的固定资产30万元。月末资产总额为（　　）万元。

A. 280　　B. 290　　C. 310　　D. 320

10. 某企业本月生产经营情况如下：(1) 收到投资人100万元的现金投资；(2) 用银行存款购买50万元的机器用于下月生产；(3) 由于产品更新换代，计提存货跌价准备80万元；(4) 向银行借款200万元。以上信息对本月利润造成的影响是（　　）。

A. 增加170万元　　B. 减少50万元

C. 减少80万元　　D. 减少130万元

11. 完工产品与在产品的成本分配方法中的“不计算在产品成本法”适用的情况是（　　）。

A. 月末在产品数量很小

B. 各月在产品数量很大

C. 月末在产品数量等于月初在产品数量

D. 各月末在产品数量变化很小

12. 生产成本在产成品与在产品之间进行分配时，采用在产品成本按照其耗用的原材料比例核算方法应当具备的条件是（　　）。

A. 原材料费用在产品成本中所占比例较大，而且在生产开始时一次投入

B. 原材料消耗定额比较准确、稳定

C. 在产品数量稳定且月末在产品数量少

D. 各月末在产品数量变化不大

13. 企业某种存货的期初实际成本为200万元，期初“存货跌价准备”账户

贷方余额2.5万元，本期购入该种存货实际成本45万元，领用150万元，期末估计库存该种存货的可变现净值为91万元。则本期应计提存货跌价准备额为（ ）万元。

A. 1.5　　B. 2.5　　C. 4　　D. 9

14. 企业某种存货的期初实际成本为200万元，期初“存货跌价准备”账户贷方余额2.5万元，本期购入该种存货实际成本45万元，领用150万元，期末估计库存该种存货未来在市场上售价约为91万元，销售该种商品预计会发生1万元的销售费用。则本期应计提存货跌价准备额为（ ）万元。

A. 1.5　　B. 2.5　　C. 4　　D. 9

四、多项选择题

1. 下列各项中，属于生产成本的有（ ）。

A. 行政大楼的折旧费用　　B. 生产机器的折旧费用

C. 生产车间经理的工资　　D. 企业总经理的工资

2. 下列各项中，应计入制造费用的有（ ）。

A. 生产用固定资产的折旧费　　B. 管理用固定资产的折旧费

C. 生产工人的工资　　D. 生产车间管理用具的摊销

3. 量家公司3月共生产液晶电视400台，激光电视600台。与这些产品相关的制造费用包括：生产机器折旧费用10万元，生产厂房折旧费用30万元，生产相关专利使用权摊销费用20万元。若每种制造费用均按产品产量进行分配。下列各项中，正确的是（ ）。

A. 制造费用归集于液晶电视24万元

B. 生产机器折旧费用归集于液晶电视4万元

C. 生产厂房折旧费用归集于液晶电视18万元

D. 专利使用权摊销费用归集于液晶电视8万元

4. 产品生产费用包括（ ）。

A. 人工费用　　B. 间接费用　　C. 材料费用　　D. 成本费用

5. 在通货膨胀的市场环境下，发出存货采用先进先出法可能会引起（ ）。

A. 当期收益增加　　B. 当期收益减少

C. 所得税费用增加　　D. 销售成本增加

E. 销售成本减少

6. 以下各项中，属于加权平均法的特点的有（ ）。

A. 能够随时提供存货账面价值信息，有利于管理层控制

B. 采用该方法工作量较小

C. 由于只在月末进行一次计算，因此不能随时提供存货账面价值信息

D. 存货的账面价值更接近市价

7. 下列各项中，企业可以采用的发出存货成本计价方法有（ ）。

A. 先进先出法

B. 移动加权平均法

C. 个别计价法

D. 成本与可变现净值孰低法

E. 后进先出法

8. A公司5月1日甲材料结存300千克，单价2万元；5月6日发出100千克；5月10日购进200千克，单价2.20万元；5月15日发出200千克。企业采用移动加权平均法计算发出存货成本。下列各项中，正确的有（　　）。

A. 5月15日结存的原材料成本为420万元

B. 5月15日发出的原材料成本为440万元

C. 5月6日结存的原材料成本为400万元

D. 5月10日结存的原材料成本为820万元

9. 企业进行存货清查时，发现存货盘亏，首先记入“待处理财产损溢”账户，报经批准后根据不同的原因可分别转入（　　）账户。

A. “财务费用”　B. “管理费用”　C. “销售费用”　D. “营业外支出”

10. 完工产品与在产品之间划分成本的方法有（　　）。

A. 约当产量法　　　　B. 交互分配法

C. 计划成本分配法　　D. 定额比例法

E. 直接分配法

11. 在产品按年初数固定计算法适用于（　　）的产品。

A. 各月末在产品数量较小

B. 各月末在产品数量较大

C. 各月末在产品数量虽大，但各月之间变化不大

D. 各月末在产品数量较大且各月之间变化较大

12. 当存货出现下列（　　）情况时，应将存货部分账面价值转入资产减值损失之中。

A. 市价持续下跌，并且在可预见的未来无回升的希望

B. 已过期且无转让价值的存货

C. 由于市场需求发生变化，导致存货市场价格逐渐下跌

D. 生产中已不再需要，并且已无转让价值的存货

13. 企业确定存货的可变现净值时应考虑的因素包括（　　）。

A. 存货的成本　　　　B. 存货的市场价格

C. 存货销售所需费用　D. 合同约定的存货价格

14. 期末通过比较发现存货的成本低于可变现净值，则可能（　　）。

A. 按差额首次计提存货跌价准备

B. 按差额补提存货跌价准备

C. 冲减存货跌价准备

D. 不进行账务处理

15. 2018年8月大华公司与新华公司签订了一份不可撤销销售合同，合同约定大华公司2019年2月向新华公司销售A产品8台，每台售价65万元。2018年12月31日，大华公司库存A产品6台，账面价值为372万元，A产品的市场

销售价格为每台61万元。预计销售6台A产品需发生销售税费3万元。以下说法中，正确的有（　　）。

A. 大华公司2018年12月应计提存货跌价准备6万元

B. 大华公司2018年12月应计提存货跌价准备9万元

C. 大华公司无须计提存货跌价准备

D. 存在合同订单的存货，该部分存货考虑可变现净值时应采用合同金额而非市价

五、计算与会计处理题

1. 量家公司于2019年3月发生以下生产业务：

(1) 3月份共领用原材料电路主板2 000份，其中800份用于生产液晶电视，1 200份用于生产激光电视；领用原材料集成块1 500份，其中500份用于生产液晶电视，1 000份用于生产激光电视。原材料电路主板和集成块的单价分别为100元和120元。

(2) 3月份共结算生产工人工资30万元，用现金支付。经估算，工人用于生产液晶电视和用于生产激光电视的工时比例为2∶3。

(3) 3月份发生办公大楼折旧费用20万元，水电费用20万元；生产厂房折旧费用30万元，水电费用60万元；结算行政部门人员工资10万元。所有需支付的费用均用银行存款支付。量家公司的所有制造费用均按3∶2的比例分配到液晶电视和激光电视。

(4) 经估算，3月份共生产液晶电视产成品1 000台，产成品成本占总成本的3/4。请结转产成品成本。

要求：编制量家公司生产过程相关的会计分录，要列出相关计算过程。

2. A公司有关存货的收发情况如下：

(1) 9月28日购入1 000件，单价400元；

(2) 10月15日购入1 000件，单价420元；

(3) 11月8日购入2 000件，单价410元；

(4) 12月15日出售1 800件；

(5) 12月20日购入1 000件，单价400元；

(6) 12月31日，经盘点，库存存货3 200件。

要求：分别按照先进先出法、加权平均法、移动平均法计算出售存货和结存存货的成本。

3. 2019年11月1日，甲公司与乙公司签订销售合同，约定于2019年12月1日向乙公司销售某类机器1 000台，每台售价1.5万元（不含增值税）。2019年12月31日，甲公司库存该类机器1 300台，每台成本1.4万元。2019年资产负债表日，该机器市场价格为每台1.3万元（不含增值税），预计销售费用为每台0.07万元。

要求：计算2019年资产负债表日甲公司在资产负债表的“存货”项目中该机器应列示的金额并编制相应会计分录。

第 8 章

Chapter 8 销售与收款循环

学习目标

1. 了解企业销售与收款业务的内容
2. 掌握销售收入与销货成本的计算和会计处理方法
3. 掌握现金折扣与坏账准备的会计处理方法

制造企业经过生产过程制成可供销售的产品后，通过销售活动收回货款，获得的收入实现了产品价值。这一销售过程完成了资金的循环。销售与收款业务是企业利润和经营现金流入的主要来源，也是绝大部分企业特别是制造企业生产经营活动的基本业务。本章将重点介绍企业的销售与收款业务的会计处理。

企业向客户销售商品或劳务的过程中，往往不能即时收到现金收入，由此形成一项债权。该项债权称为应收账款，表示企业在销售过程中被客户占用的资金。在日常核算中，对于拖欠的应收账款以及无法收回的应收账款，如何进行会计处理？本章也将加以阐述。

8.1 销售与收款循环的业务过程

企业销售与收款循环是指企业对外销售商品或服务，并获得经济利益（主要是货币收入）的过程，其主要包括接受订单—审批订单—发送货物—收取货款等业务程序，涉及银行存款、应收账款、存货、主营业务收入、主营业务成本等多个会计科目，以及订货单、销货单、销售发票、发运单、应收账款对账单等多项会计凭证。了解销售与收款循环的业务，掌握相关的会计处理方法，是每一位会计从业者不可或缺的基本技能。

企业销售与收款业务涉及的主要业务过程、会计科目以及会计凭证如下：

（1）客户订货：客户向企业发出订货单，确认要求订购货物的名称、规格、数量、交货日期、付款方式等关键信息。此阶段企业不需要编制会计分录。

（2）审批订单：企业相关部门对订货单进行审批，确定是否接受订单。若同意接受订单，企业应该填写销货单，列示订单要求货物的关键信息，作为企业处理订单的依据。此阶段企业不需要编制会计分录。

（3）发运货物：企业将订单货物生产包装完毕后发运给客户，并填写发运凭证，作为货物已经发运的证明。若承运人是买方或者买方委托的第三方，说明卖方企业在开始发运货物的时点起，已经将此次业务的主要责任和风险转移，因此可以编制确认销售收入和成本的会计分录，并开具增值税发票。若承运人是卖方企业或卖方企业委托的第三方，说明卖方企业对此次业务的主要责任和风险尚未转移，因此不需要编制会计分录，也不需要开具增值税发票。但若货物发运过程跨越了两个会计周期（例如货物在 2018 年 12 月 30 日开始发送，2019 年 1 月 2 日到达买方，企业的会计周期期末为每年的 12 月 31 日），企业应该在会计周期期末（例如 2018 年 12 月 31 日），编制会计分录，记录在运但所有权仍属于卖方企业的存货。

（4）货物到达：若承运人是卖方企业或卖方企业委托的第三方，则企业应该在货物到达买方时编制确认业务收入和成本的会计分录，并开具增值税发票。若承运人是买方或者买方委托的第三方，则企业在此阶段不需要编制会计分录。

（5）应收款对账：现代社会中，企业之间的货物买卖交易较少以现金形式立即交付，大部分交易是以应收账款或应收票据的形式延期交付。因此，企业应该定期向尚未付款的客户发送应收账款对账单，核对应收款交付情况。当客户将应收账款或应收票据结清时，企业应编制相关会计分录。

（6）坏账准备：当企业有数量较多、还款周期较长的客户时，企业应该编制应收账款账龄分析表，记录每一笔应收款的数额和欠款时长。根据谨慎性原则，企业应该对预计无法收回的应收账款总额做一个估计，编制坏账准备的会计分录。

（7）坏账转销或转回：坏账准备是企业对无法收回的应收款的估计，但当某一笔应收款确定无法收回时，企业应该编制冲销坏账准备的会计分录。若这笔应收款后来又成功收回，企业应该编制坏账转回的会计分录。

8.2　销售与收款业务的核算

对于发生的销售业务，企业要确认销售收入，进行销售收入的核算，并同购货单位办理结算，收回货款及增值税销项税款。同时，企业还需支付销售费用，计算和缴纳相关的应交税费，计算和结转销售成本，最后确定销售损益。以上各项就构成了销售业务核算的主要内容。

8.2.1　销售收入和销售成本的确认原则

在企业现实的经济活动中，经济业务的发生和货币的收支时间不完全一致，企业在销售商品或提供劳务时存在赊销、预收商品货款等情况，应该以权责发生制作为收入与费用的确认依据。按照我国企业会计准则的规定，当卖方企业已经将此次交易的控制权转移给买方时，该笔销售收入才能被确认，此时企业应该分别编制会计分录，记录这笔业务的收入和成本，以及相应资产的变化。

值得强调的是，确认销售收入的时间点主要与企业交付货物的时间点有关，与企业接受订单的时间点、企业收到货款的时间点以及交付货物时是否收到买家支付的货款均无关。一般来说，若货物运送过程由买方或买方委托的第三方负责，则在货物交付给运送者时即可确认销售收入；若货物运输过程由卖方或卖方委托的第三方负责，则在货物交付给买方时才能确认销售收入。

企业在确认销售成本时应当遵循成本与收入的配比原则，一定会计期间所发生的费用支出，如果应该归属于当期产品的成本，则应计入当期的销售成本之中，当期确认的销售成本主要与当期为生产、销售产品而发生的实际费用支出有关，与企业是否预付或延期支付该费用无关。

8.2.2 销售与收款业务的账户设置与会计处理

（一）销售与收款业务的账户设置

销售与收款业务的会计处理涉及以下账户。

(1)“主营业务收入”账户，属于损益类账户，用来核算企业销售商品和提供劳务等所取得的主营业务收入。其贷方登记企业取得的销售收入等主营业务收入；借方登记销货退回、折让的发生额和在期末转入“本年利润”账户的收入数额；期末结转后本账户无余额。本账户应按主营业务的种类设置明细分类账户。

(2)“主营业务成本”账户，属于损益类账户，用来核算企业确认销售商品、提供劳务等主营业务收入时结转的成本。其借方登记已销售产品的生产成本；贷方登记期末结转到“本年利润”账户借方的成本数额；结转后本账户无余额。本账户应按主营业务的种类设置明细分类账户。

(3)“其他业务收入”账户，属于损益类账户，用来核算企业除主营业务以外的其他经营活动实现的收入，如材料销售、固定资产出租收入等。其贷方登记企业取得的其他收入数；借方登记期末转入“本年利润”账户的收入数；期末结转后本账户无余额。本账户应按其他业务的种类设置明细分类账户。

(4)“其他业务成本”账户，属于损益类账户，用来核算企业确认的除主营业务活动以外的其他经营活动所发生的支出，包括销售材料的成本、出租固定资产的折旧费、出租包装物的摊销额等。其借方登记发生的其他业务成本；贷方登记期末结转到“本年利润”账户借方的成本数额；结转后本账户无余额。本账户应按其他业务成本的种类设置明细分类账户。

(5)“销售费用”账户，属于损益类账户，用来核算企业销售商品和材料、提供劳务的过程中发生的各种费用，包括包装费、运输费、装卸费、广告费、展览费，以及为销售本企业商品而专设的销售机构的职工薪酬、折旧费等。其借方登记发生的各种销售费用；贷方登记期末转入“本年利润”账户的数额；结转后本账户无余额。本账户应按费用项目设置明细分类账户。

（6）“应交税费”账户，属于负债类账户，用来核算企业按照税法等规定计算应缴纳的各种税费，包括增值税、消费税、所得税、土地使用税和教育费附加等。其借方登记企业实际缴纳的各种税费；贷方登记企业计算的各种应交税费；期末余额可能在借方，也可能在贷方。如果在贷方，表示尚未缴纳的税费；如果在借方，表示多缴或尚未抵扣的税费。本账户应按各项税费的种类开设明细分类账户。

（7）“应收账款”账户，属于资产类账户，用来核算企业因销售产品或提供劳务而向购货单位或者接受劳务单位收取的款项（包括为购货单位代垫的运费）。其借方登记企业在销售过程中形成的应收款项；贷方登记收回的应收款项；期末借方余额表示尚未收回的应收款项。本账户按债务单位名称设置明细分类账户。

（8）“应收票据”账户，属于资产类账户，用来核算企业因销售产品或提供劳务而收到的商业汇票，包括商业承兑汇票和银行承兑汇票。其借方登记企业收到的商业汇票；贷方登记到期兑付的商业汇票；期末借方余额表示尚未到期的商业汇票。本账户按开出、承兑商业汇票的单位设置明细分类账户。

（9）“预收账款”账户，属于负债类账户，用来核算企业在销售产品时根据合同向购买单位预收的款项。其贷方登记企业预收的款项；借方登记发货后与购买单位结算的款项；期末一般有贷方余额，表示已预收尚未结算的款项。本账户按购货单位名称设置明细分类账户。需要说明的是，在企业预收账款不多的情况下，也可以不设置“预收账款”账户，而通过“应收账款”账户来核算企业预收账款的情况。

（二）销售与收款业务的会计处理

依据企业收到货款时间的不同，可以大致分为三种情况：（1）现销，即在货物销售时收到货款，转入银行存款；（2）赊销，即在货物销售后才收到货款，形成应收账款；（3）预先收款或收取定金，即在货物销售前收到全部或部分货款，形成预收账款。对于这三种不同情况，需要相应采取不同的会计处理。

1. 当场付款交易的账务处理

当场付款交易是指买方在得到货物所有权的同时向卖方支付货款，即“一手交钱，一手交货”。在这种情况下，企业同时确认销售收入和现金流入。

例 8－1

量家公司于 2019 年 6 月 1 日收到客户 A 公司订单，约定以 3 000 元（未计增值税）的单价购买液晶电视 2 000 台，增值税税率 13%。6 月 5 日订单审批通过。6 月 20 日货物开始发送给 A 公司，且承运人由 A 公司委托。7 月 5 日货物到达 A 公司。当货物所有权从量家公司转移到 A 公司时，A 公司即通过银行转账全部货款和增值税税款给量家公司。每台电视机的生产成本为 2 500 元。

量家公司相关的会计分录如下所示：

（1）6 月 1 日、6 月 5 日不需要编制会计分录。

(2) 6月20日，确认销售收入和销货成本：

借：银行存款　　6 780 000

　贷：主营业务收入　　6 000 000

　　　应交税费——应交增值税（销项税额）　　780 000

借：主营业务成本　　5 000 000

　贷：库存商品　　5 000 000

(3) 7月5日不需要编制会计分录。

2. 预先付款交易的账务处理

预先付款交易是指买方在得到货物所有权之前就向卖方支付货款。在这种情况下，企业在收到货款时不得确认收入，但需要借记“银行存款”账户，贷记“预收账款”账户，确认货币流入。达到确认收入的时间点时，企业再借记“预收账款”账户。

例8-2

量家公司于2019年6月1日收到客户A公司订单，约定以3 000元（未计增值税）的单价购买液晶电视2 000台，增值税税率13%。6月5日订单审批通过，当天A公司通过银行转账支付全部货款和增值税款。6月20日货物开始发送给A公司，且承运人由A公司委托。量家公司在发货前，有相同品质的库存电视机3 000台，其中第一批入库的1 500台电视机，单位生产成本为2 400元；第二批入库的1 500台电视机，单位生产成本为2 500元。量家公司采用先进先出法进行存货计价。7月5日货物到达A公司。

量家公司相关的会计分录如下所示：

(1) 6月5日，收到货款：

借：银行存款　　6 780 000

　贷：预收账款　　6 780 000

(2) 6月20日，确认销售收入：

借：预收账款　　6 780 000

　贷：主营业务收入　　6 000 000

　　　应交税费——应交增值税（销项税额）　　780 000

确认销货成本：量家公司售出的2 000台电视机中，有1 500台电视机的成本是2 400元，有500台电视机的成本是2 500元，总销货成本为1 500×2 400＋500×2 500＝4 850 000（元）＝485（万元）。

借：主营业务成本　　4 850 000

　贷：库存商品　　4 850 000

3. 延迟付款交易的账务处理

延迟付款交易是指买方在得到货物所有权时并不支付任何货币款项，之后再向卖方支付货款。在这种情况下，企业依旧在转移货物所有权时确认收入，但需要借记应收账款。当客户偿付欠款时，企业借记收到的货币资产，贷记应收账款。

例8-3

量家公司于2019年6月1日收到客户A公司订单，以3 000元（未计增值税）的单价购买液晶电视2 000台，增值税税率13%。6月5日订单审批通过。6月20日货物开始发送给A公司，且承运人由量家公司委托。量家公司在发货前，有相同品质的库存电视机3 000台，其中第一批入库的1 500台电视机，单位生产成本为2 400元；第二批入库的1 500台电视机，单位生产成本为2 500元。量家公司采用加权平均法进行存货计价。7月5日货物到达A公司。7月10日，A公司通过银行转账支付全部货款和增值税。

量家公司相关的会计分录如下所示：

(1) 7月5日，确认销售收入：

借：应收账款　　6 780 000

　贷：主营业务收入　　6 000 000

　　　应交税费——应交增值税（销项税额）　　780 000

确认销货成本。量家公司库存3 000台电视机的加权平均成本为2 450元/台，总销货成本为2 000×2 450=4 900 000（元）=490（万元）。

借：主营业务成本　　4 900 000

　贷：库存商品　　4 900 000

(2) 7月10日，收到货款：

借：银行存款　　6 780 000

　贷：应收账款　　6 780 000

无论买方是预先付款还是当场付款抑或是延迟付款，企业确认销货成本的时间点总是与企业确认销售收入的时间点相同，即企业将交易的主要责任和风险转移给买方的时间点。换句话说，企业总是同时编制确认收入的会计分录和确认成本的会计分录，不存在两笔分录在不同时间点编制的情况。

8.2.3 销售退回与销售折让

前面提到，当卖方的主要责任和风险转移给买方时（一般是货物所有权转移时），卖方即可确认销售收入。但此时卖方仅仅转移了主要而非全部的责任和风险，即某些情况下，卖方要为所有权已经转移的货物承担责任，并因此冲减已经确认的销售收入。这样的情况包括销售退回和销售折让。

销售退回是指买方在购买货物后，又将其中一部分或全部退回给卖方，并按原售价得到退款。当卖方企业发生销售退回时，一方面需要按退回货物的售价冲减销售收入和相关增值税，另一方面需要按货物的存货价值冲减销货成本。总的来说，就是分别做确认销售收入和销货成本时的相反的会计分录，最终产生与“一开始就没有出售该部分货物”相同的效果。

销售折让是指买方在接收货物的所有权后发现货物存在瑕疵，要求卖方给予一定补偿（但不退还货物），减少买方需要交付的款项。当卖方企业发生销售折让时，不需要冲减销货成本，因为售出货物的数量没有变化。卖方企业只需要按照折让数额，冲减销售收入和相关增值税，不需要冲减销货成本。总的来说，就是做确认销售收入时的相反的会计分录，最终产生与“一开始就以折让后的价格出售该批货物”相同的效果。

例 8-4

量家公司于 2019 年 6 月 1 日收到客户 A 公司订单，以 3 000 元（不含增值税）的单价购买液晶电视 2 000 台，该电视的单位生产成本为 2 500 元，增值税税率 13%。6 月 20 日货物开始发送给 A 公司，且承运人由 A 公司委托。6 月 30 日，A 公司以部分货物质量存在问题为由，向量家公司按原价退回 200 台液晶电视，并要求对剩余电视给予 5%的销售折让。当天量家公司同意了销售退回和折让，并在 7 月 5 日委托承运方开始退回货物的运送。

量家公司相关的会计分录如下所示：

(1) 6 月 20 日确认销售收入和销货成本：

借：应收账款　　6 780 000
　贷：主营业务收入　　6 000 000
　　　应交税费——应交增值税（销项税额）　　780 000
借：主营业务成本　　5 000 000
　贷：库存商品　　5 000 000

(2) 6 月 30 日，确认销售折让，数额为 3 000×(2 000－200)×(1＋13%)×5%＝305 100（元）＝30.51（万元）。

借：主营业务收入　　270 000
　　应交税费——应交增值税（销项税额）　　35 100
　贷：应收账款　　305 100

(3) 7 月 5 日，确认 200 台电视的销售退回：

借：主营业务收入　　600 000
　　应交税费——应交增值税（销项税额）　　78 000
　贷：应收账款　　678 000
借：库存商品　　500 000
　贷：主营业务成本　　500 000

总的来说，量家公司相当于一开始就以 2 850 元（3 000×(1－5%)）的单价，出售了 1 800 台（2 000－200）液晶电视。

8.3 应收账款与坏账核算

8.3.1 应收账款的确认

在现代社会中，企业之间的货物交易较少采用当场付款或预先付款的形式，多数情况下都是先收货后付钱的延迟付款形式，因此企业的销售业务往往涉及企业的应收账款或应收票据的会计处理。应收账款是伴随企业销售行为产生的一种债权资产，因此确认应收账款的时间点一般与确认销售收入的时间点相同，与企业何时接受订单或收到货款无关。

例 8－3 中列示了销售业务中应收账款的最基础情况，即买方在之后按时全额偿付了欠款。但在实际中，关于应收账款的后续会计处理，还有一些复杂情况需要掌握。

8.3.2 现金折扣

商业折扣就是大家所熟悉的“打折”，指销售方针对商品价目单中明示的价格给予的减价优惠。会计环节所处理的实际结算金额本身已经是扣除商业折扣后的实际成交价款。因此，会计上不需要专门对商业折扣进行账务处理。商业折扣只是销售环节的一种促销策略，可以简单视作售价的降低，而与会计处理环节无关，在确认销售收入时直接以降价后的售价记录销售收入和销项增值税额。

现金折扣是指在赊销方式的交易中销售方为鼓励采购方在约定期限内尽早付款而提供的付款优惠，严格地说就是“提前付款折扣”。当卖方存在应收账款时，为了鼓励买方尽早偿付欠款，会预先设置现金折扣的付款条件。若买方能够提早偿付欠款，可以得到一定比例的现金折扣作为回报。这个回报值一般远高于欠款在相同期限可以得到的银行利息，因此对有偿付能力的买方来说比较有吸引力。

现金折扣的条件有一个公认的表达方式“折扣/期限”，其中折扣以%为单位，期限以天为单位。比如“2/10，1/20，n/30”的现金折扣，表示买方在 10 天以内付清货款可以得到 2%货款的现金优惠，在 10～20 天内付清货款可以得到 1%货款的现金优惠，在 20～30 天内付清货款无现金优惠，30 天是约定的最晚付款期限。现金折扣一般以货款原价为主体计算，不包含增值税税款。

根据我国企业会计准则（2017 年版）的规定，销售合同中存在可变对价的，企业应当按照期望值或最可能发生金额确定可变对价的最佳估计数。由于采购方还款日期存在不确定性，企业应将现金折扣归属于销售合同中存在的可变对价，根据期望值或最可能发生金额确定现金折扣的最佳估计数。因此，采取何种方法对现金折扣进行会计处理取决于企业对于可变对价最佳估计数的判断。

如果企业根据客户以往交易习惯，认为客户极有可能在折扣期内偿还欠款，企业以最高现金折扣后的货款额确认销售收入和增值税款，若客户未取得最高现金折扣，则调增销售收入；否则，企业以最高现金折扣前的货款额确认销售收入和增值税款，若客户取得现金折扣，则冲减销售收入。此外，在发生交易后欠款未偿还前的每一个资产负债表日，企业应当重新估计应计入交易金额的现金折扣最佳估计数，并对现金折扣的账面价值做出调整。

例 8－5

量家公司于 2019 年 6 月 1 日收到客户订单，约定以 3 000 元（不含增值税）

的单价购买液晶电视 2 000 台，该电视的单位生产成本为 2 500 元，增值税税率 13%。6 月 20 日货物开始发送给客户，且承运人由客户委托，双方约定付款的现金折扣为“5/10，3/20，n/30”，现金折扣不包含增值税款。根据以往交易习惯，该客户极有可能在 10 天内偿还欠款。

量家公司相关的会计分录如下所示：

6 月 20 日，量家公司确认销售收入和销货成本：

借：应收账款	6 480 000	
贷：主营业务收入		5 700 000
应交税费——应交增值税（销项税额）		780 000
借：主营业务成本	5 000 000	
贷：库存商品		5 000 000

（1）若买方在 6 月 25 日转账清偿欠款，得到 5%现金折扣。

借：银行存款	6 480 000	
贷：应收账款		6 480 000

（2）若买方在 7 月 5 日转账清偿欠款，得到 3%现金折扣。

6 月 30 日，量家公司首先应当对交易价格的可变现对价进行重新估计：

借：应收账款（600×2%）	120 000	
贷：主营业务收入		120 000

7 月 5 日，收到货款时：

借：银行存款	6 600 000	
贷：应收账款		6 600 000

（3）若买方在 7 月 15 日转账清偿欠款，无现金折扣。

借：银行存款	6 780 000	
贷：应收账款		6 600 000
主营业务收入		180 000

2017 年企业会计准则更改前，对于现金折扣，会计上一般有两种方法可供选择：一种是总价法，另一种是净价法。总价法的思想是买方应该无法获得任何现金折扣，因此以现金折扣前的货款额确认销售收入和应收账款，若买方成功获得现金折扣，则借记“财务费用”账户记录收到货币与应收账款的差值。净价法的思想是买方应该获得最高现金折扣，因此以最高现金折扣后的货款额确认销售收入和增值税款，若买方未能获得最高现金折扣，则贷记“财务费用”账户记录收到货币与应收账款的差值。

虽然现金折扣的后续会计处理并不影响企业的销售收入，但现金折扣的会计处理使用总价法还是净价法，在确认销售收入时会影响企业的销售收入。另外，使用净价法时，增值税款额仍按无现金折扣时的销售收入计算，并以此开具增值税专用发票，因此净价法存在销售收入的会计记录与增值税发票上记录不对应的问题。因此，我国企业会计准则（2006 年版）要求采用总价法核算现金折扣。

8.3.3 坏账准备的计提与处理

(一) 坏账准备的计提

企业的应收账款代表企业在未来可以从欠款企业收取货币资金的权利，但这种权利仅仅源于欠款企业的一种承诺，并不一定能实现。比如当欠款企业财务状况恶化，甚至破产清算，无法清偿债权人企业的应收账款时，债权人企业的权利就受到了损害，即发生了应收账款坏账。应收账款坏账是大部分企业都无法避免的一种经营情况，会计上必须对这种情况有恰当的处理。

应收账款坏账有两种确认方法。第一种是直接冲销法，即当企业一笔应收账款确定无法收回时（比如欠款企业破产清算、欠款人失踪等），直接将对应的应收账款冲销，借记“信用减值损失”账户，贷记“应收账款”账户。信用减值损失是利润表科目，其借方余额代表股东权益的减少，即企业应收账款的坏账导致了股东权益的损失。直接冲销法比较直观，有一笔确定的坏账就冲销一笔，没确定的就不做处理，不需要企业自身的判断。但这种方法不符合会计的稳健性原则，一般不采用。稳健性原则要求企业对自身可能会发生的损失和费用要有所估计，并在确定发生之前就进行确认。直接冲销法只有在坏账确定发生时才进行确认，容易错估企业的财务情况。

第二种应收账款坏账的确认方法是备抵法，即企业根据以往的经验，对所有现存应收账款做一个估计，计算出现存应收账款的坏账总额应该是多少。根据估计的现存坏账总额，借记“信用减值损失”账户，贷记“坏账准备”账户。“坏账准备”是应收账款的备抵账户，属于资产类账户，但一般是贷方余额（普通资产类科目是借方余额）。企业在列示资产负债表的科目时，应收账款的数额应该为应收账款原值减去坏账准备的数额，代表现存应收账款中企业估计能收回的数额。备抵法是目前企业普遍采用的坏账确认方法。

企业对应收账款的坏账数额有不同的估计方法，但都是基于企业自身经验和对客户信用等级的判断。比如企业应收账款数量较少、单笔数额较大的，应该逐笔单独进行减值测试。若企业应收账款数量较多且账龄差异较大，应该采用账龄分析法，即针对不同账龄的应收账款计提不同比例的坏账准备。账龄是指应收账款从发生到现今的时间长度，一般认为账龄越长的应收账款，收回的比例越低，坏账的比例越高。

例 8-6

量家公司在 2019 年 1 月 1 日的坏账准备贷方余额为 10 000 万元。2019 年 12 月 31 日，量家公司的应收账款总额为 100 000 万元，其中账龄 1 年以内的应收账款总额 50 000 万元，计提坏账比例 5%；账龄 1～2 年的应收账款总额 30 000 万元，计提坏账比例 10%；账龄 2～3 年的应收账款总额 10 000 万元，计提坏账比例 20%；账龄 3 年以上的应收账款总额 10 000 万元，计提坏账准备 100%。

量家公司在 2019 年 12 月 31 日估计的坏账准备总额为：

50 000×5%+30 000×10%+10 000×20%+10 000×100%=17 500(万元)

表 8-1　量家公司应收账款账龄分析表

账龄	应收账款余额（万元）	估计坏账百分比（%）	估计坏账准备（万元）
1 年以内	50 000	5	2 500
1～2 年	30 000	10	3 000
2～3 年	10 000	20	2 000
3 年以上	10 000	100	10 000
合计	100 000		17 500

因为坏账准备的期初余额为 10 000 万元，因此 2019 年 12 月 31 日的会计分录为：

借：信用减值损失　　75 000 000

　贷：坏账准备　　75 000 000

2019 年 12 月 31 日，量家公司资产负债表中列示的应收账款数值应为：

100 000－17 500＝82 500(万元)

值得强调的是，坏账准备是资产负债表科目，因此其期末值总是等于企业估计的坏账总额。而信用减值损失是利润表科目，其当期发生值取决于企业估计的坏账总额的期初值和期末值。

（二）坏账准备的转销与转回

企业的坏账准备科目是对收不回的应收账款数额的估计，但并非确定企业当期不能收回的坏账数额。在备抵法下，若一笔应收账款确定收不回时，应该对坏账进行转销，会计处理上是借记“坏账准备”账户，贷记“应收账款”账户。此时没有确认信用减值损失，因为信用减值损失在贷记坏账准备时已经提前确认。换句话说，在备抵法下，转销坏账并不导致股东权益的减少，这是备抵法比直接冲销法更符合稳健性原则的原因。

企业对坏账进行转销，不代表已经放弃对应收账款的索偿权，仅仅是根据欠款方的财务状况做出的一种判断。转销的坏账最终得到清偿的可能性依然存在，因此也有必要掌握相应的会计处理方法。若已经转销的坏账得到偿还，企业要分两步编制会计分录。第一步借记“应收账款”账户，贷记“坏账准备”账户，相当于转销坏账的相反分录，将坏账转回。第二步借记“银行存款”账户（假设欠款方以银行存款清偿债务），贷记“应收账款”账户，相当于欠款人正常清偿欠款。值得强调的是，转销的坏账转回前后，企业既不确认利得，也不抵减信用减值损失，企业的股东权益不发生变化。但已转销的坏账转回后，企业的坏账准备贷方余额有所增加，下一期确认的信用减值损失会有所减少，已转销的坏账获得清偿体现的经济利益流入会在那时体现。

例 8-7

量家公司在 2019 年 1 月 1 日有对 A 公司的应收账款 200 万元，对应账龄的坏账计提比例为 20%。2019 年 6 月 1 日，A 公司经营情况恶化，面临破产，因此量家公司在 6 月 30 日的半年报中转销了 A 公司的全部欠款。8 月 1 日，A 公司获得注资，恢复正常经营，并清偿了对量家公司的全部欠款。

（1）6 月 30 日，量家公司转销对 A 公司的应收账款 200 万元。

借：坏账准备	2 000 000	
贷：应收账款		2 000 000

（2）8 月 1 日，A 公司清偿了全部欠款，量家公司应将转销的坏账转回。

借：应收账款	2 000 000	
贷：坏账准备		2 000 000

坏账转回后，按正常收回应收账款进行会计处理。

借：银行存款	2 000 000	
贷：应收账款		2 000 000

思考题

1. 企业销售与收款循环涉及哪些业务过程、会计科目及会计凭证？

2. 请结合企业实际，谈谈主营业务收入与其他业务收入会计科目的差别，并简要说明该科目包含哪些内容。

3. 若在交易中存在商品实物流转与现金流转时间点不同的情况，企业应在什么时点确认销售收入？

4. 企业能否在不同时点确认销售收入和销货成本？

5. 简述销售退回和销售折让之间有何区别。

6. 简述现金折扣和商业折扣在含义与会计处理上有何区别。

7. 根据 2017 年版企业会计准则，企业应当如何对现金折扣进行确认和计量？

8. 企业确认坏账时为什么不应采用直接冲销法？

9. 在备抵法下，企业如何确定坏账准备的计提金额？

10. 坏账冲销和转回是否会影响企业股东权益？

练习题

一、名词解释

销售费用	主营业务收入	主营业务成本
销售退回	销售折让	现金折扣
商业折扣	可变对价	坏账准备
备抵法	账龄分析法	

二、判断题

1. 销售与收款业务中，客户订货、发运货物与应收款对账环节均需编制会计分录。 （ ）

2. 企业出售原材料取得的款项应计入营业外收入。 （ ）

3. 企业已完成销售手续但购买方在月末尚未提取的商品，不应确认收入的实现。 （ ）

4. 由购买方承担货物运送的订单，企业应在发出商品时确认收入。 （ ）

5. 在采用收取手续费的代销方式下，委托方应在收到代销清单时确认收入。 （ ）

6. 企业采用委托代销的方式销售商品，应在发出商品时结转成本，并在收到代销清单时确认收入。 （ ）

7. 企业在确认商品销售收入后发生的销售折让，应在实际发生时计入财务费用。 （ ）

8. 企业在确认商品销售收入后发生销售折让，收入递减金额应为除销售退回外商品数量×销售单价×折让比例。 （ ）

9. 若企业销售商品存在商业折扣，销售企业计算增值税销项税额应当按照未扣除商业折扣前的金额计算。 （ ）

10. 根据2017年版企业会计准则，若企业销售商品存在现金折扣，应以商品单价×销售数量作为销售收入的入账价值。若购买方在折扣期内付款，应将折扣金额记为财务费用处理。 （ ）

11. “1/20，n/30”代表若购买方在30天内付款，该项订单可以享受1/20的折扣。 （ ）

12. 企业采用应收账款余额百分比法计提坏账准备的，期末“坏账准备”账户余额应等于按应收账款余额的一定百分比计算的坏账准备金额。 （ ）

13. 企业实际发生坏账损失时，应借记“应收账款”账户，贷记“坏账准备”账户。 （ ）

14. 企业在列示资产负债表的科目时，应收账款的数额应该为应收账款原值减去坏账准备的数额。 （ ）

15. 若期中已转销的坏账准备得以偿还，应分为两步处理。第一步借记“应收账款”账户，贷记“坏账准备”账户。第二步借记“坏账准备”账户，贷记“信用减值损失”账户。 （ ）

三、单项选择题

1. 下列各项中，不属于企业销售与收款循环的是（ ）。

A. 客户订货　B. 订单审批　C. 组织生产　D. 发送货物

2. 企业为鼓励买方提早付款而设置现金折扣，支付的现金折扣数额应记入的账户是（ ）。

A. “主营业务收入”　B. “主营业务成本”

C. “销售费用”　D. “财务费用”

3. 关于销售收入的确认，下列说法正确的是（ ）。

A. 在货物开始发送时确认销售收入

B. 在货物到达买家时确认销售收入

C. 在卖家的主要责任和风险转移到买家时确认销售收入

D. 在收到全部货款时确认销售收入

4. 下列各项中，关于收入确认表述正确的是（　　）。

A. 采用预收货款方式销售商品，应在收到货款时确认收入

B. 采用分期收款方式销售商品，应在货款全部收回时确认收入

C. 采用交款提货方式销售商品，应在开出发票收到货款时确认收入

D. 采用委托第三方代销方式销售商品，应在发出商品时确认收入

5. 下列因素中，会影响企业确认的销货成本的是（　　）。

A. 售出货物的售价　　B. 售出货物的数量

C. 售出货物的收款时间　　D. 现金折扣

6. A 公司本年度委托 B 商店代销一批零配件，代销价款 300 万元。本年度收到 B 商店交来的代销清单，代销清单列明已销售代销零配件的 80%。B 商店按代销价款的 5%收取手续费。该批零配件的实际成本为 180 万元。则 A 公司本年度应确认的销售收入为（　　）万元。

A. 180　　B. 228　　C. 240　　D. 300

7. 量家公司在 6 月 1 日接受订单并收到预付货款 100 万元，6 月 10 日货物全部交付给买方。则下列说法正确的是（　　）。

A. 6 月 1 日确认销售收入 100 万元

B. 6 月 1 日不编制任何会计分录

C. 6 月 10 日确认销售收入 100 万元

D. 6 月 10 日不编制任何会计分录

8. 企业 2018 年 1 月售出的产品 2018 年 3 月被退回时，其冲减的销售收入应在退回当期冲减的借方科目是（　　）。

A. “营业外收入”　　B. “营业外支出”

C. “利润分配”　　D. “主营业务收入”

9. 某企业某月销售商品发生商业折扣 20 万元、现金折扣 15 万元、销售折让 25 万元。该企业上述业务计入当月财务费用的金额为（　　）万元。

A. 0　　B. 15　　C. 20　　D. 35

10. 量家公司向 A 公司出售液晶电视机，货款总额 1 000 万元，增值税税率 13%。货物在 6 月 20 日交付，约定的现金折扣条件为“10/10，n/20”。A 公司在 6 月 25 日支付全部款项，其获得的现金折扣额为（　　）万元。

A. 13　　B. 100　　C. 113　　D. 130

11. 某企业 2018 年 1 月 11 日销售商品 5 000 件，每件售价 60 元，增值税税率为 13%；企业为购货方提供的商业折扣为 10%，提供的现金折扣条件为“3/10，n/30”，并代垫运杂费 500 元。根据企业以往销售经验，购货方极有可能在 30 天后支付货款。若购货方在 1 月 20 日提前付款，该企业在 1 月 11 日应确认的收入金额为（　　）元。

A. 270 000　　B. 270 500　　C. 300 000　　D. 339 000

12. 关于直接冲销法和备抵法，下列说法正确的是（　　）。

A. 直接冲销法更符合稳健性原则　　B. 备抵法更符合稳健性原则

C. 直接冲销法不确认信用减值损失　　D. 备抵法不确认坏账准备

13. 甲公司对应收A公司的账款进行减值测试。2017年末应收账款余额为1 000 000元，已提坏账准备40 000元，甲公司根据A公司的资信情况确定按应收账款期末余额的10%提取坏账准备。则甲公司2017年末应计提的坏账准备是（　　）元。

A. 40 000　　B. 60 000　　C. 100 000　　D. 140 000

14. 2019年1月1日，量家公司的坏账准备贷方余额为1 000万元。2019年12月31日，量家公司还有账龄1年以内的应收账款20 000万元，计提坏账比例5%；账龄1～2年的应收账款10 000万元，计提坏账比例10%。不考虑其他因素，量家公司在2019年12月31日应确认信用减值损失的金额为（　　）万元。

A. 0　　B. 1 000　　C. 2 000　　D. 3 000

15. 企业应按期计提坏账准备，对于已确认的坏账损失，应借记（　　）账户。

A. "管理费用"　　B. "财务费用"

C. "坏账准备"　　D. "信用减值损失"

四、多项选择题

1. 下列企业销售与收款循环的相关程序中，可能需要编制会计分录的有（　　）。

A. 接受订单　　B. 收到预付款

C. 发送货物　　D. 收到应收账款

2. 量家公司于2019年6月1日向A公司交付货物并在当天收到A公司转账支付的全部货款。则量家公司当天确认的会计科目包括（　　）。

A. "主营业务收入"　　B. "银行存款"

C. "主营业务成本"　　D. "库存商品"

3. 下列各项中，工业企业应确认为其他业务收入的有（　　）。

A. 对外销售材料收入　　B. 出售无形资产

C. 处置固定资产净收益　　D. 转让无形资产使用权

4. 甲企业销售自己生产的商品，可能涉及的会计科目有（　　）。

A. "应收账款"

B. "主营业务收入"

C. "应交税费——应交增值税（进项税额）"

D. "主营业务成本"

5. 下列项目中不应确认为销售收入的有（　　）。

A. 销售商品收取的增值税

B. 接受委托代销商品取得的款项

C. 旅行社代客户购买景点门票收取的款项

D. 销售商品代垫的运杂费

6. 下列情况中，会影响当期卖方企业的销售收入的有（　　）。

A. 销售折让　　B. 现金折扣

C. 销售退回　　D. 应收账款信用减值损失

7. 量家公司向 A 公司出售电视机 500 万台，单价 1 500 元（不含增值税），单位成本 1 000 元，增值税税率 13%。货物所有权转移后，A 公司要求销售退回 100 万台，对于剩余货物要求销售折让 50 000 万元。若量家公司同意 A 公司要求，则下列说法正确的是（　　）。

A. 此次交易确认销售收入 600 000 万元

B. 此次交易确认销售收入 550 000 万元

C. 此次交易确认销货成本 400 000 万元

D. 此次交易确认销货成本 450 000 万元

8. 关于企业销售时的现金折扣，下列说法正确的有（　　）。

A. 现金折扣的实现会影响卖方企业的销售收入

B. 现金折扣的实现会影响卖方企业的销货成本

C. 现金折扣的实现会影响卖方企业的股东权益

D. 现金折扣的实现会影响卖方企业的货币资金

9. 下列关于商业折扣、现金折扣说法正确的有（　　）。

A. 企业销售商品涉及商业折扣的，应当按照扣除商业折扣后的金额确定销售商品收入金额

B. 企业销售商品涉及商业折扣的，应当按照折扣前的价格确认销售收入，差额冲减财务费用

C. 企业销售商品涉及现金折扣的，若债务人极有可能在折扣期后付款，债权人应当按照扣除现金折扣前的金额确认销售商品收入金额

D. 企业销售商品涉及现金折扣的，若债务人极有可能在折扣期内付款，债权人应当按照扣除现金折扣前的金额确认销售商品收入金额

10. 量家公司于 2019 年 6 月 1 日销售一批商品，商品的单价为 50 元，共销售 300 件，增值税税率为 13%。为及早收回货款，量家公司与购货方约定的现金折扣条件为“2/10，1/20，n/30”。根据公司销售经验，购货公司极有可能在 10 天内付款。下列说法正确的有（　　）。

A. 6 月 1 日，量家公司确认主营业务收入 13 500 元

B. 6 月 1 日，量家公司确认主营业务收入 15 000 元

C. 若购货方 6 月 15 日付款，在 6 月 15 日当天，量家公司冲减财务费用 150 元

D. 若购货方 6 月 15 日付款，在 6 月 15 日当天，量家公司调增主营业务收入 150 元

11. 销售折扣与现金折扣的主要区别有（　　）。

A. 销售折扣发生在买卖环节，目的是促进销售

B. 销售折扣做账务处理

C. 现金折扣发生在收款环节，目的是鼓励采购方尽早付款

D. 现金折扣不做账务处理

12. 企业采用备抵法核算坏账准备，估计坏账损失的方法有（　　）。

A. 应收账款余额百分比法　　B. 账龄分析法

C. 年数总和法　　D. 双倍余额递减法

13. 下列各项中，构成应收账款入账价值的有（　　）。

A. 增值税销项税额　　B. 商业折扣

C. 代购货方垫付的费用　　D. 销售货款

14. 下列各项中，应记入“坏账准备”账户贷方的有（　　）。

A. 按规定提取的坏账准备

B. 当期发生的坏账损失

C. 收回已确认为坏账并转销的应收账款

D. 冲回多提的坏账准备

E. 补提的坏账准备

15. 2019 年 1 月 1 日，量家公司的坏账准备贷方余额为 1 000 万元。2019 年 12 月 31 日，量家公司应收账款余额 20 000 万元，计提坏账比例 5%。不考虑其他因素，下列说法正确的有（　　）。

A. 当期计提信用减值损失 1 000 万元

B. 当期不计提信用减值损失

C. 期末坏账准备贷方余额为 1 000 万元

D. 期末坏账准备贷方余额为 0

五、计算与会计处理题

1. 量家公司 2019 年发生下列业务：

(1) 2019 年 5 月 15 日接受 A 公司的订单，订单包含液晶电视机 2 000 万台，每台售价 1 300 元（不含增值税），增值税税率为 13%。当天收到 A 公司转账支付的 1 000 000 万元预付货款（不含增值税款）。

(2) 2019 年 6 月 20 日，量家公司开始发送订单的全部货物。货物的平均生产成本为 1 200 元。货物承运人由卖家委托。

(3) 2019 年 6 月 25 日，货物到达 A 公司。量家公司针对尚未支付的货款，设定的现金折扣条件为“3/10，1/20，n/30”，根据以往销售经验，A 公司极有可能在 30 天后付款。

(4) 2019 年 7 月 10 日，A 公司转账支付了剩余全部货款和增值税款。

要求：按日期编制量家公司相关的会计分录，要列出相关计算过程。

2. 量家公司为增值税一般纳税人（增值税税率为 13%），2019 年 4 月 1 日销售 A 商品 5 000 件，每件商品的标价为 20 元（不含增值税），每件商品的实际成本为 12 元；由于是成批销售，量家公司给予购货方 10% 的商业折扣，并在销售合同中规定现金折扣条件为“2/10，1/20，n/30”；根据以往销售经验，购货公司极有可能在 10 天内付款。A 商品于 4 月 1 日发出，购货方于 4 月 9 日付款。假定计算现金折扣时不考虑增值税。

要求：按日期编制量家公司相关的会计分录，要列出相关计算过程。

3. 量家公司的坏账估计政策为：1 年以内，计提比例 5%；1～2 年，计提比例 10%；2～3 年，计提比例 20%；3 年以上，计提比例 100%。假设量家公司在 2018 年 1 月 1 日的坏账准备贷方余额为 1 000 万元。在 2018 年 12 月 31 日，量家公司仍有账龄 1 年以内应收账款 1 000 万元，1～2 年应收账款 1 000 万元，2～3 年应收账款 1 000 万元，3 年以上应收账款 1 000 万元。2019 年 1 月 1 日至 2019 年 12 月 31 日期间，量家公司没有增加、转销、转回任何应收账款，之前的应收账款也没有偿还。

要求：分别计算量家公司在 2018 年底和 2019 年底的"应收账款——坏账准备"额，并编制坏账准备相关会计分录。

4. 量家公司 2017 年末应收账款余额为 6 000 万元；2018 年发生坏账损失 80 万元；2018 年末应收账款余额为 6 500 万元；2019 年，上年已冲销应收账款中收回 80 万元，2019 年末应收账款余额为 7 000 万元。假设公司以 10% 的比例计提坏账，请编制量家公司 2017—2019 年度相关会计分录。

5. 量家公司 2019 年发生下列业务：

(1) 2019 年 5 月 15 日接受 A 公司的订单，订单包含液晶电视机 1 500 万台，每台售价 1 500 元（不含增值税），增值税税率为 13%。

(2) 2019 年 6 月 20 日，量家公司开始发送订单的全部货物，货物承运人由买家委托。量家公司在发货前，共有相同品质的库存电视机 3 000 万台，其中第一批入库的 1 000 万台电视机，单位生产成本为 1 000 元；第二批入库的 2 000 万台电视机，单位生产成本为 1 300 元。量家公司对于存货采用加权平均法进行计价。

(3) 2019 年 6 月 25 日，货物到达 A 公司。A 公司对货物进行验收后，退回了其中 100 万台电视机，并对剩余货物要求货款总额的 3% 的销售折让。当天量家公司同意了 A 公司的要求，并委托承运方开始运回退货。

(4) 2019 年 7 月 10 日，A 公司尚未支付电视机的欠款。量家公司发现 A 公司已经濒临破产，因此对这笔应收账款进行转销。量家公司对应收账款的坏账采用备抵法的确认方法。

(5) 2019 年 10 月 1 日，量家公司收到 A 公司转账支付的全部欠款。

要求：按日期编制量家公司相关的会计分录，要列出相关计算过程。

第9章 Chapter 9 对外投资与金融资产

学习目标

1. 掌握企业对外投资划分的类型
2. 掌握交易性金融资产的会计核算
3. 了解以公允价值计量且其变动计入其他综合收益的金融资产
4. 了解长期股权投资的类型和核算
5. 掌握以摊余成本计量的债权投资的会计核算

企业进行对外投资，有利于提高资金的使用效率、分散风险、加强企业间联合、实现对其他企业的控制或影响。企业以追求利润最大化为目标，对外投资所获得的投资收益同样也是企业总收益的组成部分。企业广义的投资可以分为两类：一类是对内投资，如固定资产投资、存货投资等；另一类则是对外投资，如股权投资、债权投资、投资性房地产等。按对外投资形成的企业拥有权益的不同，可以分为股权投资和债权投资。本章将简要介绍这两种投资方式的具体分类和会计核算。

9.1 企业对外投资概述

企业对外投资是指企业在其主营业务以外，以现金、实物、无形资产等方式或以购买股票、债券等有价证券的方式向其他企业进行投资，预期在未来获得投资收益的经济行为。对外投资的主要载体是证券，以权益性质为标准，可以分为权益证券（股票）和债券证券。

债券与股票最大的区别体现在风险上，债券到期可收回本金，并且每期的收益是固定的；而股票的收益随着被投资企业盈利情况而定，并且投资一般只可在市场上转让，而不能从被投资企业直接收回。

企业通过购买股票等方式对外进行股权投资，被投资企业获得资本金，投资企业获得对被投资企业的股权。企业通过购买债券等方式对外进行债权投资，被投资企业形成负债，投资企业拥有对被投资企业的债权。

9.2　金融资产的概念与分类

金融资产是指企业所拥有的以价值形态存在的资产，是一切可以在有组织的金融市场上进行交易、具有现实价格和未来估价的金融工具的总称。金融资产通常指企业的下列资产：库存现金、银行存款、应收账款、应收票据、贷款、股权投资、债权投资和衍生金融工具等。按照持有期限不同，可划分为短期金融资产和长期金融资产。短期金融资产是能够随时变现且持有时间不准备超过一年的投资所形成的金融资产，企业短期投资的主要目的是对企业闲置资金的有效利用，企业选择公开市场交易的股票、债券作为投资对象，既可以获得一定的收益，又可随时抛售变现，满足企业对流动资金的需求，比如“交易性金融资产”；长期金融资产是由除短期投资之外形成的所有金融资产，可分成长期债权投资和长期股权投资两大类，取得投资收益不是其主要目的，企业往往是为了影响或控制被投资企业、扩展自身的经营领域或者积累资金以供特定用途之需。

金融资产可分为现金与现金等价物和其他金融资产两类。前者是指企业拥有的以现金形式或高流动性资产形式存在的资产，其中高流动性资产主要是指各类银行存款、货币市场基金等。其他金融资产是指企业由于投资行为而形成的资产，如各类股票和债券等。本章的重点是企业的对外投资行为，因此内容围绕企业不同投资方式下的会计核算。

货币资金的核算

货币资金是企业资金周转过程中以货币形式表现的那一部分流动资产。在企业中，货币资金是由出纳员负责核算和管理的。出纳员需严格货币资金的收入和付出，做好货币资金的核算和管理工作。根据银行现金管理制度和结算制度的规定，企业需要在银行或其他金融机构开立存款户，办理存款、取款和转账结算业务。

对于通过现金收付和银行收付的业务，企业分别设置“库存现金”和“银行存款”账户对现金和银行存款的收入、付出和结存情况进行序时和总分类核算。“库存现金”和“银行存款”账户的借方登记收入数，贷方登记付出数，结存数在借方，表示现金和银行存款的库存数额。企业对其他货币资金的核算，通过设置“其他货币资金”账户进行。企业其他货币资金的增加，记入借方；其他货币资金的减少，记入贷方；账户余额在借方。企业要按其他货币资金的种类设置明细账，对每种其他货币资金进行明细核算。

9.3 股权投资

企业对外进行股票投资形成的股权，按照业务模式和金融资产合同现金流量特征，可进一步分为以公允价值计量且其变动计入当期损益的金融资产、以公允价值计量且其变动计入其他综合收益的金融资产和长期股权投资。划分为以公允价值计量且其变动计入当期损益的股票，是指企业为了短期内出售以赚取买卖差价而购买的其他企业的股票，企业设置“交易性金融资产”账户进行核算；划分为长期股权投资的股票，是指企业基于长远利益考虑，持有的对其子公司、合营企业及联营企业等被投资单位具有控制、共同控制或重大影响的权益性投资，企业设置“长期股权投资”进行核算；划分为以公允价值计量且其变动计入其他综合收益的金融资产，是除上述各类资产以外的股票，企业设置“其他权益工具投资”账户进行核算。股权投资的分类与披露如表 9-1 所示。

表 9-1 股权投资的分类、计量与披露

分类	分类标准	列示
交易性金融资产	业务模式：近期出售金融资产	流动资产
其他权益工具投资	业务模式：收取合同现金流量+出售金融资产	非流动资产
长期股权投资	控制或重大影响被投资单位	非流动资产

9.3.1 交易性金融资产的核算

交易性金融资产投资的目的主要是在近期内出售以赚取差价。交易性金融资产属于以公允价值计量且其变动计入当期损益的金融资产，应通过“交易性金融资产”账户核算。初始取得时，应按其公允价值计量，相关交易费用直接计入当期损益；资产负债表日，以公允价值计量，当期的价值变动计入当期损益；处置时，所收款项与处置部分的账面价值（成本±公允价值变动）的差额计入投资收益。

1. 交易性金融资产取得的会计处理

企业购买股票、债券、基金等取得交易性金融资产时，按其公允价值，记入“交易性金融资产——××类别——成本”账户，发生的交易费用记入“投资收益”账户；若含有已宣告但尚未发放的现金股利或已到付息期但尚未领取的利息，记入“应收股利”或“应收利息”账户。

例 9-1

量家公司于 2019 年 3 月 12 日购入东方公司股票 100 万股，意在短期内出售。购入日，东方公司股票每股 9.1 元，包含已宣告但尚未发放的现金股利 0.1 元。量家公司共支付现金 912 万元，其中交易费用 2 万元。

量家公司应编制如下会计分录：

借：交易性金融资产——股票投资——成本　　9 000 000
　　应收股利　　100 000
　　投资收益　　20 000
　贷：银行存款　　9 120 000

2. 交易性金融资产持有期间的会计处理

企业持有交易性金融资产期间，对收到现金股利和利息进行核算时，应注意区分两种情况：

（1）持有期间收到现金股利和利息，如果属于初始取得时价款中包含的已宣告但尚未发放的现金股利，则应冲减“应收股利”或“应收利息”账户，不确认投资收益。

（2）持有期间被投资单位宣派现金股利或确认应收债券取得利息收入时，应在股利宣告日或计息日，记入“应收股利”或“应收利息”账户，同时确认本期投资收益。实际收到股利或利息时，再冲减“应收股利”或“应收利息”账户。

例 9－2

量家公司 2019 年 5 月 25 日收到东方公司发放的现金股利 10 万元。

量家公司应编制如下会计分录：

借：银行存款　　100 000
　贷：应收股利　　100 000

例 9－3

东方公司 2019 年 6 月 10 日宣派现金股利，每 10 股派 2.2 元，8 月 1—10 日发放。

量家公司对其持有的 100 万股股票，应编制如下会计分录：

（1）确认投资收益时：

借：应收股利　　220 000
　贷：投资收益　　220 000

（2）实际收到现金股利时：

借：银行存款　　220 000
　贷：应收股利　　220 000

3. 交易性金融资产期末的会计处理

资产负债表日，企业对于交易性金融资产应当按照公允价值计量，公允价值与账面余额之间的差额计入当期损益。具体处理上，按其差额借记或贷记“交易性金融资产——公允价值变动”账户，同时贷记或借记“公允价值变动损益”账户。

例 9－4

承例 9－1，2018 年 6 月 30 日，东方公司股票的市价为每股 8 元。2018 年 12 月 31 日，市价为 10 元。

量家公司应编制如下会计分录：

（1）2018 年 6 月 30 日，确认该股票公允价值变动损失 1 000 000 元（8 000 000－

9 000 000)：

借：公允价值变动损益　　1 000 000

贷：交易性金融资产——公允价值变动　　1 000 000

(2) 2018 年 12 月 31 日，确认该股票公允价值变动收益 2 000 000 元 (10 000 000－8 000 000)：

借：交易性金融资产——公允价值变动　　2 000 000

贷：公允价值变动损益　　2 000 000

4. 交易性金融资产转让的会计处理

企业出售交易性金融资产时，应冲减资产的账面价值，即冲减“交易性金融资产——××类别——成本”与“交易性金融资产——公允价值变动”账户；收取的价款与交易性金融资产账面价值之差确认为投资收益。同时调整公允价值变动损益，转入投资收益。

例 9-5

承例 9-4，量家公司 2018 年 12 月 31 日“交易性金融资产——股票投资——成本”账户余额 900 万元，“交易性金融资产——公允价值变动”账户借方余额 100 万元，“公允价值变动损益”账户贷方余额 100 万元。企业 2019 年 3 月 5 日，以每股 12 元价格将该金融资产全部出售，并发生交易费用 2 万元。

量家公司应编制如下会计分录：

借：银行存款　　11 980 000

贷：交易性金融资产——股票投资——成本　　9 000 000

——公允价值变动　　1 000 000

投资收益　　1 980 000

同时，结转公允价值变动损益：

借：公允价值变动损益　　1 000 000

贷：投资收益　　1 000 000

9.3.2 其他权益工具投资的核算

划分为以公允价值计量且其变动计入其他综合收益的金融资产，企业管理该金融资产的业务模式既以收取合同现金流量为目标又以出售该金融资产为目标，且其合同条款规定，在特定日期产生的现金流量仅为对本金和以未偿付本金金额为基础的利息的支付。在初始确认时，应以公允价值计量，相关交易费用计入初始确认成本，通过“其他权益工具投资”账户进行核算。持有期间，该金融资产的公允价值变动计入其他综合收益；若所持股票宣告发放现金股利，则确认股利收入。当该金融资产终止确认时，之前计入其他综合收益的累计利得或损失应当从其他综合收益中转出，计入当期损益。

应当说明的是，其他综合收益是指企业未在损益中确认的各项利得和损失扣除所得税影响后的净额。

例 9-6

2018 年 3 月 1 日，量家公司按每股 7.60 元的价格购入 A 公司每股面值 1 元的股票 80 000 股作为以公允价值计量且其变动计入其他综合收益的金融资产，并支付交易费用 2 500 元。股票购买价格中包含每股 0.20 元已宣告但尚未领取的现金股利，该股利于 2018 年 3 月 31 日发放。

(1) 2018 年 3 月 1 日，购入股票：

借：其他权益工具投资——成本（80 000×(7.60−0.20)+2 500）　594 500

　　应收股利（80 000×0.20）　16 000

　贷：银行存款（80 000×7.60+2 500）　610 500

(2) 2018 年 3 月 31 日，A 公司分派以前年度宣告发放的股利：

借：银行存款　16 000

　贷：应收股利　16 000

(3) 2018 年 6 月 30 日，甲公司持有的 80 000 股 A 公司股票，每股市价为 6.20 元：

借：其他综合收益　98 500

　贷：其他权益工具投资——公允价值变动　98 500

(4) 2018 年 12 月 31 日，A 公司股票的每股市价为 6.60 元：

借：其他权益工具投资——公允价值变动　32 000

　贷：其他综合收益　32 000

(5) 2019 年 4 月 15 日，A 公司宣告本年度每股分派现金股利 0.25 元：

借：应收股利　20 000

　贷：投资收益　20 000

9.3.3　长期股权投资的核算

长期股权投资的主要目的是为了长远利益而影响、控制其他在经济业务上相关联的企业。企业进行长期股权投资后，成为被投资单位的股东。长期股权投资具体包括以下三个方面的内容：

(1) 投资方能够对被投资单位实施控制的权益性投资，即对子公司投资。控制是指投资方拥有对被投资单位的权力，通过参与被投资单位的相关活动享有可变回报，并且有能力运用对被投资单位的权力影响其回报金额。

(2) 投资方对被投资单位具有重大影响的权益性投资，即对联营企业投资。重大影响是指对一个企业的财务和经营政策有参与决策的权力，但并不能够控制或者与其他方一起共同控制这些政策的制定。较为常见的重大影响体现为在被投资单位的董事会或类似权力机构中派有代表，通过在被投资单位财务和经营决策制定过程中的发言权实施重大影响。

投资方直接或通过子公司间接持有被投资单位 20%以上但低于 50%的表决权时，一般认为对被投资单位具有重大影响，除非有明确的证据表明该种情况下不能参与被投资单位的生产经营决策，不形成重大影响。在确定能否对被投资单位施加重大影响时，一方面应考虑投资方直接或间接持有被投资单位的表决权股份，另一方面要考虑投资方及其他方持有的当期可执行潜在表决权在假定转换为对被投资单位的股权后产生的影响，如被投资单位发行的当期可转换的认股权证、股份期权及可转换公司债券等的影响。

（3）投资方与其他合营方一起对被投资单位实施共同控制且对被投资单位净资产享有权利的权益性投资，即对合营企业投资。共同控制是指按照相关约定对某项安排所共有的控制，并且该安排的相关活动必须经过分享控制权的参与方一致同意后才能决策。

1. 长期股权投资的取得

企业取得的长期股权投资，按支付的全部价款作为初始投资成本，包括支付的买价、税金和手续费等相关费用，但不包括为取得长期股权投资所发生的评估、审计、咨询等费用。企业取得长期股权投资时，如果实际支付的价款中包含已宣告而尚未领取的现金股利，应按实际支付的价款扣除现金股利作为初始投资成本，这部分现金股利在“应收股利”账户中单独反映。

2. 长期股权投资的后续计量

长期股权投资在持有期间，投资企业应当根据其对被投资单位的影响和控制程度，分别采用成本法和权益法进行核算。

（1）成本法——对子公司的投资。成本法是指长期股权投资按成本计价的方法。在成本法下，长期股权投资的核算应当按照初始投资成本计价，追加或收回投资应当调整长期股权投资的成本。被投资单位宣告分配的现金股利或利润，投资企业按享有的部分，确认为当期投资收益，借记“应收股利”账户，贷记“投资收益”账户；实际收到现金股利或利润时，借记“银行存款”账户，贷记“应收股利”账户。

例 9－7

量家公司 2018 年 1 月 1 日以 5 000 万元的价格购入 B 公司 60%的股权，购买过程中另支付相关税费 50 万元。股权购入后，量家公司能够控制 B 公司的生产经营和财务决策。2018 年 3 月 1 日，B 公司宣告分配股利 500 万元；2018 年 3 月 10 日，B 公司实际分派了股利。

量家公司的账务处理如下：

1）2018 年 1 月 1 日：

借：长期股权投资——B 公司	50 500 000	
贷：银行存款		50 500 000

2）2018 年 3 月 1 日：

借：应收股利	3 000 000	
贷：投资收益		3 000 000

3）2018 年 3 月 10 日：

借：银行存款	3 000 000	
贷：应收股利		3 000 000

（2）权益法——对联营企业、合营企业投资。权益法是指投资以初始投资成本计量后，在投资持有期间根据投资企业享有被投资单位所有者权益的份额的变动对投资的账面价值进行调整的方法。

权益法的核算包括取得投资时的调整、被投资单位出现净损益时的处理、被投资单位除净损益以外所有者权益其他变动时的处理、被投资单位宣告分配现金股利或利润时的处理四个环节。

1）取得投资时的调整。在权益法下，首先应按长期股权投资初始计量的要求，正确确定初始投资成本；对于取得投资时投资成本与应享有被投资单位可辨认净资产公允价值份额之间的差额，应区别情况分别处理。

初始投资成本大于取得投资时应享有被投资单位可辨认净资产公允价值份额的，不要求对长期股权投资的成本进行调整，该部分差额实质上是投资企业在购入该项投资过程中通过购买作价体现出的与所取得股权份额相对应的商誉。

初始投资成本小于取得投资时应享有被投资单位可辨认净资产公允价值份额的，该部分经济利益流入应作为收益处理，计入取得投资当期的营业外收入，同时调整增加长期股权投资的账面价值。

例 9-8

量家公司 2018 年 1 月 1 日取得 B 公司 30%的股权，实际支付价款 4 000 万元。取得投资时被投资单位净资产账面价值为 15 000 万元（假定该时点被投资单位各项可辨认资产、负债的公允价值与其账面价值相同）。量家公司因能够对 B 公司的生产经营决策施加重大影响，对该投资按照权益法核算。

2018 年 1 月 1 日，量家公司的账务处理如下：

借：长期股权投资——B 公司——投资成本　　45 000 000
　贷：银行存款　　40 000 000
　　　营业外收入　　5 000 000

长期股权投资的成本 4 000 万元小于投资时应享有的被投资单位净资产公允价值的份额 4 500 万元（15 000×30%），故将其账面价值调整为可辨认净资产公允价值的份额，差额计入营业外收入。

2）被投资单位出现净损益时的处理。投资企业取得长期股权投资后，应当按照应享有或应分担的被投资单位实现的净损益的份额，确认投资损益并调整长期股权投资的账面价值。

例 9-9

2018 年 1 月 1 日，量家公司取得 B 公司 20%的有表决权股份，能够对 B 公司施加重大影响。假定量家公司取得该项投资时，B 公司可辨认净资产公允价值与其账面价值相同。B 公司 2018 年实现净利润 1 000 万元。

假定不考虑其他因素，量家公司的账务处理如下：

2018 年量家公司应享有收益＝1 000×20%＝200(万元)

借：长期股权投资——B 公司——损益调整　　2 000 000
　贷：投资收益　　2 000 000

3）被投资单位除净损益以外所有者权益其他变动时的处理。投资企业对于被投资单位除净损益以外所有者权益的其他变动，在持股比例不变的情况下，企业按照持股比例计算应享有或承担的部分，调整长期股权投资的账面价值。会计处理时，按应享有或承担的部分，借记或贷记“长期股权投资——其他权益变动”账户，同时贷记或借记“资本公积——其他资本公积”账户。

例 9-10

量家公司对B公司的投资占其有表决权资本的比例为40%，2018年B公司资本公积增加400 000元。

不考虑其他因素，量家公司的账务处理如下：

2018年量家公司应确认其他权益变动＝400 000×40%＝160 000(元)

借：长期股权投资——B公司——其他权益变动　　160 000

　贷：资本公积——其他资本公积　　160 000

4）被投资单位宣告分配现金股利或利润时的处理。被投资单位宣告分配现金股利或利润时，投资企业按照被投资单位宣告分派的利润或现金股利计算应分得的部分，相应减少长期股权投资的账面价值。会计处理时，先借记“应收股利”账户，贷记“长期股权投资——损益调整”账户；实际收到股利或利润时，借记“银行存款”账户，贷记“应收股利”账户。

例 9-11

承例9-9，2019年3月5日，B公司宣告分配现金股利500万元；量家公司2019年3月15日实际收到B公司发放的股利。

不考虑其他因素，量家公司账务处理如下：

①2019年3月5日：

借：应收股利　　1 000 000

　贷：长期股权投资——B公司——损益调整　　1 000 000

②2019年3月15日：

借：银行存款　　1 000 000

　贷：应收股利　　1 000 000

3. 长期股权投资的处置

企业处置长期股权投资时，应相应结转与所售股权相对应的长期股权投资的账面价值，出售所得价款与处置长期股权投资账面价值之间的差额应确认为投资损益。

处置长期股权投资时，应按实际收到的金额借记“银行存款”等账户，按其账面余额贷记“长期股权投资”账户，按尚未领取的现金股利或利润贷记“应收股利”账户，按其差额贷记或借记“投资收益”账户。

采用权益法核算长期股权投资的处置，除上述处理外，还应结转原计入资本公积的相关金额，借记或贷记“资本公积——其他资本公积”账户，贷记或借记“投资收益”账户。

例9－12

量家公司原持有B公司40%的股权，2018年12月25日，量家公司决定出售对B公司10%的股权，出售所得价款1 400万元。出售时量家公司账面上对B公司长期股权投资的构成为：投资成本3 600万元，损益调整（借方）960万元，其他权益变动（借方）600万元；原计入资本公积（贷方）600万元。

假定不考虑其他因素，量家公司账务处理如下：

（1）确认处置损益：

借：银行存款	14 000 000	
贷：长期股权投资——B公司——投资成本		9 000 000
——损益调整		2 400 000
——其他权益变动		1 500 000
投资收益		1 100 000

（2）结转资本公积：

借：资本公积——其他资本公积	1 500 000	
贷：投资收益		1 500 000

9.4 债权投资

企业对外进行债券投资形成的债权，按照业务模式和金融资产合同现金流量特征，可进一步分为以摊余成本计量的金融资产、以公允价值计量且其变动计入当期损益的金融资产、以公允价值计量且其变动计入其他综合收益的金融资产。划分为以公允价值计量且其变动计入当期损益的债券，是指企业为了短期内出售以赚取买卖差价而购买的债券，企业设置“交易性金融资产”账户进行核算；划分为以摊余成本计量的金融资产，是指企业在未来一个固定期限内获取稳定的、低风险的收益而购买的债券，企业设置“债权投资”账户进行核算；划分为以公允价值计量且其变动计入其他综合收益的金融资产，是除上述各类资产以外的债券，企业设置“其他债权投资”账户进行核算。债权投资的分类与披露如表9－2所示。

表9－2　债权投资的分类、计量与披露

分类	分类标准	列示
交易性金融资产	业务模式：近期出售金融资产	流动资产
债权投资	业务模式：收取合同现金流量	非流动资产
其他债权投资	业务模式：收取合同现金流量＋出售金融资产	非流动资产

9.4.1 交易性金融资产的核算

企业持有划分为交易性金融资产的债券，主要是为了近期内出售以赚取差价。这类债券较为少见，属于以公允价值计量且其变动计入当期损益的金融资产，应通过“交易性金融资产”账户核算。初始取得时，应按其公允价值计量，相关的交易费用应该直接计入当期损益；资产负债表日，以公允价值计量，其变动计入当期损益；处置时，收入与处置部分的账面价值（成本±公允价值变动）的差额作为投资收益。

例 9－13

量家公司为赚取债券的投资收益，于 2018 年 5 月 1 日在二级市场支付价款 202 万元购入 2 000 份面值为 1 000 元的公司债券；2018 年 6 月 30 日，该债券的公允价值为 206 万元；2018 年 8 月 5 日，量家公司出售该债券，取得净收入 210 万元。

量家公司应编制如下会计分录：

（1）2018 年 5 月 1 日，在二级市场购入公司债券：

借：交易性金融资产——成本	2 020 000	
贷：银行存款		2 020 000

（2）2018 年 6 月 30 日，确认公司债券公允价值变动：

借：交易性金融资产——公允价值变动	40 000	
贷：公允价值变动损益		40 000

（3）2018 年 8 月 5 日，出售公司债券：

借：银行存款	2 100 000	
公允价值变动损益	40 000	
贷：交易性金融资产——成本		2 020 000
——公允价值变动		40 000
投资收益		80 000

9.4.2 债权投资的核算

划分为以摊余成本计量的金融资产的债券到期日固定，可回收金额固定或可确定，目的主要是获取稳定的低风险的收益。这类债券应通过“债权投资”账户核算，该账户包括“成本”“利息调整”“应计利息”等明细分类账户。初始取得时，按公允价值入账，相关交易费用计入初始投资成本，支付的价款中包含已到付息期但尚未领取的债券利息，应当单独确认为应收利息，不构成债权投资的初始确认金额；资产负债表日，应按摊余成本计量，核算债券投资溢（折）价摊销以及投资收益；处置时，收入与处置部分的账面价值（成本±利息调整±应收利息）的差额作为投资收益。

摊余成本是指债券的初始确认金额经下列调整后的结果：

（1）扣除已偿还的本金；

（2）加上或减去采用实际利率将该初始确认金额与到期日金额之间的差额进行摊销形成的累计摊销额；

（3）扣除已发生的减值损失。

实际利率法是指按照债券的实际利率计算其摊余成本及各期利息收入或利息费用的方法。实际利率指使某项资产的未来现金流量现值等于当前公允价值的折现率，是相对于债券票面利率（名义利率）而言的。

分期付息、到期一次还本的债券摊余成本计算公式为：

期末摊余成本＝期初摊余成本（上期末摊余成本）＋（期初摊余成本×实际利率－面值×票面利率）（利息调整的摊销额）－已发生的减值损失－已偿还的本金

如果是到期一次支付本金和利息，计算摊余成本时就不需要减去按照面值和票面利率计算的利息。

债券投资溢价或折价是指债券初始投资成本扣除相关费用及应收利息后的金额与债券面值之间的差额。

债券投资溢价或折价＝（债券投资成本－包含在投资成本中的相关费用－包含在投资成本中的债券利息）－债券面值

债券投资折、溢价应在债券存续期内于确认相关债券利息收入时摊销，以调整各期的实际利息收入。其中

溢价摊销额＝应收利息－利息收入

折价摊销额＝利息收入－应收利息

例 9－14

量家公司 2018 年 7 月 1 日以 10 645 000 元的价款（含交易费用 165 000 元）购买面值为 10 000 000 元的债券作为以摊余成本计量的金融资产。该债券系科达公司于当年 1 月 1 日发行，票面利率为 6%，期限为 3 年，每半年付息一次，到期还本的债券。量家公司购买该债券时，上半年的利息尚未支付。量家公司 2018 年 7 月 5 日收到上半年利息 300 000 元。该债券投资的实际利率为 2.27%。

量家公司应进行如下会计处理：

（1）2018 年 7 月 1 日，购入债券：

借：债权投资——成本　10 000 000

　　　　　——利息调整　345 000

　　应收利息　300 000

　贷：银行存款　10 645 000

（2）2018 年 7 月 5 日，收到上半年利息：

借：银行存款　300 000

　贷：应收利息　300 000

债券利息摊销计算如表 9－3 所示。

表 9－3　债券利息推销表　　单位：万元

时间	期初摊余成本 (A)	投资收益 (B)＝(A)×2.27%	应收利息 (C)	利息调整摊销额 (D)＝(C)－(B)	期末摊余成本 (E)＝(A)－(D)
2018/07/01					1 034.5
2018/12/31	1 034.5	23.48	30	6.52	1 027.98

续表

时间	期初摊余成本 (A)	投资收益 (B)=(A)×2.27%	应收利息 (C)	利息调整摊销额 (D)=(C)-(B)	期末摊余成本 (E)=(A)-(D)
2019/06/30	1 027.98	23.34	30	6.66	1 021.32
2019/12/31	1 021.32	23.18	30	6.82	1 014.50
2020/06/30	1 014.50	23.03	30	6.97	1 007.53
2020/12/31	1 007.53	22.47	30	7.53	1 000

(3) 2018 年 12 月 31 日，确认债券实际利息收入，并收到债券利息时：

借：应收利息　　300 000

　贷：投资收益　　234 800

　　　债权投资——利息调整　　65 200

借：银行存款　　300 000

　贷：应收利息　　300 000

(4) 2019 年 6 月 30 日，确认债券实际利息收入，并收到债券利息时：

借：应收利息　　300 000

　贷：投资收益　　233 400

　　　债权投资——利息调整　　66 600

借：银行存款　　300 000

　贷：应收利息　　300 000

(5) 2019 年 12 月 31 日，确认债券实际利息收入，并收到债券利息时：

借：应收利息　　300 000

　贷：投资收益　　231 800

　　　债权投资——利息调整　　68 200

借：银行存款　　300 000

　贷：应收利息　　300 000

(6) 2020 年 6 月 30 日，确认债券实际利息收入，并收到债券利息时：

借：应收利息　　300 000

　贷：投资收益　　230 300

　　　债权投资——利息调整　　69 700

借：银行存款　　300 000

　贷：应收利息　　300 000

(7) 2020 年 12 月 31 日，债券到期，收回本金和收取利息：

借：应收利息　　300 000

　贷：投资收益　　224 700

　　　债权投资——利息调整　　75 300

借：银行存款　　10 300 000

　贷：债权投资——成本　　10 000 000

　　　应收利息　　300 000

9.4.3 其他债权投资的核算

划分为以公允价值计量且其变动计入其他综合收益的金融资产的债券，应通过“其他债权投资”账户核算，该账户包括“成本”“利息调整”“应计利息”“公允价值变动”等明细分类账户。初始取得时，按公允价值入账，相关交易费用计入初始投资成本，支付的价款中，包含已到付息期但尚未领取的债券利息的，应当单独确认为应收利息；资产负债表日，按公允价值计量、计算摊余成本、确定公允价值的变动，计入其他综合收益；处置时，收入与处置部分的账面价值（成本±利息调整±应收利息）的差额作为投资收益。

例 9-15

量家公司 2017 年 1 月 1 日从证券市场购入科达公司 2016 年 1 月 1 日发行的债券作为以公允价值计量且其变动计入其他综合收益的金融资产，该债券 5 年期，票面年利率为 5%，每年 1 月 5 日支付上年度的利息，到期日为 2020 年 12 月 31 日，到期日一次归还本金和最后一次利息。购入债券时的实际利率为 4%。

量家公司购入债券的面值为 10 000 000 元，实际支付价款为 10 772 500 元，另支付相关费用 90 000 元。假定按年计提利息。

2017 年 12 月 31 日，该债券的公允价值为 10 200 000 元。

2018 年 12 月 31 日，该债券的预计未来现金流量现值为 10 000 000 元，并将继续下降。

2019 年 1 月 20 日，量家公司将该债券全部出售，收到价款 9 950 000 元存入银行。

量家公司 2017 年 1 月 1 日—2019 年 1 月 20 日上述有关经济业务的会计分录如下。

（1）2017 年 1 月 1 日购入时：

借：其他债权投资——成本	10 000 000	
——利息调整	362 500	
应收利息	500 000	
贷：银行存款		10 862 500

（2）2017 年 1 月 5 日，收取债券利息：

借：银行存款	500 000	
贷：应收利息		500 000

（3）2017 年 12 月 31 日，资产负债表日确认公允价值变动：

应确认的投资收益＝(10 000 000＋362 500)×4%＝414 500(元)

应收利息＝10 000 000×5%＝500 000(元)

其他债权投资——利息调整的摊销额＝500 000－414 500＝85 500(元)

借：应收利息	500 000	
贷：投资收益		414 500
其他债权投资——利息调整		85 500

其他债权投资账面价值＝(10 000 000＋362 500)＋414 500－500 000
＝10 277 000(元)

公允价值＝10 200 000(元)＜10 277 000(元)

应确认的公允价值变动＝10 277 000－10 200 000＝77 000(元)

借：其他综合收益　　77 000
　贷：其他债权投资——公允价值变动　　77 000

(4) 2018年1月5日，收取债券利息：

借：银行存款　　500 000
　贷：应收利息　　500 000

(5) 2018年12月31日：

应确认的投资收益＝10 277 000×4%＝411 080(元)

应收利息＝500 000(元)

其他债权投资——利息调整的摊销额＝500 000－411 080＝88 920(元)

借：应收利息　　500 000
　贷：投资收益　　411 080
　　其他债权投资——利息调整　　88 920

其他债权投资期末调整前的账面价值＝10 200 000－88 920
＝10 111 080(元)

公允价值＝10 000 000(元)＜10 111 080(元)

应确认公允价值变动＝10 111 080－10 000 000＝111 080(元)

因公允价值继续下跌，对其确认减值。

借：资产减值损失　　188 080
　贷：其他债权投资——公允价值变动　　111 080
　　其他综合收益　　77 000

(6) 2019年1月5日，收取债券利息：

借：银行存款　　500 000
　贷：应收利息　　500 000

(7) 2019年1月20日，出售债券时：

借：银行存款　　9 950 000
　其他债权投资——公允价值变动　　188 080
　投资收益　　50 000
　贷：其他债权投资——成本　　10 000 000
　　利息调整　　188 080

思考题

1. 企业对外投资包括哪几类？

2. 划分为交易性金融资产的股票与长期股权投资的区别是什么？

3. 以公允价值计量且其变动计入当期损益的股权投资与以公允价值计量且其变动计入其他综合收益的股权投资有什么区别？

4. 如何确定交易性金融资产的初始成本？

5. 持有期间收到现金股利，会计上如何处理？

6. 交易性金融资产期末公允价值上升，会计上如何处理？

7. 什么是长期股权投资？

8. 长期股权投资包括哪几种类型？

9. 什么是成本法？什么是权益法？二者如何运用？

10. 以摊余成本计量的债券与以公允价值计量且其变动计入其他综合收益的债券有何区别？

练习题

一、名词解释

金融资产	股权投资	债权投资
交易性金融资产	长期股权投资	共同控制
重大影响	成本法	权益法
其他债权投资	摊余成本	

二、判断题

1. 金融资产在初始确认时分为以公允价值计量且其变动计入当期损益的金融资产、以公允价值计量且其变动计入其他综合收益的金融资产和以摊余成本计量的金融资产。（　　）

2. 购入交易性金融资产支付的交易费用应该计入交易性资产的成本。（　　）

3. “交易性金融资产”账户的期末借方余额反映企业持有的交易性金融资产的成本与市价孰低值。（　　）

4. 以公允价值计量且其变动计入当期损益的金融资产与以公允价值计量且其变动计入其他综合收益的金融资产的最根本区别是持有时间不同。（　　）

5. 企业取得交易性金融资产支付的手续费等相关费用应当计入初始成本。（　　）

6. 金融资产持有期间的公允价值变动应计入公允价值变动损益。（　　）

7. 控制或重大影响的长期股权投资采用成本法核算。（　　）

8. 对于以摊余成本计量的债券为分期付息、一次还本债券投资，应按票面利率计算确定的应收未收利息，借记“应收利息”账户。（　　）

9. 交易性金融资产和其他权益工具投资在资产负债表中均属于流动资产，而且其金额应按照账户的期末余额直接填列。（　　）

10. 企业对 A 公司的长期股权投资占 A 公司有表决权资本总额的 18%，但有重大影响，故企业应采用权益法核算该项投资。（　　）

11. 如果某项债务工具投资在活跃市场上没有报价，则企业不能将其划分为以摊余成本计量的金融资产。（ ）

12. 长期股权投资采用成本法核算，不随被投资单位所有者权益的变动而发生增减变动。（ ）

13. 采用成本法核算的长期股权投资，投资企业确认的投资收益仅限于所获得被投资单位净利润的分配额。（ ）

14. 以公允价值计量且其变动计入其他综合收益的金融资产发生减值后，在随后会计期间内公允价值已上升且客观上与确认原减值损失事项有关的部分可以转回，同时调整资产减值损失。（ ）

15. 其他权益工具投资减值的转回不会影响当期损益。（ ）

三、单项选择题

1. 以下不属于企业对外投资的是（ ）。

A. 为近期内出售，赚取买卖差价而购买的其他公司的股票

B. 为获取稳定收益而购买的其他公司的债券

C. 为生产产品而从其他公司购买机器设备

D. 为控制或施加重大影响于其他企业而购买的股票

2. 企业取得交易性金融资产的主要目的是（ ）。

A. 利用闲置资金短期获利　　B. 控制对方的经营政策

C. 向对方提供财务援助　　D. 分散风险

3. 企业购入作为交易性金融资产的股票，实际支付的价款中包含的已宣告发放而尚未领取的现金股利应记入的账户是（ ）。

A. “交易性金融资产”　　B. “应收账款”

C. “应收股利”　　D. “其他应收款”

4. 甲公司2019年5月10日从证券市场上购入乙公司发行的股票100万股，将其划分为交易性金融资产，每股支付价款8元，其中含有已宣告但尚未发放的现金股利0.5元，另外支付相关费用10万元，甲公司交易性金融资产取得时的入账价值为（ ）万元。

A. 750　　B. 760　　C. 800　　D. 810

5. 甲公司2019年12月3日从证券市场上购入乙公司发行的股票10万股，将其划分为交易性金融资产，每股支付价款6元，其中含有已宣告但尚未发放的现金股利0.5元，另外支付相关费用2万元。2019年12月31日，其公允价值为59万元，甲公司年末应确认的公允价值变动损益为（ ）万元。

A. 损失2　　B. 收益2　　C. 损失4　　D. 收益4

6. 关于交易性金融资产的计量，下列说法正确的是（ ）。

A. 应按取得该交易性金融资产的公允价值和交易费用之和作为初始确认金额

B. 按取得该交易性金融资产的公允价值作为初始金额确认，相关交易费用在发生时计入当期损益

C. 资产负债表日，企业应将交易性金融资产的公允价值变动计入当期所有者权益

D. 处置交易性金融资产时，其公允价值与初始价值金额之间的差额应确认为投资收益，不调整公允价值变动损益

7. 关于以公允价值计量且其变动计入其他综合收益的金融资产，下列各项中不应确认为当期投资收益的是（　　）。

A. 持有期间获得的现金股利

B. 出售时原计入资本公积贷方的余额

C. 出售时收到的价款高于其账面价值的差额

D. 资产负债表日公允价值与账面价值的差额

8. 2019年1月3日甲公司购入乙公司2018年1月1日发行的5年期公司债券，面值为900万元，票面利率为5%，每年1月10日支付上年利息。甲公司支付价款980万元，包括交易费用30万元，甲公司将其划分为以公允价值计量且其变动计入其他综合收益的金融资产，则该金融资产的入账价值为（　　）万元。

A. 900　　B. 930　　C. 960　　D. 980

9. 控制是指有权（　　）一个企业财务和经营决策，并能据以从该企业的经营活动中获取利益。

A. 参与　　B. 分配　　C. 草拟　　D. 决定

10. 企业持有的能够对被投资单位实施控制的权益性投资，称为（　　）。

A. 对母公司投资　　B. 对子公司投资

C. 对合营企业投资　　D. 对联营企业投资

11. 长期股权投资采用权益法核算，如果被投资单位发生亏损，投资企业对应负担的亏损额的会计处理是（　　）。

A. 冲减投资成本　　B. 冲减资本公积

C. 计入营业外支出　　D. 不作会计处理

12. 长期股权投资采用权益法核算，下列事项中不会影响股权投资账面价值的是（　　）。

A. 被投资单位取得利润　　B. 被投资单位发生亏损

C. 被投资单位派发现金股利　　D. 被投资单位派发股票股利

13. 2019年1月1日，甲公司购入乙公司当月发行的面值总额为1 000万元的债券，期限为5年，到期一次还本付息。票面利率8%，支付价款1 080万元，另支付相关税费10万元，甲公司将其划分为以摊余成本计量的金融资产，甲公司应确认“债权投资——利息调整”的金额为（　　）万元。

A. 70　　B. 80　　C. 90　　D. 110

14. 以摊余成本计量的金融资产如为分期付息、一次还本债券投资，应于资产负债表日按债权投资期初摊余成本和实际利率计算确定的利息收入，贷记“投资收益”账户，与票面利率确定的应收未收利息的差额借记或贷记的账户是（　　）。

A. “债权投资——利息调整”　　B. “债权投资——成本”

C. “债权投资——应收利息”　　D. “债权投资——债券折溢价”

15. A公司购入B公司发行的期限为5年、到期一次还本付息的债券，A公司准备并有能力持有至到期，A公司应将该项投资计入（　　）。

A. 交易性金融资产　　B. 债权投资

C. 应收账款　　D. 其他债权投资

四、多项选择题

1. 下列各账户中，与对外股权投资有关的有（　　）。

A. 交易性金融资产　　B. 其他权益工具投资

C. 债权投资　　D. 长期股权投资

2. 下列各账户中，与对外债权投资有关的有（　　）。

A. "交易性金融资产"　　B. "债权投资"

C. "其他债权投资"　　D. "长期股权投资"

3. 下列内容中，不应计入交易性金融资产初始成本的有（　　）。

A. 支付的价款　　B. 已宣派但尚未发放的现金股利

C. 相关交易费用　　D. 已到付息期但尚未发放的利息

4. 交易性金融资产持有期间收到现金股利时，可能涉及的账户有（　　）。

A. "交易性金融资产"　　B. "应收股利"

C. "投资收益"　　D. "银行存款"

5. 下列关于以公允价值计量且其变动计入其他综合收益的金融资产的表述中，不正确的有（　　）。

A. 发生的减值损失应计入管理费用

B. 在资产负债表日的公允价值变动应计入当期损益

C. 取得时发生的交易费用计入当期损益

D. 处置时，以前期间公允价值变动的金额应转入当期损益

6. 下列各项中，属于长期股权投资的有（　　）。

A. 对子公司投资　　B. 对下级投资

C. 对联营企业投资　　D. 对合营企业投资

7. 重大影响是指对一个企业的（　　）有参与决策的权力，但不能控制或与其他方一起共同控制这些政策的制定。

A. 财务政策　　B. 经营政策　　C. 生产计划　　D. 销售计划

8. 权益法下核算的长期股权投资，会导致投资企业投资收益发生增减变动的是（　　）。

A. 确认长期股权投资减值损失

B. 持有期间被投资单位提取盈余公积

C. 持有期间被投资单位实现净利润

D. 持有期间被投资单位宣告发放现金股利

9. 下列各项中，一定会影响摊余成本的因素有（　　）。

A. 已偿还的本金　　B. 利息调整的累计摊销额

C. 发生的减值损失　　D. 票面利息

10. 下列关于以摊余成本计量的金融资产的表述中，不正确的有（　　）。

A. 该金融资产必须是企业有明确意图持有至到期

B. 后续采用公允价值模式进行摊销

C. 已计提的减值准备不得转回

D. 如果有客观证据表明该实际利率计算的各期利息收入与名义利率计算的相差很小，也可以采用名义利率替代实际利率

11. 如果购入的准备以摊余成本计量的债券的实际利率等于票面利率，且不存在交易费用，下列各项中会引起债权投资账面价值发生增减变动的有（　　）。

A. 计提债权投资减值准备

B. 确认分期付息债券的投资利息

C. 确认到期一次付息债券的投资利息

D. 出售债权投资

12. 关于金融资产的计量，下列说法中正确的有（　　）。

A. 交易性金融资产取得时支付的交易费用计入当期损益

B. 以摊余成本计量的金融资产在持有期间应当按照期初摊余成本和实际利率计算利息收入

C. 其他权益工具投资应当按照取得时的公允价值和相关交易费用之和作为初始确认金额

D. 长期股权投资应当根据企业对被投资单位的影响和控制程度分别进行核算

13. 以摊余成本计量的金融资产无论是溢价取得还是折价取得，若到期一次还本付息，下列表述正确的有（　　）。

A. 摊余成本逐期趋于债券面值

B. 摊余成本逐期趋于债券到期值

C. 摊余成本包括尚未到期的累计应计利息

D. 债券的利息调整（折溢价）金额在债券到期时全部摊销完毕无余额

14. A公司从活跃市场上购入B公司股票2 000万股，对B公司无控制、无共同控制和重大影响。支付款项10 000万元，交易费用50万元，其目的是准备长期持有。下列说法中正确的有（　　）。

A. 购入B公司股票可以划分为可供出售金融资产

B. 购入B公司股票可以划分为交易性金融资产

C. 对B公司的投资初始确认成本为10 000万元

D. 对B公司的投资初始确认成本为10 050万元

15. 下列项目中，不应记入“投资收益”账户的有（　　）。

A. 确认的交易性金融资产利息

B. 成本法核算下被投资单位发生亏损

C. 权益法核算下被投资单位宣告发放现金股利

D. 成本法核算下被投资单位宣告发放现金股利

五、计算与会计处理题

1. 甲公司2019年发生下列业务：

(1) 2019 年 5 月 15 日购入乙公司发行的股票 100 万股，将其划定为交易性金融资产，支付价款 11 720 000 元。

(2) 2019 年 6 月 25 日，乙公司宣派现金股利，甲公司应得 120 000 元。

(3) 2019 年 6 月 30 日，该股票市价为 11.74 元/股。

(4) 2019 年 7 月 5 日，甲公司将持有的乙公司股票全部出售，共收取款项 14 000 000 元。

要求：

(1) 计算交易性金融资产的成本；

(2) 计算 2019 年 6 月 30 日因公允价值变动计入当期损益的金额；

(3) 计算处置交易性金融资产时实现的投资收益的金额；

(4) 计算该项交易性金融资产的投资收益净额。

上述计算要列出相关计算过程。

2. 甲公司 2018 年 3 月 5 日购入 A 公司发行的股票 150 000 股，支付价款 840 000 元，另外支付 10 000 元交易费用，并将此项投资划分为交易性金融资产。2018 年 5 月 10 日，A 公司宣派现金股利，甲公司应得 15 000 元。2018 年 12 月 31 日，该股票每股公允价值（市价）7.5 元。2019 年 1 月 2 日，甲公司将持有的股票全部出售，取得价款 900 000 元。

要求：编制有关会计分录。

3. 甲公司 2017—2019 年度对乙公司债券投资业务的相关资料如下：

(1) 2017 年 1 月 1 日，甲公司以银行存款 900 万元购入乙公司当日发行的 5 年期公司债券，作为以摊余成本计量的金融资产核算，该债券面值总额为 1 000 万元，票面年利率为 5%，每年末支付利息，到期一次偿还本金，但不得提前赎回。甲公司该债权投资的实际年利率为 7.47%。

(2) 2017 年 12 月 31 日，甲公司收到乙公司支付的债券利息 50 万元。当日，该债权投资不存在减值迹象。

(3) 2018 年 12 月 31 日，甲公司收到乙公司支付的债券利息 50 万元。当日，甲公司获悉乙公司发生财务困难，对该债权投资进行了减值测试，预算该债券未来现金流量的现值为 800 万元。

(4) 2019 年 1 月 1 日，甲公司以 801 万元的价格全部售出所持有的乙公司债券，款项已收存银行。

假定甲公司债权投资全部为乙公司的债券。

要求：不考虑其他因素，编制有关会计分录（“债权投资”账户要求写出必要的明细分类账户）。

4. 甲公司 2018 年 11 月 10 日利用闲置资金以每股 23 元购买乙公司的股票 10 000 股（每股面值为 10 元），支付相关税费 4 500 元。2018 年 12 月 31 日，乙公司的股票市场价格为每股 18 元。2019 年 5 月 17 日，甲公司收到乙公司支付的现金股利每股 0.2 元。2019 年 12 月 8 日，甲公司以每股 22 元的价格在二级市场出售其持有的全部乙公司股票。

要求：根据上述资料，按照以下不同情形，编制相关会计分类。

（1）如果甲公司不打算近期出售其持有的乙公司股票，且甲公司持有的股份不能对乙公司产生重大影响，甲公司将该项投资作为以公允价值计量且其变动计入其他综合收益的金融资产。

（2）如果甲公司持有股份占乙公司股份的5%，对乙公司产生了重大影响，甲公司的该项投资作为一项长期股权投资。

第 10 章 Chapter 10 利润的形成与分配

学习目标

1. 了解利润形成和分配的过程
2. 了解利得和损失的项目
3. 掌握期间费用的分类及会计核算
4. 掌握利润的会计核算

企业取得收入并扣除相应成本费用后，形成利润。对实现的利润需要在企业和投资者之间进行分配。本章首先介绍企业除营业成本之外的各类费用，接着详细展开企业利润的形成与分配过程及其会计核算。

10.1 企业利润与利润分配概述

企业利润是企业在一定会计期间内的经营成果。利润是衡量企业优劣的一项重要指标，往往也是评价企业管理层业绩的一项重要指标，还是投资者等财务报告使用者进行决策的重要参考。

利润包括收入减去费用后的净额、直接计入当期利润的利得和损失等。从利润表的结构来看，包括营业利润、利润总额和净利润三个层次。营业利润等于营业收入减去营业成本、税金及附加、期间费用，再加减资产减值损失、投资收益等利得和损失后的净额，反映的是企业日常活动的经营业绩；营业外收入和支出反映的是企业非日常活动的业绩，计算在利润总额中；利润总额减去所得税费用为净利润。营业利润是企业利润的核心来源，营业收入是企业经营业务所实现的收入总额，由主营业务收入和其他业务收入组成，在第 8 章已涉及（见图 10－1）。

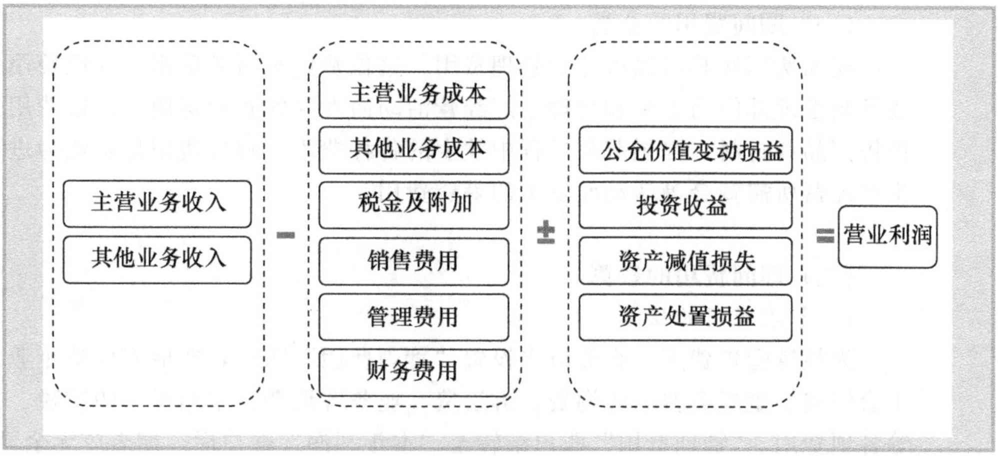

图 10－1 营业利润

税金及附加

企业按税法规定应缴纳的税费主要有：增值税、消费税、所得税、城市维护建设税、资源税、教育费附加等。上述税费中，增值税、所得税不属于税金及附加，故此处不予介绍。这里主要说明消费税、城市维护建设税等价内征收的税费。企业应设置“税金及附加”等账户核算企业经营活动发生的消费税、城市维护建设税、资源税和教育费附加等相关税费。其借方登记本期发生的相关税费，贷方登记期末转入“本年利润”账户的相关税费，期末结转后，该账户应无余额。

企业计提各项税金及附加时，应借记“税金及附加”账户，贷记“应交税费”账户；期末转入“本年利润”账户时，应借记“本年利润”账户，贷记“税金及附加”账户；实际上缴各项税金及附加时，应借记“应交税费”账户，贷记“银行存款”账户。

企业在取得利润后，应按照我国有关法规的规定对已实现的净利润在企业和投资者之间进行分配，这就是利润分配。利润分配的过程和结果不仅关系到每个股东的合法权益是否得到保障，而且关系到企业的未来发展。

10.2 期间费用与利得、损失

10.2.1 期间费用

期间费用是指企业日常活动中不能直接归属于某个特定成本核算对象，在发生时应直接计入当期损益的各种费用。期间费用与产品销售成本、产品销售税金及附加一起从销售收入中扣除后作为企业当期的营业利润。

(一) 期间费用的分类

期间费用按其用途可分为管理费用、销售费用和财务费用。管理费用是指企业行政管理部门为组织和管理生产经营活动而发生的各种费用；销售费用是企业销售商品和材料、提供劳务过程中发生的各种费用；财务费用是企业为进行筹集生产经营所需资金等活动而发生的筹资费用。

(二) 期间费用的核算

1. 管理费用的核算

为核算管理费用，企业应当设置"管理费用"账户，在借方反映企业发生的工会经费、董事会费、咨询费、诉讼费、业务咨询费、车船税、印花税、排污费等各项费用。"管理费用"账户结转至"本年利润"账户后，期末应无余额。

管理费用的具体核算如下：

(1) 企业在筹建期间内发生的开办费用，如办公费、培训费、差旅费、印刷费等，应借记"管理费用"账户，贷记"银行存款"账户；

(2) 行政管理部门人员的职工薪酬，借记"管理费用"账户，贷记"应付职工薪酬"账户；

(3) 行政管理部门计提的固定资产折旧，借记"管理费用"账户，贷记"累计折旧"账户；

(4) 企业发生的办公费、水电费、业务招待费、咨询费、技术转让费、研究费用等，借记"管理费用"账户，贷记"银行存款""研发支出"等账户；

(5) 企业按规定计算确定的应交房产税、车船税、土地使用税、印花税，借记"管理费用"账户，贷记"应交税费"账户。

例 10-1

量家公司用银行存款支付业务培训费 8 000 元。编制的分录为：

借：管理费用——培训费　　8 000

　　贷：银行存款　　8 000

例 10-2

量家公司用银行存款支付企业管理部门发生的水电费 5 600 元。编制的分录为：

借：管理费用——水电费　　5 600

　　贷：银行存款　　5 600

例 10-3

量家公司用现金支付业务招待费 600 元。编制的分录为：

借：管理费用——业务招待费　　600

　　贷：库存现金　　600

例 10-4

量家公司本月计提企业行政管理部门使用的固定资产折旧费 6 000 元。编制的分录为：

借：管理费用——折旧费　6 000
　贷：累计折旧　6 000

2. 销售费用的核算

为核算销售费用，企业应设置“销售费用”账户，在借方反映企业发生的运输费、包装费、保险费、广告费、商品维修费等经营费用。企业与专设销售机构相关的固定资产修理费用等后续支出，也在该账户核算。“销售费用”账户结转至“本年利润”账户后，期末应无余额。

销售费用的具体核算如下：

(1) 企业在销售过程中发生的包装费、保险费、展览费、广告费、运输费、装卸费等费用，借记“销售费用”账户，贷记“现金”“银行存款”等账户；

(2) 企业发生的为销售本企业商品而专设的销售机构的职工薪酬、业务费、折旧费等经营费用，借记“销售费用”账户，贷记“应付职工薪酬”“银行存款”“累计折旧”等账户。

例 10-5

量家公司用银行存款支付产品保险费 5 000 元。编制的分录为：

借：销售费用——保险费　5 000
　贷：银行存款　5 000

例 10-6

量家公司用银行存款支付产品广告费 3 000 元。编制的分录为：

借：销售费用——广告费　3 000
　贷：银行存款　3 000

例 10-7

量家公司用现金支付应由本公司负担的销售 A 产品的运输费 600 元。编制的分录为：

借：销售费用——运输费　600
　贷：库存现金　600

例 10-8

量家公司本月计算专设销售机构使用的房屋应提取折旧费 800 元。编制的分录为：

借：销售费用——折旧费　800
　贷：累计折旧　800

3. 财务费用的核算

为核算财务费用，企业应设置“财务费用”账户，在借方反映企业发生的利息支出、汇兑差额、相关手续费以及现金折扣等费用。“财务费用”账户结转至“本年利润”账户后，期末应无余额。

管理费用的具体核算如下：

(1) 企业发生的财务费用，借记“财务费用”账户，贷记“银行存款”“未确认融资费用”账户等；

（2）企业发生的应冲减财务费用的利息收入、汇兑差额、现金折扣，借记“银行存款”“应付账款”等账户，贷记“财务费用”账户。

> 企业为购建固定资产而筹集资金所发生的费用，在固定资产达到预定可使用状态前发生的，应当计入有关固定资产的购置或建造成本，不包括在“财务费用”账户的核算范围内。

例 10－9

量家公司用银行存款支付本月应负担的短期借款利息 1 500 元。编制的分录为：

借：财务费用	1 500	
贷：银行存款		1 500

例 10－10

量家公司用银行存款支付在银行办理业务的手续费 500 元。编制的分录为：

借：财务费用	500	
贷：银行存款		500

例 10－11

量家公司收到银行通知，本季度公司在银行的存款利息为 1 200 元。编制的分录为：

借：银行存款	1 200	
贷：财务费用		1 200

例 10－12

量家公司在销售产品的过程中发生应支付给客户的现金折扣 3 500 元。编制的分录为：

借：财务费用	3 500	
贷：应收账款		3 500

10.2.2 利得和损失

利得是指由企业非日常活动所形成的、会导致所有者权益增加的、与所有者投入资本无关的经济利益的流入。损失是指由企业非日常活动所发生的、会导致所有者权益减少的、与向所有者分配利润无关的经济利益的流出。利得和损失表现出的特征是，这种业务对公司而言具有不可持续性，即今年有，但明年就不一定有同样的收益或支出。

> 利得和损失可以分为两类：一是直接计入所有者权益的利得与损失，这是指不计入当期利润、会导致所有者权益发生增减变动的、与所有者投入资本或者向所有者分配利润无关的利得或损失；二是直接计入当期利润的利得

和损失，这是指应当计入当期损益、会导致所有者权益发生增减变动的、与所有者投入资本或者向所有者分配利润无关的利得或损失。通常，直接计入当期利润的利得或损失包括的业务有：政府各种补助、盘亏损失、企业固定资产或长期资产的处置收益或损失，以及其他与经营无直接关系的收入或支出，如捐赠等。

（一）直接计入当期利润的利得

1. 营业外收入

企业在取得罚没收入、获得捐赠、流动资产盘盈等情形下取得的净收入，并不是在其营业范围内从事经营活动所形成的营业收入，因此，不宜包括在营业利润中。这种营业范围外的偶然所得称为“营业外收入”。

例 10－13

量家公司 2019 年夏季因遭受水灾造成企业损失。当年 10 月收到政府对当期利润的补助款 600 万元，其会计分录为：

借：银行存款	6 000 000	
贷：营业外收入		6 000 000

2. 公允价值变动损益

企业设置“公允价值变动损益”账户核算其所持有的交易性金融资产．采用公允价值模式计量的投资性房地产等由于公允价值变动而形成的浮动盈亏。该账户可按照投资项目进行明细核算。该账户贷方登记增加数，借方登记减少数。

资产负债表日，企业应按交易性金融资产公允价值高于其账面余额的差额，借记“交易性金融资产——公允价值变动”账户，贷记“公允价值变动损益”账户；公允价值低于其账面余额的差额，做相反的会计分录。

出售交易性金融资产时，按实际收到的金额，借记“银行存款”等账户；按交易性金融资产的账面余额，注销“交易性金融资产”的总账账户和明细账户中的相关记录；按收款金额与交易性金融资产账面价值之差，贷记或借记“投资收益”账户。同时，按“交易性金融资产——公允价值变动”账户的余额，借记或贷记“公允价值变动损益”账户，贷记或借记“投资收益”账户。

3. 投资收益

企业设置“投资收益”账户核算企业以各种方式对外投资所取得的收益（或发生的损失）。在相关章节已介绍。

4. 资产处置损益

企业设置“资产处置损益”账户核算固定资产、无形资产等因出售、转让等而产生的处置利得或损失。在相关章节已介绍。

（二）直接计入当期利润的损失

1. 营业外支出

企业设置“营业外支出”账户核算营业范围外的各项偶然支出或偶然损失，

包括固定资产的损失、罚款支出、捐赠支出、资产盘亏利润损失等。该账户应当按照支出项目进行明细核算。该账户借方登记发生额（增加数），贷方登记结转额（减少数）。记录营业外支出时，借记“营业外支出”账户，贷记“待处理财产损溢”“库存现金”等账户。

2. 资产（信用）减值损失

企业设置“资产减值（信用）损失”账户核算其计提各项资产减值准备所形成的损失。该账户可按照资产减值损失的项目进行明细核算。该账户借方登记发生额（增加数），贷方登记结转额（减少数）。

10.3 利润的形成

利润是指企业在一定会计期间的经营成果，包括收入减去费用后的净额、直接计入当期损益的利得和损失等。企业的利润既有通过生产经营活动取得的，也有通过投资活动取得的，还包括与生产经营没有直接关系的事项所引起的盈亏，以及交易性金融资产的公允价值的变动和资产减值的损失。

10.3.1 利润的形成过程

企业利润的形成过程主要分三步：

（1）根据营业收入，减去营业成本和税金及附加、销售费用、管理费用、财务费用，加上投资净收益、公允价值变动收益等，计算得出营业利润。

营业收入(成本)＝主营业务收入(成本)＋其他业务收入(成本)

营业利润＝营业收入－营业成本－税金及附加－销售费用－管理费用
－财务费用－资产减值损失±公允价值变动损益
±投资收益±资产处置损益＋其他收益

（2）根据营业利润，加上营业外收入，减营业外支出，计算得出利润总额。

利润总额＝营业利润＋营业外收入－营业外支出

（3）根据利润总额，减去所得税，计算得出净利润或净亏损。

净利润＝利润总额－所得税费用

所得税费用是企业经营利润应缴纳的所得税。

当期应交所得税＝应纳税所得×所得税税率

式中　应纳税所得＝利润总额＋纳税调整增加额－纳税调整减少额

10.3.2 利润形成的核算

（一）利润形成的账户设置

对利润形成业务，企业通常设置“本年利润”“投资收益”“营业外收入”“营业外支出”“所得税费用”等账户进行核算。

（1）“本年利润”账户属于所有者权益类账户，用来核算企业当期实现的净利润（或发生的净亏损）。借方登记会计期末转入的各项支出，包括主营业务成本、其他业务成本、税金及附加等；贷方登记会计期末转入的各项收入，包括主营业务收入、其他业务收入、投资收益等。期末借方余额反映当期累计发生的亏损，贷方余额反映当期累计净利润。

（2）“投资收益”账户属于损益类账户，用来核算企业确认的投资收益或投资损失。借方登记发生的投资损失，贷方登记实现的投资收益。期末结转后，该账户无余额。

（3）“营业外收入”账户属于损益类账户，用来核算企业发生的非流动资产处置利得、债务重组利得、政府补助、盘盈利得等各项营业外收入。借方登记期末转入“本年利润”账户的数额，贷方登记取得的各项营业外收入。期末结转后，该账户无余额。

（4）“营业外支出”账户属于损益类账户，用来核算企业发生的非流动资产处置损失、债务重组损失、公益捐赠支出、盘亏损失等各项营业外收入。借方登记发生的各项营业外支出的实际数额，贷方登记期末转入“本年利润”账户的数额。期末结转后，该账户无余额。

（5）“所得税费用”账户属于损益类账户，用来核算企业按规定从当期利润总额中减去的所得税费用。借方登记企业应计入本期损益的所得税额，贷方登记期末转入“本年利润”账户的所得税额。期末结转后，该账户无余额。

（二）利润形成的会计处理

会计期末（月末或年末）结转各项收入时，借记“主营业务收入”“其他业务收入”“营业外收入”等账户，贷记“本年利润”账户；结转各项支出时，借记“本年利润”账户，贷记“主营业务成本”“税金及附加”“其他业务成本”“管理费用”“财务费用”“销售费用”“资产减值损失”“营业外支出”“所得税费用”等账户。

例 10－14

量家公司本期经营实现主营业务收入 26.3 亿元，其他业务收入 920 万元，营业外收入 245 万元，公允价值变动收益－105 万元，投资收益 1 450 万元，资产处置收益 31.5 万元和其他收益 600 万元，发生主营业务成本 20.9 亿元，其他业务成本 769 万元，销售费用 16 460 万元，管理费用 15 390 万元，财务费用 1 830 万元，税金及附加 1 540 万元，营业外支出 256.7 万元，信用减值损失 400

万元和资产减值损失583.8万元。公司通过银行存款缴纳本期所得税。假设无企业所得税纳税调整事项。

量家公司应编制如下会计分录：

(1) 结转收入、费用：

借：主营业务收入　　2 630 000 000
　　其他业务收入　　9 200 000
　　营业外收入　　2 450 000
　　投资收益　　14 500 000
　　资产处置损益　　315 000
　　其他收益　　6 000 000
　贷：本年利润　　2 661 415 000
　　　公允价值变动损益　　1 050 000

借：本年利润　　2 462 295 000
　贷：主营业务成本　　2 090 000 000
　　　其他业务成本　　7 690 000
　　　税金及附加　　15 400 000
　　　销售费用　　164 600 000
　　　管理费用　　153 900 000
　　　财务费用　　18 300 000
　　　信用减值损失　　4 000 000
　　　资产减值损失　　5 838 000
　　　营业外支出　　2 567 000

(2) 本期利润总额＝2 661 415 000－2 462 295 000＝199 120 000(元)

应交所得税＝199 120 000×25%＝49 780 000(元)

净利润＝199 120 000－49 780 000＝149 340 000(元)

(3) 借：所得税费用　　49 780 000
　　贷：应交税费——应交所得税　　49 780 000

借：本年利润　　49 780 000
　贷：所得税费用　　49 780 000

借：应交税费——应交所得税　　49 780 000
　贷：银行存款　　49 780 000

10.4 利润的分配

利润分配是指将企业实现的净利润按照国家财务制度规定的分配形式和分配顺序，在企业和投资者之间进行的分配。

利润分配的过程与结果，是关系到所有者的合法权益能否得到保护，企业能否长期、稳定发展的重要问题，为此，企业必须加强利润分配的管理和核算。企业利润分配的主体是投资者和企业，利润分配的对象是企业实现的净利润。

10.4.1　利润分配顺序

企业实现的净利润应按照国家的规定和股东大会的决议进行合理的分配。首先应弥补以前年度尚未弥补的亏损，然后剩余部分应按照下列顺序进行分配。

1. 提取盈余公积

提取盈余公积分为提取法定盈余公积和提取任意盈余公积。法定盈余公积应按照本年度实现利润的一定比例提取。我国《公司法》规定，公司制企业按净利润的10%提取法定盈余公积，其他企业可以根据需要确定提取比例，但不得低于10%。企业提取的法定盈余公积累计超过注册资本的50%以上的，可以不再提取。

此外，公司制企业经股东大会决议后，可从税后利润中提取任意盈余公积；非公司制企业经类似权力机构批准后，也可以提取任意盈余公积。

2. 向投资者分配利润（或股利）

企业实现的净利润在提取盈余公积后，再加上年初未分配利润和其他转入的金额（如盈余公积弥补亏损等），形成可供分配的利润，用公式表示为：

可供投资者分配的利润＝净利润－弥补以前年度的亏损－提取的盈余公积
＋年初未分配利润＋其他转入的金额

企业可以用现金、财产以及股票等形式向投资者分配股利。可供投资者分配的利润扣除向投资者分配利润的余额形成企业的未分配利润。它是所有者权益的重要组成部分，是企业留待以后年度进行分配的利润或待分配的利润。相对于所有者权益的其他部分而言，企业对于未分配利润的使用有较大的自主权。

10.4.2　利润分配的核算

（一）利润分配的账户设置

对利润的分配，企业应当设置“利润分配”“盈余公积”“应付股利”账户进行核算。

（1）“利润分配”账户属于所有者权益类账户，用来核算企业利润的分配（或亏损的弥补）和历年分配（或弥补）后的余额，借方登记实际分配的利润额，包括提取的盈余公积、分配给投资者的利润，贷方登记用盈余公积弥补的亏损额。年末将“利润分配”账户下的其他明细账户的余额转入“未分配利润”明细账户，经过结转后，除“未分配利润”明细账户有余额外，其他各个明细账户均无余额。该账户应当设置“提取法定盈余公积”“提取任意盈余公积”“应付现金股利或利润”“转作股本的股利”“盈余公积补亏”“未分配利润”等明细账。

（2）“盈余公积”账户属于所有者权益类账户，用来核算企业从净利润中提取的盈余公积，借方登记盈余公积的减少额，贷方登记提取的盈余公积。贷方余额反映企业结余的盈余公积。该账户应当设置“法定盈余公积”“任意盈余公积”明细账户。

(3)“应付股利”账户属于负债类账户，用来核算企业分配的现金股利或利润，借方登记已实际支付给投资者的股利，贷方登记应付给投资者的股利增加额。贷方余额反映企业应付未支付的现金股利。

(二) 利润分配的会计处理

1. 净利润转入利润分配

会计期末，企业应将实现的净利润转入“利润分配”账户，即借记“本年利润”账户，贷记“利润分配——未分配利润”账户。企业如为亏损，则做相反分录。“利润分配——未分配利润”明细账户余额表示历年累积的未分配利润或未弥补的亏损。在资产负债表日后，企业应根据批准的利润分配方案进行分配或弥补亏损。

2. 弥补以前年度亏损

按照税法规定，企业可以用以后年度实现的利润或净利润弥补以前年度亏损。税法规定 5 年内弥补亏损的，可以用实现的税前利润弥补亏损，即税前补亏；5 年后则利用净利润弥补亏损，即税后补亏。在用未分配利润弥补亏损时，无须编制分录。

3. 提取盈余公积

企业对于提取的盈余公积，借记“利润分配——提取法定盈余公积”或“利润分配——提取任意盈余公积”账户，贷记“盈余公积”账户。

4. 向投资者分配利润或股利

企业对于以现金向投资者分配的利润或股利，借记“利润分配——应付现金股利”账户，贷记“应付股利”等账户；以股票股利转作股本的金额，借记“利润分配——转作股本股利”账户，贷记“股本”等账户。

5. 盈余公积补亏

企业发生的亏损，可以用实现的利润弥补，也可以用累积的盈余公积弥补。用盈余公积弥补亏损时，借记“盈余公积”账户，贷记“利润分配——盈余公积补亏”账户。

6. 企业未分配利润的形成

年度终了，企业应将“利润分配”账户所属其他明细账户的余额转入本账户“未分配利润”明细账户，即借记“利润分配——未分配利润”“利润分配——盈余公积补亏”等账户，贷记“利润分配——提取法定盈余公积”“利润分配——提取任意盈余公积”“利润分配——应付现金股利”“利润分配——转作股本股利”等账户。

例 10 - 15

量家公司年初未分配利润 2 511 万元，本年实现净利润 14 934 万元，按 10%提取法定盈余公积，向投资者分配利润的比例为净利润的 10%，并用银行存款发放。

量家公司应编制如下会计分录：

（1）结转本年利润。

借：本年利润	149 340 000	
贷：利润分配——未分配利润		149 340 000

（2）提取盈余公积。

借：利润分配——提取法定盈余公积	14 934 000	
贷：盈余公积		14 934 000
借：利润分配——未分配利润	14 934 000	
贷：利润分配——提取法定盈余公积		14 934 000

（3）向投资者分配利润。

借：利润分配——应付现金股利	14 934 000	
贷：应付股利		14 934 000
借：利润分配——未分配利润	14 934 000	
贷：利润分配——应付现金股利		14 934 000
借：应付股利	14 934 000	
贷：银行存款		14 934 000

未分配利润余额在贷方，表示累计未分配的利润，则量家电器本年累计未分配利润为本年发生额＋期初余额＝119 472 000＋25 110 000＝144 582 000（元）。

思考题

1. 期间费用按其用途如何分类？包括哪些内容？
2. 期间费用与生产费用有什么不同？
3. 期间费用包括哪些具体项目？
4. 简述利得与损失的具体含义，企业的利得与损失可以分为哪两类。
5. 结合教材及企业实际，谈谈“主营业务收入”“其他业务收入”“营业外收入”三个会计科目的区别。
6. 企业利润的构成主要包括哪些方面？
7. 简述营业利润、利润总额和净利润的区别与联系。
8. 营业利润应当如何计算？
9. 简述本年利润账户与其他损益类账户的关系，期末应如何结转本年利润。
10. 净利润应按什么程序进行分配？如何进行会计处理？

练习题

一、名词解释

利润　　期间费用　　管理费用

销售费用　财务费用　利得
损失　营业外收入　营业外支出
公允价值变动损益　营业利润　利润总额
净利润　本年利润　利润分配

二、判断题

1. 企业车间发生的相关固定资产修理费用属于期间费用。（　）
2. 企业持有的交易性金融资产价格上涨，上涨金额应计入财务费用。（　）
3. 期间费用包括销售费用、制造费用和财务费用。（　）
4. 与销售相关的销售人员工资支出计入销售费用。（　）
5. 企业转让无形资产使用权取得的收入应该计入营业外收入。（　）
6. 企业处置固定资产的净损失应该计入营业外支出。（　）
7. 直接计入当期利润的利得包括主营业务收入、其他业务收入、营业外收入、公允价值变动损益、投资收益。（　）
8. 企业获得的捐赠利得应该计入营业外收入，影响利润总额。（　）
9. 期间费用、资产减值损失、税金及附加和营业外收入支出都会影响企业的营业利润。（　）
10. 企业的所得税费用一定等于企业当年实现的营业利润乘以所得税税率。（　）
11. 企业所得净利润应在弥补亏损后计提盈余公积。（　）
12. 某企业2017年初有上年形成的亏损2.5万元，当年实现利润总额10万元，所得税税率为25%。则企业2017年需要缴纳企业所得税2.5万元。（　）
13. 企业在没有累计盈余的情况下，不能使用“资本公积”账户中的资本发放股利，但可以提取盈余公积。（　）
14. 企业以股票股利转作股本的金额，借方应为“利润分配——转作股本股利”科目，贷方应为“股本”等科目。（　）
15. 期末“未分配利润”账户的借方余额代表企业截至本期期末累计的未分配利润。（　）

三、单项选择题

1. 下列会计处理中，应计入其他业务成本的是（　）。
A. 出租无形资产的摊销额
B. 生产车间固定资产的折旧额
C. 工业企业销售自产商品所发生的成本
D. 投资性房地产每月计提的折旧

2. 下列项目中，属于营业外收入的是（　）。
A. 销售产品的收入　C. 销售材料的收入
C. 固定资产盘盈收入　D. 出租固定资产的收入

3. 下列项目中，不属于营业外支出的是（　）。
A. 无形资产摊销　B. 处置固定资产净损失
C. 捐赠支出　D. 罚款支出

4. 下列项目中不应记入“管理费用”账户的是（　　）。

A. 劳动保险费　　B. 无形资产摊销

C. 退休人员工资　　D. 编外人员工资

5. 企业针对销售部门打印机的修理费应计入（　　）。

A. 销售费用　　B. 管理费用

C. 主营业务成本　　D. 其他业务成本

6. 企业发生的现金折扣应计入（　　）。

A. 管理费用　　B. 财务费用　　C. 销售费用　　D. 制造费用

7. 已知某企业商品销售利润 480 万元，管理费用 120 万元，财务费用 8 万元，销售费用 42 万元，营业外收入 12 万元，则营业利润是（　　）万元。

A. 298　　B. 310　　C. 322　　D. 350

8. 6 月 30 日，“本年利润”账户有借方余额 13 万元，表示（　　）。

A. 6 月份实现的利润为 13 万元

B. 6 月份发生的亏损为 13 万元

C. 1—6 月累计实现的利润为 13 万元

D. 1—6 月累计发生的亏损为 13 万元

9. 某企业本期营业利润为 100 万元，资产减值损失为 15 万元，公允价值变动收益为 30 万元，营业外收入 20 万元，营业外支出 10 万元，所得税税率 25%。假定不考虑其他因素，该企业本期净利润为（　　）万元。

A. 75　　B. 82.5　　C. 93.75　　D. 110

10. “利润分配”账户的年末贷方余额表示（　　）。

A. 已分配的利润额　　B. 未分配的利润额

C. 未弥补的亏损额　　D. 已实现的净利润

11. 某企业本年度营业利润为 360 万元，当年营业外收入发生额为 5 万元，营业外支出发生额为 25 万元。假定该企业无其他纳税调整项目，适用的所得税税率为 25%。该企业当年所得税费用为（　　）万元。

A. 75　　B. 78.5　　C. 85　　D. 90

12. 企业实现的利润要按规定进行分配，即（　　）。

A. 以利润的形式分配给投资者　　B. 以所得税的形式上交给国家

C. 以增值税的形式上交给国家　　D. 以公积金的形式留给企业

13. 某企业年初未分配利润为借方余额 50 万元，当年净利润为 100 万元，则当年以 10% 的比例提取的法定盈余公积为（　　）万元。

A. 5　　B. 7.5　　C. 10　　D. 15

14. 某企业年初未分配利润为贷方余额 50 万元，当年净利润为 100 万元，则当年以 10% 的比例提取的法定盈余公积为（　　）万元。

A. 5　　B. 7.5　　C. 10　　D. 15

15. 下列不属于利润分配的项目是（　　）。

A. 法定盈余公积　　B. 任意盈余公积

C. 所得税　　D. 股利

四、多项选择题

1. 下列各项中，应计入管理费用的有（　　）。
A. 行政部门人员工资　　B. 行政部门职工保险费
C. 业务招待费　　D. 罚款支出
2. 下列各项中，应计入财务费用的有（　　）。
A. 固定资产变卖净损益　　B. 现金折扣
C. 售后网点的职工薪酬　　D. 利息支出
3. 期间费用包括（　　）。
A. 管理费用　B. 制造费用　C. 财务费用　D. 销售费用
4. 按工资总额提取职工福利费的会计分录，应借记的账户有（　　）。
A. "销售费用"　B. "制造费用"　C. "管理费用"　D. "应付福利费"
5. 下列关于营业成本的表述中，错误的有（　　）。
A. 营业成本是非日常活动形成的
B. 营业成本是由主营业务成本和其他业务成本组成的
C. 营业成本会导致利润总额减少
D. 企业在确认销售商品收入时，应将已销售的商品的成本计入营业外支出
6. 下列项目应记入"营业外收入"账户贷方的有（　　）。
A. 出租设备的租金收入　　B. 固定资产盘盈净收益
C. 接受捐赠收入　　D. 存款利息收入
7. 以下各项中，应计入产品成本的有（　　）。
A. 直接材料成本
B. 直接人工成本
C. 生产车间发生的固定资产修理费用
D. 销售机构相关的人工成本
8. 企业发生的下列损失中，不应计入营业外支出的有（　　）。
A. 出售无形资产净损失　　B. 定额内废品损失
C. 坏账损失　　D. 出售固定资产净损失
9. 在计算利润总额时涉及的收入或利得项目包括（　　）。
A. 主营业务收入　　B. 其他业务收入
C. 公允价值变动损益　　D. 投资收益
E. 营业外收入
10. 下列各项中，影响当期利润表中净利润的有（　　）。
A. 对外出租无形资产　　B. 所得税税率变化
C. 因管理失误导致的固定资产盘亏　D. 固定资产出售利得
11. 下列各项中，期末结转后应无余额的有（　　）。
A. 管理费用　B. 营业外收入　C. 制造费用　D. 本年利润
12. 某企业2019年初未分配利润存在借方余额200万元，2019年净利润为750万元，按照10%的比例计提盈余公积，假设不发放股利。下列说法中正确的有（　　）。

A. 企业 2019 年应计提盈余公积 75 万元

B. 企业 2019 年应计提盈余公积 55 万元

C. 企业 2019 年末未分配利润贷方余额为 495 万元

D. 企业 2019 年末未分配利润贷方余额为 475 万元

13. 下列各项中，年度终了需要转入“利润分配——未分配利润”账户的有（　　）。

A.“本年利润”　B.“利润分配——应付现金股利”

C.“利润分配——盈余公积补亏”　D.“利润分配——提取法定盈余公积”

14. 下列项目中，使本期所得税费用减少的有（　　）。

A. 以前年度存在亏损

B. 固定资产清理账面价值大于变现金额

C. 因管理不善导致的存货盘亏

D. 接受捐赠

15. 下列项目中，不会引起股东权益总额发生增减变动的有（　　）。

A. 用资本公积转增资本　B. 用盈余公积弥补亏损

C. 提取盈余公积　D. 分配股票股利

E. 分配现金股利

五、计算与会计处理题

1. 某企业 2019 年 12 月发生下列经济业务：

(1) 销售产品 79 100 元（含税），增值税税率为 13%。其中 30 000 元已收到并存入银行，其余款项尚未收到。该商品成本为 62 000 元。

(2) 收到现金 800 元，是上月出售无形资产使用权的收入。

(3) 用现金支付本月份的水电费 900 元。

(4) 本月出售原材料获得收入 2 147 元（含税），已存入银行。原材料成本为 1 700 元。

(5) 用银行存款预付下年度房租 18 000 元。

(6) 用银行存款支付本月借款利息 500 元。

(7) 预收销售货款 26 000 元，已通过银行收妥入账。

(8) 经计算，本月销售人员工资为 8 000 元。

(9) 上月预收货款的产品本月实现销售收入 20 340 元（含税）。商品成本为 16 000 元。

要求：按权责发生制原则编制该企业上述业务的会计分录。

2. 甲公司年终结账前有关损益类科目本年发生额（单位：元）如下：

主营业务收入 475 000	主营业务成本 325 000
其他业务收入 100 000	其他业务成本 75 000
投资收益 7 500	营业外支出 35 000
营业外收入 20 000	销售费用 20 000
	管理费用 60 000
	财务费用 12 500

假设不存在纳税调整事项。

要求：

(1) 根据资料将损益类账户结转至“本年利润”账户。

(2) 若所得税税率为25%，计算当年净利润。

3. A公司年初未分配利润350万元，本年实现盈利900万元，已结转至“本年利润”账户。没有纳税调整事项，所得税税率为25%，按净利润的10%计提法定盈余公积，公司实行稳定的股利政策，每股分配现金股利0.1元，流通在外的普通股总计3 000万股，每股面值1元。

要求：

(1) 计算当年的净利润并编制相应分录；

(2) 计算应提取的法定盈余公积并编制相应分录；

(3) 计算分配以后的未分配利润余额。

4. 长江公司为增值税一般纳税人，适用的所得税税率为25%。2019年12月份发生的部分经济业务如下：

(1) 采购材料一批，材料价格791 000元（含税），并支付运费5 450元（增值税税率为9%）。材料已经验收入库，货款未支付。

(2) 领用材料一批，其中生产产品耗用1 300 000元，车间一般耗用50 000元，行政管理部门耗用30 000元。

(3) 以银行存款支付水电费8 000元，其中车间一般耗用5 000元，行政管理部门耗用3 000元。

(4) 向A公司销售10 000件产品，产品不含税单价为30元，由于购买量较大，长江公司向A公司提供10%的销售折扣。收回款项存入银行，产品的单位成本为6元。

(5) 用银行存款支付销售产品的展览费10 000元。

(6) 用银行存款支付本季度的银行借款利息1 500元（前两个月已预提）。

(7) 计提固定资产折旧，车间折旧费为24 000元，行政管理部门折旧费为20 000元。

(8) 将本月发生的制造费用全部结转入“生产成本”账户。

(9) 假定本月生产的产品全部完工，结转完工产品的成本。

(10) 向社会捐赠10 000元慈善款。

要求：若公司按照10%的比例提取盈余公积，按照20%的比例向股东分配现金股利，请根据以上条件计算年末未分配利润并编制月末会计分录。

第 11 章 Chapter 11 财务会计报告

学习目标

1. 掌握资产负债表的结构和内容
2. 掌握利润表的结构和内容
3. 了解现金流量表的结构和内容
4. 了解所有者权益变动表的结构和内容
5. 了解财务报表附注的内容

11.1 财务会计报告概述

企业应当按照国家统一的会计制度的规定定期编制财务会计报告。财务会计报告又称财务报告，是指企业对外提供的反映企业某一特定日期的财务状况和某一会计期间的经营成果、现金流量的文件。

11.1.1 财务会计报告的组成

财务会计报告是对企业财务状况、经营成果和现金流量的结构性表述。依据编报时间，财务会计报告可以分为年度财务会计报告和中期财务会计报告。

年度财务会计报告反映整个会计年度的财务状况、经营成果和现金流量。年度财务会计报告至少应包括资产负债表、利润表、现金流量表、所有者权益（或股东权益，下同）变动表和附注等五部分。

中期是指短于一个完整的会计年度的报告期间。中期财务会计报告又可分为月份、季度、半年报告。中期财务报告至少应当包括资产负债表、利润表、现金流量表和附注。

依据编制报表的会计主体，可以分为个别财务会计报告和合并财务会计报告。个别财务会计报告是指披露单一企业会计信息的报告。合并财务会计报告是指披露由母公司和子公司共同组成的企业集团会计信息的报告。

合并财务报告用于反映母公司和全部子公司形成的企业集团整体财务状况、经营成果和现金流量。母公司是指控制一个或一个以上主体的主体。子公司是指被母公司控制的主体。母公司应当编制合并财务会计报告，合并财务会计报告至少应当包括下列组成部分：合并资产负债表、合并利润表、合并现金流量表、合并所有者权益变动表和附注。母公司编制的中期合并财务会计报告至少应当包括合并资产负债表、合并利润表、合并现金流量表和附注。

本章主要介绍单一主体的财务会计报告。

11.1.2 财务报表列报的基本要求

为了规范财务报表的列报，保证同一企业不同期间和同一期间不同企业的财务报表相互可比，财务报表列报应遵循以下基本要求：

第一，企业应当以持续经营为基础，根据实际发生的交易和事项，按照《企业会计准则——基本准则》和其他各项会计准则的规定进行确认和计量，在此基础上编制财务报表。企业不应以附注披露代替确认和计量，不恰当的确认和计量也不能通过充分披露相关会计政策而纠正。如果按照各项会计准则规定披露的信息不足以让报表使用者了解特定交易或事项对企业财务状况和经营成果的影响，企业还应当披露其他的必要信息。

第二，在编制财务报表的过程中，企业管理层应当利用所有可获得的信息来评价企业自报告期末起至少 12 个月的持续经营能力。评价时需要考虑宏观政策风险、市场经营风险、企业目前或长期的盈利能力、偿债能力、财务弹性以及企业管理层改变经营政策的意向等因素。评价结果表明对持续经营能力产生重大怀疑的，企业应当在附注中披露导致对持续经营能力产生重大怀疑的因素以及企业拟采取的改善措施。企业如有近期获利经营的历史且有财务资源支持，则通常表明以持续经营为基础编制财务报表是合理的。企业正式决定或被迫在当期或将在下一个会计期间进行清算或停止营业的，则表明以持续经营为基础编制财务报表不再合理。在这种情况下，企业应当采用其他基础编制财务报表，并在附注中声明财务报表未以持续经营为基础编制的事实、披露未以持续经营为基础编制的原因和财务报表的编制基础。

第三，除现金流量表按照收付实现制原则编制外，企业应当按照权责发生制原则编制财务报表。

第四，财务报表项目的列报应当在各个会计期间保持一致，不得随意变更，但下列情况除外：(1) 会计准则要求改变财务报表项目的列报；(2) 企业经营业务的性质发生重大变化或对企业经营影响较大的交易或事项发生后，变更财务报表项目的列报能够提供更可靠、更相关的会计信息。

第五，性质或功能不同的项目应当在财务报表中单独列报，但不具有重要性的项目除外。性质或功能类似的项目，其所属类别具有重要性的，应当按其类别在财务报表中单独列报。某些项目的重要性程度不足以在资产负债表、利润表、现金流量表或所有者权益变动表中单独列示，但对附注却具有重要性，则应当在附注中单独披露。

在合理预期下，财务报表某项目的省略或错报会影响使用者据此做出经济决策的，该项目具有重要性。重要性应当根据企业所处的具体环境，从项目的性质和金额两方面予以判断，且对各项目重要性的判断标准一经确定，不得随意变更。判断项目性质的重要性，应当考虑该项目在性质上是否属于企业日常活动，是否显著影响企业的财务状况、经营成果和现金流量等因素；判断项目金额大小的重要性，应当考虑该项目金额占资产总额、负债总额、所有者权益总额、营业收入总额、营业成本总额、净利润、综合收益总额等直接相关项目金额的比重或所属报表单列项目金额的比重。

第六，财务报表中的资产项目和负债项目的金额、收入项目和费用项目的金额、直接计入当期利润的利得项目和损失项目的金额不得相互抵销，但其他会计准则另有规定的除外。一组类似交易形成的利得和损失应当以净额列示，但具有重要性的除外。资产或负债项目按扣除备抵项目后的净额列示，不属于抵销。非日常活动产生的利得和损失，以同一交易形成的收益扣减相关费用后的净额列示更能反映交易实质的，不属于抵销。

第七，当期财务报表的列报至少应当提供所有列报项目上一个可比会计期间的比较数据，以及与理解当期财务报表相关的说明，但其他会计准则另有规定的除外。财务报表的列报项目发生变更的，应当至少对可比期间的数据按照当期的列报要求进行调整，并在附注中披露调整的原因和性质，以及调整的各项目金额。对可比数据进行调整不切实可行的，应当在附注中披露不能调整的原因。不切实可行是指企业在做出所有合理努力后仍然无法采用某项会计准则规定。

第八，企业应当在财务报表的显著位置至少披露下列各项：(1) 编报企业的名称；(2) 资产负债表日或财务报表涵盖的会计期间；(3) 人民币金额单位；(4) 财务报表是合并财务报表的，应当予以标明。

第九，企业至少应当按年编制财务报表。年度财务报表涵盖的期间短于一年的，应当披露年度财务报表的涵盖期间、短于一年的原因以及报表数据不具可比性的事实。

11.2　利润表

利润表列示企业一定会计期间的收入、费用和利润，反映其经营成果，又称为损益表。与资产负债表反映时点会计信息不同，利润表披露某一会计期间的会计信息，因而又称为“动态报表”。

11.2.1　利润表的结构

利润表分步计算营业利润、利润总额和净利润，反映企业利润的形成过程。利润表的样式如表 11－1 所示。

表 11-1 利润表

编制单位： 年度 单位：元

项目	本年金额	上年金额
一、营业收入		
减：营业成本		
税金及附加		
销售费用		
管理费用		
研发费用		
财务费用		
加：其他收益		
投资收益		
公允价值变动收益		
信用减值损失		
资产减值损失		
资产处置收益		
二、营业利润（亏损以“—”号填列）		
加：营业外收入		
减：营业外支出		
三、利润总额（亏损总额以“—”号填列）		
减：所得税费用		
四、净利润（净亏损以“—”号填列）		
（一）持续经营净利润（净亏损以“—”号填列）		
（二）终止经营净利润（净亏损以“—”号填列）		
五、每股收益：		
（一）基本每股收益		
（二）稀释每股收益		
六、其他综合收益的税后净额		
（一）不能重分类进损益的其他综合收益		
1. 重新计量设定受益计划变动额		
2. 权益法下不能转损益的其他综合收益		
3. 其他权益工具投资公允价值变动		
4. 企业自身信用风险公允价值变动		
（二）将重分类进损益的其他综合收益		
1. 权益法下可转损益的其他综合收益		
2. 其他债权投资公允价值变动		
3. 金融资产重分类计入其他综合收益的金额		
4. 其他债权投资信用减值准备		
5. 现金流量套期储备		
6. 外币财务报表折算差额		
7. 其他		
七、综合收益总额		

利润表通常同时披露两个会计期间的损益数据。年度利润表除列示本年利润外，还列示上年利润，提供纵向可比信息。月度利润表除列示本月利润外，还列示本年累计利润，同时披露当月和全年累计经营成果。

11.2.2　利润表的内容

1. 营业利润项目

营业利润是企业通过日常经营活动取得的利润。营业利润通常被认为是企业净利润的主要来源，在未来会计期间具有可延续性。但由于利润表中的营业利润计算过程加入了资产减值损失、信用减值损失、公允价值变动收益、其他收益和资产处置收益等非经常性因素，为了解经常性经营活动的成果，可以从营业利润中剔除以上因素进行解读。

(1) 营业收入。“营业收入”报表项目反映企业通过销售商品、提供劳务和让渡资产使用权等日常经营活动所形成的经济利益的总流入，包括主营业务形成的主营业务收入和兼营业务形成的其他业务收入。

(2) 营业费用。营业费用反映企业为销售商品、提供劳务等日常活动所发生的经济利益的流出。营业费用按功能分类，分为营业成本、税金及附加和期间费用等。

“营业成本”报表项目反映企业为销售产品、提供劳务等日常活动发生的可归属于商品的生产或采购成本、劳务成本等直接费用，包括与主营业务收入直接配比的主营业务成本和与其他业务收入直接配比的其他业务成本。

“税金及附加”报表项目反映企业日常经营活动中发生的消费税、城市维护建设税、教育费附加、资源税等相关税费。

期间费用是企业根据经营活动发生期间计入损益的费用，包括“销售费用”、“管理费用”、“研发费用”和“财务费用”。“销售费用”报表项目反映企业为销售商品或提供劳务所发生的各种费用；“管理费用”报表项目反映企业为组织和管理经营活动而发生的各种费用；“研发费用”报表项目反映企业进行研究与开发过程中发生的费用化支出；“财务费用”报表项目反映企业为筹集生产经营所需资金等而发生的用资成本和手续费等。

(3) 其他收益。“其他收益”报表项目反映计入其他收益的政府补助，以及企业作为个人所得税的扣缴义务人收到的扣缴税款手续费等。

(4) 投资收益。“投资收益”报表项目反映企业进行金融工具投资和长期股权投资等对外投资而获取的投资收益（或承受的投资损失）。

(5) 公允价值变动收益。“公允价值变动收益”报表项目反映遵循公允价值模式对交易性金融资产和投资性房地产等进行计量所产生的公允价值变动。

(6) 信用减值损失。“信用减值损失”报表项目反映各项金融工具减值准备所形成的逾期信用损失。

(7) 资产减值损失。“资产减值损失”报表项目反映企业计提各项资产减值准备所形成的损失。

(8) 资产处置收益。"资产处置收益"报表项目反映企业出售划分为待售的非流动资产(金融工具、长期股权投资和投资性房地产除外)或处置组时确认的处置利得或损失，以及处置未划分为持有待售的固定资产、在建工程、生产性生物资产以及无形资产而产生的处置利得或损失。债务重组中因处置非流动资产产生的利得或损失和非货币性资产交换产生的利得或损失也包括在"资产处置收益"中。

2. 利润总额项目

"利润总额"是企业在"营业利润"基础上，加入"营业外收入"，扣减"营业外支出"，计算出的经营所得。营业外收入和营业外支出都是偶然性因素引起的损益，在未来会计期间不具有可延续性。

"营业外收入"报表项目反映企业发生的营业利润以外的收益，主要包括债务重组利得、与企业日常活动无关的政府补助、盘盈利得、收到捐赠利得等。

"营业外支出"报表项目反映企业发生的营业利润以外的支出，主要包括债务重组损失、公益性捐赠支出、非常损失、盘亏损失、非流动资产毁损报废损失等。

3. 净利润项目

"所得税费用"报表项目反映企业确认的应从当期利润总额中扣除的所得税费用，包括当期所得税费用和递延所得税费用。"所得税费用"遵循会计准则的要求，"当期所得税费用"遵循所得税相关法规条例的要求，"递延所得税费用"反映二者的差异。

"持续经营净利润"报表项目反映净利润中与持续经营相关的净利润，如为净亏损，以"—"号填列。

"终止经营净利润"报表项目反映净利润中与终止经营相关的净利润，如为净亏损，以"—"号填列。

4. 每股收益项目

"每股收益"报表项目反映平均分摊到普通股每股的净利润(或净亏损)。

5. 其他综合收益项目

"其他综合收益"报表项目反映未在当期损益中确认的各项利得和损失。"其他综合收益"项目应当分为下列两类列报：

(1)"以后会计期间不能重分类进损益的其他综合收益"项目，主要包括重新计量设定受益计划净负债或净资产导致的变动、按照权益法核算的在被投资单位以后会计期间不能重分类进损益的其他综合收益中享有的份额等。

(2)"以后会计期间在满足规定条件时将重分类进损益的其他综合收益"项目，主要包括按照权益法核算的在被投资单位以后会计期间在满足规定条件时将重分类进损益的其他综合收益中享有的份额、可供出售金融资产公允价值变动形成的利得或损失、持有至到期投资重分类为可供出售金融资产形成的利得或损失、现金流量套期工具产生的利得或损失中属于有效套期的部分、外币财务报表折算差额等。

6. 综合收益项目

“综合收益”报表项目反映净利润和其他综合收益扣除所得税影响后的净额相加后的合计金额。

11.2.3　利润表的填列方法

1. 上期金额的填列方法

利润表各报表项目“上期金额”，应根据上期利润表“本期金额”栏填列。与上期相比，如果本年有部分报表项目发生变化，则需要将上期报表数据按照本期报表项目内容进行调整，将调整后的数据抄录于“上期金额”栏。

2. 本期金额的填列方法

利润表各报表项目的“本期金额”，可以运用以下方法进行填列。

（1）根据多个总账科目余额或发生额分析计算填列。

“营业收入”项目包括主营业务收入和其他业务收入。由于销售退货或折让等交易会导致收入类账户出现借方发生额，因此，填报“营业收入”项目时，可以根据损益结转本年利润前的总账科目“主营业务收入”和“其他业务收入”贷方余额计算填列，也可以根据损益结转本年利润后的总账科目“主营业务收入”和“其他业务收入”发生额分析计算填列。

“营业成本”项目包括主营业务成本和其他业务成本。填报“营业成本”项目时，可以根据损益结转本年利润前的总账科目“主营业务成本”和“其他业务成本”借方余额计算填列，也可以根据损益结转本年利润后的总账科目“主营业务成本”和“其他业务成本”发生额分析计算填列。

（2）根据对应总账科目余额或发生额分析填列。

“税金及附加”“销售费用”“财务费用”“其他收益”“投资收益”“公允价值变动收益”“信用减值损失”“资产减值损失”“资产处置收益”“营业外收入”“营业外支出”等项目，可以根据损益结转本年利润前其对应总账科目借方余额或贷方余额填列（“其他收益”“投资收益”“公允价值变动收益”“资产处置收益”等总账科目如果为借方余额，则报表项目以负数填列），也可以根据损益结转本年利润后其对应总账科目发生额分析计算填列。

（3）根据对应总账科目及相关明细科目发生额分析计算填列。

“研发费用”根据“管理费用”科目下的明细科目“研发费用”发生额分析填列；“管理费用”根据“管理费用”及其明细科目“研发费用”的发生额分析计算填列。

“其他综合收益”的各明细项目需要根据“其他综合收益”相关明细科目发生额分析填列。

（4）根据利润表表内数据计算填列。

“营业利润”“利润总额”“净利润”“每股收益”“综合收益”等项目，需要根据利润表内其他报表项目的本期金额计算填列。

11.2.4 利润表的编制举例

例 11-1

量家股份有限公司 2019 年收入、费用类账户发生额如表 11-2 所示。

表 11-2 收入、费用类账户发生额表　　单位：万元

总账科目	借方发生额	贷方发生额
主营业务收入		263 000.00
其他业务收入		920.00
投资收益		1 450.00
公允价值变动损益		—105.00
资产处置收益		31.50
其他收益		600.00
营业外收入		245.00
主营业务成本	209 000.00	
其他业务成本	769.00	
税金及附加	1 540.00	
销售费用	16 460.00	
管理费用	15 390.00	
管理费用——研发费用	8 400.00	
财务费用	1 830.00	
信用减值损失	400.00	
资产减值损失	583.80	
营业外支出	256.70	
所得税费用	4 978.00	

根据量家股份有限公司收入、费用类账户发生额表编制 2019 年度利润表，如表 11-3 所示。

表 11-3 量家股份有限公司利润表

编制单位：量家股份有限公司　　2019 年度　　单位：万元

项目	本年金额	上年金额
一、营业收入	263 920.00	69 160.00
减：营业成本	209 769.00	54 740.00
税金及附加	1 540.00	412.00
销售费用	16 460.00	7 540.00
管理费用	6 990.00	824.00
研发费用	8 400.00	1 500.00

续表

项目	本年金额	上年金额
财务费用	1 830.00	1 222.00
加：其他收益	600.00	440.00
投资收益（损失以“－”号填列）	1 450.00	444.00
公允价值变动收益（损失以“－”号填列）	－105.00	—
信用减值损失（损失以“－”号填列）	－400.00	－8.00
资产减值损失（损失以“－”号填列）	－583.80	－124.00
资产处置收益（损失以“－”号填列）	31.50	4.00
二、营业利润（亏损以“－”号填列）	19 923.70	3 678.00
加：营业外收入	245.00	122.00
减：营业外支出	256.70	80.00
三、利润总额（亏损总额以“－”号填列）	19 912.00	3 720.00
减：所得税费用	4 978.00	930.00
四、净利润（净亏损以“－”号填列）	14 934.00	2 790.00

11.3　资产负债表

资产负债表是反映企业在某一特定日期资产、负债和所有者权益等财务状况的报表，又称为财务状况表。资产负债表反映特定时点的数据，因而又称为“静态报表”。

11.3.1　资产负债表的结构

资产负债表的样式如表 11－4 所示。

表 11－4　资产负债表

编制单位：　　　　　　　　　　　　年　月　日　　　　　　　　　　　　单位：元

资产	期末余额	年初余额	负债和所有者权益（或股东权益）	期末余额	年初余额
流动资产：			流动负债：		
货币资金			短期借款		
交易性金融资产			交易性金融负债		
衍生金融资产			衍生金融负债		
应收票据			应付票据		
应收账款			应付账款		
应收款项融资			预收款项		
预付款项			合同负债		

续表

资产	期末余额	年初余额	负债和所有者权益（或股东权益）	期末余额	年初余额
其他应收款			应付职工薪酬		
存货			应交税费		
合同资产			其他应付款		
持有待售资产			持有待售负债		
一年内到期的非流动资产			一年内到期的非流动负债		
其他流动资产			其他流动负债		
流动资产合计			流动负债合计		
非流动资产：			非流动负债：		
债权投资			长期借款		
其他债权投资			应付债券		
长期应收款			其中：优先股		
长期股权投资			永续债		
其他权益工具投资			长期应付款		
其他非流动金融资产			预计负债		
投资性房地产			递延收益		
固定资产			递延所得税负债		
在建工程			其他非流动负债		
生产性生物资产			非流动负债合计		
油气资产			负债合计		
无形资产			所有者权益（或股东权益）：		
开发支出			实收资本（或股本）		
商誉			其他权益工具		
长期待摊费用			其中：优先股		
递延所得税资产			永续债		
其他非流动资产			资本公积		
非流动资产合计			减：库存股		
			其他综合收益		
			专项储备		
			盈余公积		
			未分配利润		
			所有者权益（或股东权益）合计		
资产总计			负债和所有者权益（或股东权益）总计		

企业的资产负债表项目通常以左右两方列示。左方列示资产项目，反映企业资产的分类、形态及结构；右方列示负债和所有者权益项目，反映企业资本的属性、分类、形态及结构。通过左右两方对比分析，反映企业整体的财务状况。资产负债表体现会计恒等式“资产＝负债＋所有者权益”，从报表数据来看，资产总计＝负债和所有者权益总计。因此，资产负债表又称为“平衡表”。

资产负债表通常提供期末余额和年初余额两栏，期末余额反映报告日会计主体的财务状况，揭示其资产和权益结构；期末余额和年初余额的差异反映本年经济业务的累计影响，揭示其资产和权益变化趋势。

资产负债表中资产项目的排列顺序主要考虑资产流动性的强弱，分列流动资产和非流动资产两类；流动资产类和非流动资产类的具体项目按流动性及重要性的强弱顺序分别排列。负债项目的排列顺序主要考虑负债到期日的远近，分列流动负债和非流动负债两类。所有者权益的项目按永久性递减顺序排列。

11.3.2　资产负债表的内容

1. *流动资产项目*

流动资产由货币资金、交易性金融资产、应收票据、应收账款、应收款项融资、预付款项、其他应收款、存货、合同资产、持有待售资产、一年内到期的非流动资产以及其他流动资产等组成。

(1)“货币资金”报表项目反映库存现金、银行存款和其他货币资金等的合计数。

(2)“交易性金融资产”报表项目反映资产负债表日企业分类为以公允价值计量且其变动计入当期损益的金融资产，以及企业持有的直接指定为以公允价值计量且其变动计入当期损益的金融资产的期末账面价值。

(3)“应收票据”报表项目反映企业因赊销商品或提供劳务等经营活动而收到的商业汇票，包括商业承兑汇票和银行承兑汇票。

(4)“应收账款”报表项目反映企业因赊销商品或提供劳务等经营活动应该收取而尚未收到的款项的账面价值。

(5)“应收款项融资”报表项目反映资产负债表日以公允价值计量且其变动计入其他综合收益的应收票据和应收账款等。

(6)“预付款项”报表项目反映企业因采购原材料等经营活动提前支付的款项。

(7)“其他应收款”报表项目反映应收利息、应收股利以及企业零星发生的各种短期应收及暂付款项。

(8)“存货”报表项目反映企业期末在途物资、仓库存储的原材料和库存商品以及在加工中的在产品等各项存货的账面价值。

(9)“合同资产”报表项目反映企业已向客户转让商品而有权收取对价的权利，且该权利取决于时间流逝之外的其他因素。如企业向客户销售两项可明确区分的商品，企业因已交付其中一项商品而有权收取款项，但收取该款项还取决于企业交付另一项商品的，企业应当将该收款权利作为合同资产。

(10)“持有待售资产”报表项目反映资产负债表日划分为持有待售类别的非流动资产及划分为持有待售类别的处置组中的流动资产和非流动资产的期末账面价值。

(11)“一年内到期的非流动资产”报表项目反映企业将于一年内（含一年）变现的非流动资产项目金额。如非流动资产中的“债权投资”和“其他债权投资”，从持有的某债券临近到期日一年开始，从非流动资产报表项目转入“一年内到期的非流动资产”流动资产项目。

(12)“其他流动资产”报表项目反映除资产负债表上所列流动资产项目以外的一年内到期的资产。如企业购入的以摊余成本计量的一年内到期的债权投资的期末账面价值和企业购入的以公允价值计量且其变动计入其他综合收益的一年内到期的其他债权投资的期末账面价值。

2. 非流动资产项目

非流动资产由债权投资、其他债权投资、长期应收款、长期股权投资、其他权益工具投资、其他非流动金融资产、投资性房地产、固定资产、在建工程、无形资产、开发支出、商誉、长期待摊费用、递延所得税资产和其他非流动资产等组成。

(1)“债权投资”报表项目反映资产负债表日企业以摊余成本计量的长期债权投资的期末账面价值。

(2)“其他债权投资”报表项目反映资产负债表日企业分类为以公允价值计量且其变动计入其他综合收益的长期债权投资的期末账面价值。

(3)“长期应收款”报表项目反映企业的长期应收款项，包括融资租赁产生的应收款项、采用递延方式具有融资性质的销售商品和提供劳务等产生的应收款项等。

(4)“长期股权投资”报表项目反映企业为了长远利益对子公司、联营公司和合营公司进行的投资，取得被投资企业股权且不准备随时出售，通常对被投资单位的财务和经营决策具有控制、共同控制或重大影响。

(5)“其他权益工具投资”报表项目反映资产负债表日企业指定为以公允价值计量且其变动计入其他综合收益的非交易性权益工具投资的期末账面价值。

(6)“其他非流动金融资产”报表项目反映自资产负债表日起超过一年到期且预期持有超过一年的以公允价值计量且其变动计入当期损益的非流动金融资产的期末账面价值。

(7)“投资性房地产”报表项目反映以赚取租金或资本增值为目的而持有的房地产。

(8)“固定资产”报表项目反映企业拥有或控制的机器设备、房屋建筑物等价值高、使用寿命长的实物资产。它反映资产负债表日企业固定资产的期末账面价值和企业尚未清理完毕的固定资产清理净损益。

(9)“在建工程”报表项目反映资产负债表日企业尚未达到预定可使用状态的在建工程的期末账面价值和企业为在建工程准备的各种物资的期末账面价值。

(10)“无形资产”报表项目反映企业拥有或控制的商标权、著作权、专利权、特许权、非专利技术和土地使用权等经济利益不确定且没有实物形态的资产。

(11)“开发支出”报表项目反映企业研究与开发无形资产过程中发生的、符合资本化条件的研发费用。

(12)“商誉”报表项目反映企业合并成本大于合并取得被购买方各项可辨认资产、负债公允价值份额的差额，其存在无法与企业自身分离，不具有可辨认性，不属于无形资产准则所规范的无形资产。

(13)“长期待摊费用”报表项目反映企业已经发生但应由本期和以后各期负担的分摊期限在一年以上的各项费用。

（14）“递延所得税资产”报表项目反映企业确认的可抵扣暂时性差异产生的所得税资产。

（15）“其他非流动资产”报表项目反映除资产负债表上所列非流动资产项目以外的其他周转期超过一年的长期资产。

3．流动负债项目

流动负债主要包括短期借款、交易性金融负债、应付票据、应付账款、预收款项、合同负债、应付职工薪酬、应交税费、其他应付款、持有待售负债、一年内到期的非流动负债和其他流动负债。

（1）“短期借款”报表项目反映企业从银行或其他金融机构借入的一年内（包括一年）到期的负债。

（2）“交易性金融负债”报表项目反映资产负债表日企业承担的交易性金融负债，以及企业持有的直接指定为以公允价值计量且其变动计入当期损益的金融负债的期末账面价值。

（3）“应付票据”报表项目反映资产负债表日企业因购买材料、商品和接受服务等经营活动开出、承兑的商业汇票，包括商业承兑汇票和银行承兑汇票。

（4）“应付账款”报表项目反映资产负债表日企业因购买材料、商品和接受服务等经营活动应支付的款项。

（5）“预收款项”报表项目反映企业因销售商品或提供劳务而提前收取的款项。

（6）“合同负债”报表项目反映企业已收或应收客户对价而应向客户转让商品的义务。如企业在转让承诺的商品之前已收取的款项。

（7）“应付职工薪酬”报表项目反映企业应支付给职工的各种形式的报酬或补偿。

（8）“应交税费”报表项目反映企业应依法缴纳的增值税、消费税、所得税、城市维护建设税、教育费附加以及代扣代缴的个人所得税等税费。

（9）“其他应付款”报表项目反映应付利息、应付股利、企业零星发生的各种短期应付及暂收款项。

（10）“持有待售负债”报表项目反映资产负债表日处置组中与划分为持有待售类别的资产直接相关的负债的期末账面价值。

（11）“一年内到期的非流动负债”报表项目反映企业的长期借款、应付债券、长期应付款等非流动负债，从临近到期日一年开始从非流动负债转入“一年内到期的非流动负债”。

（12）“其他流动负债”报表项目反映除资产负债表上所列流动负债项目以外的一年内到期的负债。

4．非流动负债项目

非流动负债主要包括长期借款、应付债券、长期应付款、预计负债、递延收益、递延所得税负债和其他非流动负债等。

（1）“长期借款”报表项目反映企业从银行或其他金融机构借入的期限在一年以上（不含一年）的借款。

（2）“应付债券”报表项目反映企业为筹措资金发行的约定在一定日期还本

付息的债券，偿还期限通常在一年以上。

（3）“长期应付款”报表项目反映企业因补偿贸易引进设备、采用分期付款方式购入固定资产、融资租入固定资产等经营活动产生的付款期限在一年以上的负债。

（4）“预计负债”报表项目反映企业根据或有事项等相关准则确认的各项预计负债，包括对外提供担保、未决诉讼、产品质量保证、重组义务、亏损性合同以及固定资产和矿区权益弃置义务等产生的预计负债。

（5）“递延收益”报表项目反映企业根据政府补助准则确认的应在以后期间计入当期损益的政府补助金额。

（6）“递延所得税负债”报表项目反映企业根据所得税准则确认的可抵扣暂时性差异产生的所得税负债。

（7）“其他非流动负债”报表项目反映除资产负债表上所列非流动负债项目以外的到期日超过一年的负债。

5. 所有者权益项目

所有者权益主要包括实收资本（或股本）、其他权益工具、资本公积、库存股、其他综合收益、盈余公积和未分配利润等。

（1）“实收资本（或股本）”报表项目反映全体股东实际交付并经公司登记机关依法登记的出资额。

（2）“其他权益工具”报表项目反映企业发行的除普通股以外的归类为权益工具的各种金融工具的期末账面价值。

（3）“资本公积”报表项目反映有限责任公司投资者的投资额超出其在企业注册资本中所占有份额的部分（即资本溢价），或者股份有限公司的股票发行价格超过股票面值的部分（股本溢价）。

（4）“库存股”报表项目反映由于减少公司注册资本、将股份奖励给本公司职工等原因收购的本公司股份。

（5）“其他综合收益”报表项目反映所有直接计入所有者权益（未计入当期损益）的利得和损失。

（6）“盈余公积”报表项目反映为了企业经营发展需要，《公司法》规定从税后利润中提取的部分。

（7）“未分配利润”报表项目反映企业在向股东分配完利润后剩余的历年累计剩余利润。

11.3.3 资产负债表的填列方法

1. 年初余额的填列方法

资产负债表各报表项目“年初余额”，应根据上年 12 月 31 日资产负债表“期末余额”栏填列。与上年相比较，如果本期有部分报表项目发生变化，则需要将上年报表数据按照本期报表项目内容进行调整，将调整后的数据抄录于本年“年初余额”栏。

2．期末余额的填列方法

资产负债表各报表项目的“期末余额”，可以运用以下方法进行填列。

（1）根据总账科目余额填列。

部分报表项目与其对应会计科目的口径完全一致，“期末余额”可以直接根据其对应总账科目期末余额填列。如资产类报表项目“递延所得税资产”“其他权益工具投资”等可以根据其对应总账科目的期末借方余额填列；负债类报表项目“短期借款”“应付票据”“应交税费”“应付职工薪酬”“持有待售负债”“预计负债”“递延收益”“递延所得税负债”等可以根据其对应总账科目的期末贷方余额填列；所有者权益类报表项目“实收资本（或股本）”“资本公积”“库存股”“盈余公积”“其他综合收益”等可以根据其对应总账科目的期末贷方余额填列。

（2）根据多个总账科目余额之和填列。

部分报表项目对应多个会计科目，“期末余额”可以依据其对应的多个总账科目期末余额计算填列。

“货币资金”项目，根据“库存现金”、“银行存款”和“其他货币资金”三个总账科目借方余额之和计算填列。

“其他应付款”项目，根据“应付利息”、“应付股利”和“其他应付款”三个总账科目贷方余额之和计算填列。

“未分配利润”项目，依据“本年利润”和“利润分配”总账科目的贷方余额之和计算填列（借方余额以负数表示）。

（3）根据总账科目余额和明细账科目余额分析计算填列。

填报“交易性金融资产”项目，需要分析“交易性金融资产”的明细账。自资产负债表日起超过一年到期且预期持有超过一年的以公允价值计量且其变动计入当期损益的非流动金融资产的期末账面价值，计入“其他非流动金融资产”项目；“交易性金融资产”期末借方余额扣除计入“其他非流动金融资产”部分后的余额计入“交易性金融资产”项目。

填报“一年内到期的非流动资产”项目，需要分析“债权投资”、“其他债权投资”和“长期应收款”等科目的明细账，临近到期日一年以内的资产从非流动资产项目转入“一年内到期的非流动资产”项目。

填报“开发支出”项目，需要分析“研发支出”明细账，将符合资本化支出的明细科目期末借方余额计入“开发支出”报表项目。

填报“长期待摊费用”项目，需要分析“长期待摊费用”明细账，分摊期限在一年以上的长期待摊费用的借方余额计入“长期待摊费用”报表项目。

填报“应付账款”和“预付款项”项目，需要分析“应付账款”和“预付账款”明细账余额方向，二者明细账贷方余额之和计入“应付账款”报表项目，二者明细账借方余额之和计入“预付款项”报表项目。

填报“长期借款”“应付债券”“长期应付款”“预计负债”等项目，需要分析其对应科目的明细账，扣除一年内到期的负债余额后填列。

填报“一年内到期的非流动负债”项目，需要分析“长期借款”“应付债券”“长期应付款”“预计负债”等长期负债的明细账，临近到期日一年以内的债务从长期负债类报表项目转入“一年内到期的非流动负债”报表项目。

(4) 根据总账科目余额减去其备抵科目后的净额填列。

资产类报表项目的期末余额是指其账面价值，需要根据总账科目余额扣减其减值准备、累计折旧、累计摊销等备抵科目余额计算填列。

“应收票据”项目，需要根据总账科目借方余额扣减其坏账准备余额后的账面价值填列。

“持有待售资产”“长期股权投资”等项目，需要根据总账科目借方余额扣减其减值准备贷方余额后的账面价值填列。

“投资性房地产”项目，需要根据总账科目借方余额，扣减其累计折旧和减值准备贷方余额后的账面价值填列。

“无形资产”项目，需要根据“无形资产”总账科目的借方余额，扣减“累计摊销”和“无形资产减值准备”总账科目的贷方余额后的净额计算填列。

(5) 综合运用上述方法计算填列。

部分报表项目的填列需要同时运用以上几种方法。

“存货”项目，需要根据“在途物资”“原材料”“生产成本”“低值易耗品”“库存商品”等总账科目借方余额之和，扣减“存货跌价准备”总账科目贷方余额后的账面价值填列。

“应收账款”项目，需要根据“应收账款”明细账和“预收账款”明细账借方余额之和，扣减其对应“坏账准备”贷方余额后的净额计算填列。

“预收款项”项目，需要根据“应收账款”和“预收账款”明细账贷方余额之和，扣减其对应“坏账准备”贷方余额后的净额计算填列。

“其他应收款”项目，需要根据“应收利息”、“应收股利”和“其他应收款”的借方余额之和扣减其对应“坏账准备”后的账面价值计算填列。

“合同资产”项目和“合同负债”项目，应分别根据“合同资产”科目、“合同负债”科目的相关明细账期末余额分析填列，同一合同下的合同资产和合同负债应当以净额列示，其中净额为借方余额的，应当根据其流动性在“合同资产”或“其他非流动资产”项目中填列，已计提减值准备的，还应减去“合同资产减值准备”科目中相关的期末余额后的金额填列；其中净额为贷方余额的，应当根据其流动性在“合同负债”或“其他非流动负债”项目中填列。

填报“债权投资”“其他债权投资”项目，需要分析“债权投资”“其他债权投资”明细账。自资产负债表日起一年内到期的“债权投资”“其他债权投资”计入“一年内到期的非流动资产”项目；购入的以摊余成本计量的一年内到期的债权投资的期末账面价值，在“其他流动资产”项目中反映。扣除这两部分后的“债权投资”明细账借方余额之和，扣减其对应减值准备贷方余额后的账面价值，计入“债权投资”项目。

填报“其他债权投资”项目，需要分析“其他债权投资”明细账。自资产负债表日起一年内到期的“其他债权投资”计入“一年内到期的非流动资产”项目；购入的以公允价值计量且其变动计入其他综合收益的一年内到期的其他债权投资的期末账面价值，在“其他流动资产”项目中反映。扣除这两部分后的“其他债权投资”明细账借方余额之和，扣减其对应减值准备贷方余额后的账面价值，计入“其他债权投资”项目。

填报“长期应收款”项目，需要分析“长期应收款”明细账。自资产负债表日起一年内到期的“长期应收款”计入“一年内到期的非流动资产”项目，“长期应收款”其他明细账借方余额之和，扣除对应“坏账准备”贷方余额后的账面价值，计入“长期应收款”项目。

“固定资产”项目，需要根据“固定资产”总账科目借方余额减去其备抵科目（累计折旧和资产减值准备）贷方余额后的净额，加上“固定资产清理”总账科目的借方余额计算填列。

“在建工程”项目，需要根据“在建工程”“工程物资”总账科目的借方余额之和，扣除其减值准备贷方余额后的账面价值计算填列。

11.3.4　资产负债表的编制举例

例 11-2

量家股份有限公司 2019 年 12 月 31 日资产、负债、所有者权益类账户余额表如表 11-5 所示。

表 11-5　量家股份有限公司账户余额表　　单位：万元

总账科目	借方余额	贷方余额	总账科目	借方余额	贷方余额
库存现金	20.00		短期借款		19 218.80
银行存款	9 210.00		应付票据		32 000.00
交易性金融资产	3 220.20		应付账款		47 376.00
应收票据	44 000.00		应付账款——明细账贷方余额之和		47 400.00
应收账款	53 764.40		应付账款——明细账借方余额之和	24.00	
应收账款——明细账借方余额之和	54 344.40		预收账款		1 000.00
应收账款——明细账贷方余额之和		580.00	预收账款——明细账贷方余额之和		4 000.00
坏账准备——应收账款		400.00	预收账款——明细账借方余额之和	3 000.00	
预付账款	120.00		应付职工薪酬		1 700.00
预付账款——明细账借方余额之和	720.00		应交税费		980.00
预付账款——明细账贷方余额之和		600.00	其他应付款		1 720.50
其他应收款	334.00		长期借款		17 000.00

续表

总账科目	借方余额	贷方余额	总账科目	借方余额	贷方余额
在途物资	7 527.80		长期借款——一年内到期的长期借款		800.00
原材料	18 847.30		应付债券		1 000.00
生产成本	14 022.80		股本		30 000.00
库存商品	25 111.20		资本公积		100 000.00
债权投资	5 000.00		其他综合收益		57.60
长期股权投资	10 916.60		盈余公积		1 772.40
其他权益工具投资	2 274.50		未分配利润		14 458.20
投资性房地产	2 014.00				
固定资产	59 791.90				
累计折旧		1 091.90			
固定资产减值准备		523.00			
在建工程	5 000.00				
工程物资	360.00				
无形资产	9 600.50				
累计摊销		36.80			

根据量家股份有限公司资产、负债、所有者权益类账户余额表编制 2019 年 12 月 31 日资产负债表，如表 11－6 所示。

表 11－6 量家股份有限公司资产负债表

编制单位：量家股份有限公司　　2019 年 12 月 31 日　　单位：万元

资产	期末余额	年初余额	负债和所有者权益（或股东权益）	期末余额	年初余额
流动资产：			流动负债：		
货币资金	9 230.00	1 570.00	短期借款	19 218.80	7 232.00
交易性金融资产	3 220.20		应付票据	32 000.00	3 400.00
应收票据	44 000.00	5 038.00	应付账款	48 000.00	6 000.00
应收账款	56 944.40	13 180.00	预收款项	4 580.00	360.00
预付款项	744.00	90.00	应付职工薪酬	1 700.00	1 100.00
其他应收款	334.00	76.00	应交税费	980.00	500.00
存货	65 509.10	7 050.00	其他应付款	1 720.50	900.00
流动资产合计	179 981.70	27 004.00	一年内到期的非流动负债	800.00	
			流动负债合计	108 999.30	19 492.00
非流动资产：			非流动负债：		
债权投资	5 000.00		长期借款	17 000.00	10 500.00
长期股权投资	10 916.60	900.00	应付债券	1 000.00	

续表

资产	期末余额	年初余额	负债和所有者权益（或股东权益）	期末余额	年初余额
其他权益工具投资	2 274.50		非流动负债合计	18 000.00	10 500.00
投资性房地产	2 014.00		负债合计	126 999.30	29 992.00
固定资产	58 177.00	14 579.00	所有者权益（股东权益）：		
在建工程	5 360.00	40.00	实收资本（或股本）	30 000.00	10 000.00
无形资产	9 563.70	368.00	资本公积	100 000.00	
非流动资产合计	93 305.80	15 887.00	其他综合收益	57.60	109.00
			盈余公积	1 772.40	279.00
			未分配利润	14 458.20	2 511.00
			所有者权益（股东权益）合计	146 288.20	12 899.00
资产总计	273 287.50	42 891.00	负债和所有者权益（股东权益）总计	273 287.50	42 891.00

11.4　现金流量表

利润表能反映出企业经营活动形成的收入、为取得收入所付出的代价（即费用）和经营成果（利润）。企业会计准则规定会计记账基础为权责发生制，利润表披露的收入不一定带来现金的流入，费用不一定导致现金的流出。然而，现金是企业的命脉，由此产生了现金流量表。

现金流量表是反映企业一定会计期间现金和现金等价物（以下简称现金）流入和流出的报表。现金是指库存现金和可以随时用于支付的存款；现金等价物通常包括 3 个月内到期的债券投资。在现金流量表中，现金被视为一个整体，不同现金形式之间的转化不会影响现金流量。

11.4.1　现金流量表的结构

现金流量表应当按照经营活动、投资活动和筹资活动的现金流量分类分项列示，如表 11－7 所示。

表 11－7　现金流量表

编制单位：　　　　　　　　　　年度　　　　　　　　　　单位：元

项目	本期金额	上期金额
一、经营活动产生的现金流量：		
销售商品、提供劳务收到的现金		
收到的税费返还		

续表

项目	本期金额	上期金额
收到其他与经营活动有关的现金		
经营活动现金流入小计		
购买商品、接受劳务支付的现金		
支付给职工以及为职工支付的现金		
支付的各项税费		
支付其他与经营活动有关的现金		
经营活动现金流出小计		
经营活动产生的现金流量净额		
二、投资活动产生的现金流量：		
收回投资收到的现金		
取得投资收益收到的现金		
处置固定资产、无形资产和其他长期资产收回的现金净额		
处置子公司及其他营业单位收到的现金净额		
收到其他与投资活动有关的现金		
投资活动现金流入小计		
购建固定资产、无形资产和其他长期资产支付的现金		
投资支付的现金		
支付其他与投资活动有关的现金		
投资活动现金流出小计		
投资活动产生的现金流量净额		
三、筹资活动产生的现金流量：		
吸收投资收到的现金		
取得借款收到的现金		
收到其他与筹资活动有关的现金		
筹资活动现金流入小计		
偿还债务支付的现金		
分配股利、利润或偿付利息支付的现金		
支付其他与筹资活动有关的现金		
筹资活动现金流出小计		
筹资活动产生的现金流量净额		
四、汇率变动对现金及现金等价物的影响		
五、现金及现金等价物净增加额		
加：期初现金及现金等价物余额		
六、期末现金及现金等价物余额		

经营活动是指企业投资活动和筹资活动以外的所有交易和事项。经营活动的现金流量按照经营活动现金流入和现金流出的性质分项列示。

投资活动是指企业长期资产的购建和不包括在现金等价物范围内的投资及其

处置活动。投资活动的现金流量按照投资活动现金流入和现金流出的性质分项列示。

筹资活动是指导致企业股权资本及债务规模和构成发生变化的活动。筹资活动的现金流量应当按照筹资活动现金流入和现金流出的性质分项列示。

11.4.2 现金流量表的内容

1. 经营活动产生的现金流量项目

经营活动产生的现金流量至少应当单独列示反映下列项目：

（1）销售商品、提供劳务收到的现金：当期销售商品或提供劳务收到的现金、收回以前期间应收账款或应收票据的现金以及提前收取的预收款项。

（2）收到的税费返还：收到返还的增值税、消费税、所得税、教育费附加等各种税费。

（3）收到其他与经营活动有关的现金：收到的其他与经营活动有关的现金，如罚款收入、经营租赁固定资产收到的现金、投资性房地产收到的租金收入、流动资产损失中由个人赔偿的现金收入、除税费返还外的其他政府补助收入等。

（4）购买商品、接受劳务支付的现金：当期购买商品或接受劳务支付的现金、支付以前期间应付账款或应付票据的现金以及提前支付的预付款项。

（5）支付给职工以及为职工支付的现金：本期实际支付给职工的工资、奖金、各种津贴和补贴等，以及为职工支付的保险费用、住房公积金等其他费用。

（6）支付的各项税费：实际支付的增值税、消费税、企业所得税、城市维护建设税、教育费附加、印花税、房产税、土地增值税等税费。

（7）支付其他与经营活动有关的现金：除上述各项目外，与经营活动有关的其他现金流出，如捐赠、罚款、差旅费、业务招待费、保险费等现金支出。

2. 投资活动产生的现金流量项目

投资活动产生的现金流量至少应当单独列示反映下列项目：

（1）收回投资收到的现金：企业出售、转让或到期收回除现金等价物以外的交易性金融资产、债权投资、其他债权投资和其他权益投资等而收到的现金。

（2）取得投资收益收到的现金：企业交易性金融资产和其他权益投资等分得的现金股利，从子公司、联营企业或合营企业分回利润、现金股利而收到的现金（收到的现金股利），因债权投资和其他债权投资而取得的现金利息收入。

（3）处置固定资产、无形资产和其他长期资产收回的现金净额：处置固定资产、无形资产和其他长期资产的净损益。

（4）处置子公司及其他营业单位收到的现金净额：反映在失去对子公司和其他营业单位控制权的当期，所收到的处置现金对价减去该子公司和其他营业单位在处置日所持有的现金及现金等价物以及相关处置费用之后的净额。

（5）收到其他与投资活动有关的现金：反映企业除了上述各项以外，收到的其他与投资活动有关的现金流入。

（6）购建固定资产、无形资产和其他长期资产支付的现金：反映企业购买、建造固定资产，取得无形资产和其他长期资产支付的现金，不包括为购建固定资产而发生的借款利息资本化的部分，以及融资租入固定资产支付的租赁费、借款利息。

（7）投资支付的现金：反映企业进行各种性质的投资所支付的现金，包括企业取得的除现金等价物以外的短期股票投资、长期股权投资和长期债券投资支付的现金，以及支付的佣金、手续费等附加费用。

（8）支付其他与投资活动有关的现金：反映企业除了上述各项以外，支付的其他与投资活动有关的现金流量，如企业购买股票和债券时，实际支付的价款中包含的已宣告但尚未发放的现金股利或已到付息期但尚未领取的债券利息。

3. 筹资活动产生的现金流量项目

筹资活动产生的现金流量至少应当单独列示反映下列项目：

（1）吸收投资收到的现金：反映企业以发行股票等方式筹集资金实际收到的款项净额（发行收入减去支付的佣金等发行费用后的净额）。

（2）取得借款收到的现金：反映企业举借各种短期、长期借款而收到的现金，以及发行债券实际收到的款项净额（发行收入减去直接支付的佣金等发行费用后的净额）。

（3）收到其他与筹资活动有关的现金：除了“吸收投资收到的现金”及“取得借款收到的现金”两个项目以外，收到的其他与筹资活动有关的现金流入，如接受现金捐赠等。

（4）偿还债务支付的现金：反映企业偿还债务本金所支付的现金，包括偿还金融企业的借款本金、偿还债券本金等。

（5）分配股利、利润或偿付利息支付的现金：反映企业实际支付的现金股利，支付给其他投资单位以及支付的借款利息、债券利息等。

（6）支付其他与筹资活动有关的现金：除了“偿还债务支付的现金”及“分配股利、利润和偿付利息支付的现金”两个项目以外，支付的其他与筹资活动有关的现金流出，如以发行股票等方式筹集资金而由企业直接支付的审计、咨询费用等。

4. 汇率变动对现金及现金等价物的影响

汇率变动对现金及现金等价物的影响：反映外币现金流量以及境外子公司的现金流量折算为人民币时，所采用的现金流量发生日的即期汇率或按照系统合理的方法确定的、与现金流量发生日即期汇率近似的汇率折算的人民币金额与“现金及现金等价物净增加额”中外币净增加额按期末汇率折算的人民币金额之间的差额。

现金流量表的编制方法

1. 直接法

直接法是指通过现金收入和现金支出的主要类别列示经营活动的现金流量。采用直接法编制经营活动的现金流量时，一般以利润表中的营业收入为起算点，调整与经营活动有关项目的增减变动，然后计算出经营活动的现金流量。企业应当采用直接法列示经营活动产生的现金流量。

2. 间接法

间接法是指以净利润为起点，调整不涉及现金的收入、费用、营业外收支等有关项目，除投资活动、筹资活动对现金流量的影响，据此计算出经营活动产生的现金流量。由于净利润是以权责发生制为基础确定的，包括与投资活动和筹资活动相关的收益和费用，将净利润调节为经营活动现金流量，实际上就是将以权责发生制为基础确定的净利润调整为收付实现制下的现金净流入，并剔除投资活动和筹资活动对现金流量的影响。企业应当在财务报表附注中披露以净利润为基础调节为经营活动现金流量的信息，即现金流量表补充资料，如表 11-8 所示。

表 11-8 现金流量表补充资料

编制单位： 年 月 单位：元

补充资料	本期金额	上期金额
1. 将净利润调节为经营活动现金流量：		
净利润		
加：资产减值准备		
固定资产折旧、油气资产折耗、生产性生物资产折旧		
无形资产摊销		
长期待摊费用摊销		
处置固定资产、无形资产和其他长期资产的损失（收益以“—”号填列）		
固定资产报废损失（收益以“—”号填列）		
公允价值变动损失（收益以“—”号填列）		
财务费用（收益以“—”号填列）		
投资损失（收益以“—”号填列）		
递延所得税资产减少（增加以“—”号填列）		
递延所得税负债增加（减少以“—”号填列）		
存货的减少（增加以“—”号填列）		
经营性应收项目的减少（增加以“—”号填列）		
经营性应付项目的增加（减少以“—”号填列）		
其他		
经营活动产生的现金流量净额		
2. 不涉及现金收支的重大投资和筹资活动：		
债务转为资本		
一年内到期的可转换公司债券		
融资租入固定资产		
3. 现金及现金等价物净变动情况		
现金的期末余额		
减：现金的期初余额		
加：现金等价物的期末余额		
减：现金等价物的期初余额		
现金及现金等价物净增加额		

11.5 所有者权益变动表

所有者权益变动表反映构成所有者权益的各组成部分当期的增减变动情况，披露所有者权益变动幅度及原因。

11.5.1 所有者权益变动表的结构

所有者权益变动表如表 11－9 所示。所有者权益变动表第一栏列示影响所有者权益的各因素，后续各栏为所有者权益的具体构成。

所有者权益变动表第一行和最后一行反映所有者权益的上年年末余额和本年年末余额，中间各行反映不同因素对所有者权益增减变动的影响，揭示出所有者权益如何从上年年末余额变化至本年年末余额。所有者权益变动表提供本年和上年两年数据。

11.5.2 所有者权益变动表的内容

1. 会计政策变更

“会计政策变更”反映企业采用调整法处理会计政策变更对盈余公积和未分配利润的累计影响。

2. 前期差错更正

“前期差错更正”反映企业采用追溯重塑法处理的会计差错更正对盈余公积和未分配利润的累计影响。

3. 综合收益总额

“综合收益总额”反映当年实现的综合收益总额的影响，包括净利润和其他综合收益两部分，将影响“未分配利润”和“其他综合收益”。

4. 所有者投入和减少资本

“所有者投入和减少资本”主要反映三个方面的影响：所有者投入的普通股将影响“实收资本（或股本）”和“资本公积”；其他权益工具持有者投入资本将影响“其他权益工具”，股份支付计入所有者权益的金额将影响“资本公积”。

5. 利润分配

“利润分配”主要反映两个方面的影响：企业按《公司法》规定提取盈余公积金将影响“盈余公积”；企业对所有者（或股东）分配利润（或股利）将影响“未分配利润”。

6. 所有者权益内部结转

“所有者权益内部结转”主要反映三个方面的影响：资本公积转增资本（或股本）将影响“实收资本（或股本）”和“资本公积”；盈余公积转增资本（或股本）将影响“实收资本（或股本）”和“盈余公积”；盈余公积弥补亏损将影响“盈余公积”和“未分配利润”。

表 11－9　所有者权益变动表

编制单位：　　　　　　　　　　编制日期：　　　　　　　　　　单位：元

项目	本年金额								上年金额							
	实收资本（或股本）	其他权益工具	资本公积	减：库存股	其他综合收益	盈余公积	未分配利润	所有者权益合计	实收资本（或股本）	其他权益工具	资本公积	减：库存股	其他综合收益	盈余公积	未分配利润	所有者权益合计
一、上年年末余额																
加：会计政策变更																
前期差错更正																
其他																
二、本年年初余额																
三、本年增减变动金额（减少以“－”号填列）																
（一）综合收益总额																
（二）所有者投入和减少资本																
1. 所有者投入的普通股																
2. 其他权益工具持有者投入资本																
3. 股份支付计入所有者权益的金额																
4. 其他																
（三）利润分配																
1. 提取盈余公积																
2. 对所有者（或股东）的分配																
3. 其他																
（四）所有者权益内部结转																
1. 资本公积转增资本（或股本）																
2. 盈余公积转增资本（或股本）																
3. 盈余公积弥补亏损																
4. 其他																
四、本年年末余额																

11.6 财务报表附注

财务报表附注是为便于财务报表使用者理解财务报表的内容而对财务报表的编制基础、编制依据、编制原则和方法及主要项目等所做的解释。财务报表附注通常包括下列内容。

1. 企业基本情况

(1) 企业注册地、组织形式和总部地址。

(2) 企业的业务性质和主要经营活动。

(3) 母公司以及集团最终母公司的名称。

2. 财务报表的编制基础

企业需要在财务报表附注中对财务报表的编制基础予以披露。

例如，某上市公司在年报附注中披露：公司以持续经营为基础，根据实际发生的交易和事项，按照财政部颁布的《企业会计准则——基本准则》和各项具体会计准则、企业会计准则应用指南、企业会计准则解释及其他相关规定，以及中国证券监督管理委员会《公开发行证券的公司信息披露编报规则第 15 号——财务报告的一般规定》的披露规定编制财务报表。

本公司董事会相信本公司拥有充足的营运资金，将能自本财务报表批准日后不短于 12 个月的可预见未来期间内持续经营。因此，董事会继续以持续经营为基础编制本公司截至 2019 年 12 月 31 日的 2019 年度财务报表。

3. 遵循企业会计准则的声明

企业需要在财务报表附注中对遵循企业会计准则的情况进行声明。

例如，某上市公司在年报附注中声明：公司所编制的财务报表符合企业会计准则的要求，真实、完整地反映了报告期公司的财务状况、经营成果和现金流量等有关信息。

4. 重要会计政策的说明

企业需要在财务报表附注中对重要会计政策予以说明。

例如，某上市公司在年报附注中披露销售商品收入确定的具体原则：在产品已发出，买方已确认收货，并将发票结算账单提交买方，相关收入和成本能可靠计量时，确认销售收入实现。

5. 重要会计估计的说明

企业需要在财务报表附注中对重要会计估计予以说明。

例如，某上市公司在年报附注中披露使用寿命有限的无形资产使用寿命估计情况，如表 11-10 所示。

表 11-10

项目	预计使用寿命	依据
土地使用权	50 年	为公司带来经济利益的期限

续表

项目	预计使用寿命	依据
专利权	60 个月、206 个月	为公司带来经济利益的期限
非专利技术	60 个月	为公司带来经济利益的期限
软件	60 个月	为公司带来经济利益的期限
商标权	60 个月	为公司带来经济利益的期限
专业资质	27 个月	为公司带来经济利益的期限

6. 会计政策和会计估计变更以及差错更正的说明

企业需要在财务报表附注中对会计政策和会计估计变更以及差错更正予以说明。

例如，上市公司在年报附注中披露一项重要会计政策变更说明：财政部于 2017 年度修订了《企业会计准则第 16 号——政府补助》，修订后的准则自 2017 年 6 月 12 日起施行，对于 2017 年 1 月 1 日存在的政府补助，要求采用未来适用法处理；对于 2017 年 1 月 1 日至施行日新增的政府补助，也要求按照修订后的准则进行调整。

7. 报表重要项目的进一步说明

企业需要在财务报表附注中对已在资产负债表、利润表、现金流量表和所有者权益变动表中列示的重要项目做进一步说明。

8. 或有和承诺事项、资产负债表日后非调整事项、关联方关系及其交易等需要说明的事项

9. 企业应当在附注中披露在资产负债表日后、财务报告批准报出日前提议或宣布发放的股利总额和每股股利金额（或向投资者分配的利润总额）

思考题

1. 编制财务报表有什么意义？
2. 财务报表至少应当包括哪些内容？
3. 编制财务报表的要求是什么？
4. 资产负债表是什么？有什么作用？
5. 利润表是什么？有什么作用？
6. 现金流量表的现金如何分类？
7. 直接法和间接法有何异同？
8. 如何理解资产负债表、利润表和现金流量表之间的关系？
9. 所有者权益变动表可以反映哪些方面的会计信息？
10. 财务报表附注的作用是什么？

练习题

一、名词解释

财务报表　　资产负债表　　流动资产
非流动资产　　流动负债　　非流动负债
利润表　　营业利润　　利润总额
净利润　　现金流量表　　所有者权益变动表
财务报表附注

二、判断题

1. 企业组织必须编制资产负债表、利润表和现金流量表。（　）
2. 资产负债表是反映企业某一特定日期经营成果的财务报表。（　）
3. 资产负债表是依据“资产＝负债＋所有者权益”原理设计的。（　）
4. 资产负债表的左边列示了各项资产，右边列示了各种负债及所有者权益。（　）
5. 资产负债表中的“期末余额”应该根据有关账户的发生额填列。（　）
6. 资产负债表中的“年初余额”应该根据上年末本表的期末余额填列。（　）
7. 资产负债表中的资产总计与负债及所有者权益总计必须相等。（　）
8. 在资产负债表中没有“原材料”和“库存商品”项目。（　）
9. 利润表反映一定期间的财务状况。（　）
10. 利润表是依据“资产＝负债＋所有者权益”原理设计的。（　）
11. 利润表中的“本期金额”应该根据有关账户的发生额填列。（　）
12. 企业的所得税费用是以净利润为基础计算的。（　）
13. 净利润也称为税后利润。（　）
14. 现金流量表揭示了企业组织在一定时期内创造的现金数额，反映了企业组织的现金从哪里来，到何处去。（　）
15. 现金流量表中“现金流入量”与“现金流出量”之间的差额就是“现金流量净额”。（　）
16. 企业组织的资产负债表、利润表和现金流量表之间没有任何关系。（　）
17. 资产负债表是动态报表。（　）
18. 利润表的编制基础是平衡公式“收入－费用＝利润”。（　）

三、单项选择题

1. 资产负债表是主要的财务报表，它反映企业某一特定日期的（　）。

A. 经营成果　　B. 所有者权益变动
C. 财务状况　　D. 现金流量

2. 资产负债表的项目按类别采用左右平衡对照的结构，在此基础上的分类是（　）。

A. 收入、费用和利润

B. 资产、负债和所有者权益

C. 资产、负债、所有者权益、收入、费用和利润

D. 资金来源和资金运用

3. 下列各项中，属于资产负债表设计依据的是（　　）。

A. 会计恒等式　　B. 复式记账原理

C. 账户结构原理　　D. 收入－费用＝利润

4. 下列各项中，不属于资产项目的是（　　）。

A. 预收账款　　B. 货币资金　　C. 预付账款　　D. 存货

5. 在下列财务报表中，反映时点指标的报表是（　　）。

A. 现金流量表　　B. 资产负债表

C. 利润表　　D. 所有者权益变动表

6. 下列各项中，不属于负债项目的是（　　）。

A. 预收账款　　B. 应交税费　　C. 预付账款　　D. 短期借款

7. 下列各项中，不属于所有者权益项目的是（　　）。

A. 未分配利润　　B. 盈余公积　　C. 应收股利　　D. 资本公积

8. 企业编制利润表的依据是（　　）。

A. 借方余额账户　　B. 贷方余额账户

C. 损益类账户的发生额　　D. 盘存类账户

9. 直接描述企业是否盈利的财务报表是（　　）。

A. 资产负债表　　B. 利润表

C. 现金流量表　　D. 所有者权益变动表

10. 直接描述企业现金流状况的财务报表是（　　）。

A. 资产负债表　　B. 利润表

C. 现金流量表　　D. 所有者权益变动表

11. 下列各项中，不属于经营活动产生的现金流量的是（　　）。

A. 支付职工的工资　　B. 收到销售商品的现金

C. 分配股利支付的现金　　D. 购买商品支付的现金

12. 下列各项中，不属于投资活动产生的现金流量的是（　　）。

A. 收回投资收到的现金　　B. 吸收投资收到的现金

C. 取得投资收益收到的现金　　D. 购置固定资产支付的现金

13. 我国资产负债表中资产项目的排列是按照（　　）。

A. 各项资产流动性的大小　　B. 各项资产的重要程度

C. 各项资产的金额大小　　D. 各项资产的增加顺序

14. 某企业“库存现金”总账借方余额 4 000 元，“银行存款——建设银行”明细账借方余额 400 000 元，“银行存款——工商银行”明细账借方余额 500 000 元。如果不考虑其他因素，该企业资产负债表中“货币资金”项目填列的金额为（　　）元。

A. 4 000　　B. 404 000　　C. 904 000　　D. 900 000

15. 下列各项中，不属于财务报表附注披露内容的是（　　）。

A. 企业的基本情况　　B. 财务报表的编制过程
C. 重要会计政策和会计估计　　D. 遵循企业会计准则的声明

二、多项选择题

1. 下列资产负债表各项目中，应根据明细账余额计算填列的有（　）。
A. 应收票据　B. 预收款项　C. 应收账款　D. 应付账款

2. 下列项目中，属于流动负债的有（　）。
A. 应付职工薪酬　　B. 预收账款
C. 预付账款　　D. 一年内到期的非流动负债

3. 下列各项中，影响企业营业利润的有（　）。
A. 管理费用　B. 所得税费用　C. 销售费用　D. 投资收益

4. “货币资金”项目应该根据（　）等账户期末余额的合计数填列。
A. “库存现金”　　B. “其他应收款”
C. “银行存款”　　D. “其他货币资金”

5. 下列各项现金流出，属于企业现金流量表中筹资活动产生的现金流量的有（　）。
A. 偿还短期借款　　B. 偿还应付账款
C. 发放现金股利　　D. 支付借款利息

6. 下列资产负债表各项目中，属于流动负债的有（　）。
A. 应交税费　　B. 预收账款
C. 一年内到期的长期借款　　D. 预付账款

7. “一年内到期的非流动负债”项目反映（　）等负债中将于一年内到期的部分。
A. 长期借款　B. 应付债券　C. 长期应付款　D. 应交税费

8. 下列各项中，可以通过资产负债表反映的有（　）。
A. 某一时期的经营成果　　B. 某一时点的财务状况
C. 某一时期的现金流量　　D. 某一时点的净资产数额

9. 下列各项中，可以通过利润表反映的有（　）。
A. 某一时期的经营成果　　B. 某一时点的财务状况
C. 某一时期的现金流量　　D. 某一时期的收入与产出之间的关系

10. 现金流量表主要是从现金流入和流出两个方面反映企业在一定会计期间内（　）的动态情况。
A. 经营活动　B. 筹资活动　C. 投资活动　D. 分配活动

11. 财务报表附注是为帮助理解财务报表的内容而对报表的有关项目等所做的解释，下列各项中包括在财务报表附注中的有（　）。
A. 所采用的主要会计处理方法
B. 会计处理方法的变更、变更原因以及对财务状况和经营成果的影响
C. 非经常性项目的说明
D. 财务报表中有关项目的明细资料
E. 其他有助于理解和分析报表需要说明的事项

12. 资产负债表中，“存货”项目的填列依据有（　　）。

A. 材料采购　B. 库存商品　C. 原材料　D. 生产成本

13. 资产负债表中，可以直接根据账户余额填列的有（　　）。

A. 应付账款　B. 实收资本　C. 盈余公积　D. 短期借款

14. 下列各项中，属于年内资产负债表中“未分配利润”项目填列依据的有（　　）。

A. 净利润　B. 实收资本　C. 本年利润　D. 利润分配

15. 下列各项中，需要依据报表各项目的关系计算填列的有（　　）。

A. 营业利润　B. 销售费用　C. 利润总额　D. 净利润

五、计算与会计处理题

1. 甲公司 2019 年 12 月 31 日结账后有关账户余额如下表所示。

单位：万元

账户名称	借方余额	贷方余额
应收账款	700	50
坏账准备	—	70
预收账款	150	900
应付账款	50	460
预付账款	400	100

要求：根据上述资料，计算资产负债表中下列项目的金额：

(1) 应收账款；

(2) 预付款项；

(3) 应付账款；

(4) 预收款项。

2. 乙公司 2019 年 1 月对各有关账户发生额进行分析，得到如下资料。

单位：万元

会计科目	金额
主营业务收入	1 900
主营业务成本	650
税金及附加	40
管理费用	280
销售费用	80
所得税费用	160
营业外收入	100
营业外支出	150

要求：根据上述资料，编制乙公司 2019 年 1 月的利润表。

3. 丙公司 2019 年 12 月 31 日全部总账和有关明细账余额资料如下表所示。

单位：元

总账	明细账	借方余额	贷方余额
库存现金		5 000	
银行存款		285 000	
交易性金融资产		100 000	
应收票据		90 000	
应收账款		160 000	
	长江公司	200 000	
	黄河公司		40 000
预付账款		75 000	
	淮河公司	100 000	
	湘江公司		25 000
坏账准备			40 000
材料采购		300 000	
原材料		595 000	
库存商品		325 000	
生产成本		680 000	
固定资产		3 370 000	
累计折旧			300 000
无形资产		250 000	
累计摊销			50 000
短期借款			125 000
应付账款			500 000
	丽水公司		520 000
	丽水公司	20 000	
预收账款			30 000
	沅江公司		70 000
	渭河公司	40 000	
其他应付款			20 000
应付职工薪酬			365 000
应交税费			230 000
应付股利			50 000
长期借款			1 500 000
实收资本			2 200 000
资本公积			50 000
盈余公积			250 000
利润分配			525 000
未分配利润			

另外，长期借款中有一笔 2018 年 7 月 1 日借入的 2 年期借款，该笔借款为 500 000 元。

要求：分析丙公司 2019 年 12 月 31 日资产负债表各项目的应填列金额，并编制资产负债表。

第 12 章

Chapter 12 财务报表分析

学习目标

1. 掌握偿债能力分析指标
2. 掌握资产管理能力分析指标
3. 掌握盈利能力分析指标
4. 了解杜邦分析法
5. 了解比较分析法、结构分析法等方法

财务会计报表（通常简称财务报表）是反映企业财务状况、经营成果和现金流量的报表，将呈报给所有者（股东）、债权人、政府监管部门等利益相关者。不同外部信息使用者需要决策的问题不同，关注的会计信息侧重点也不同。股东更关心企业是否能获利，债权人更关心企业是否能按时还债，税务部门更关心企业是否合规合法，国有资产管理部门更关心企业资产增值保值情况。

财务报表分析以财务报表为主要数据源，分析报表内部和报表之间的数据关系，揭示企业偿还债务、管理资产、获取盈利等方面的能力，为内外部利益相关者进行决策提供信息。

会计信息使用者从分析动机出发，可以采用不同的方法分析企业财务报表，常用方法有比较分析法、结构分析法、财务比率分析法和杜邦分析法。

12.1 基本分析方法

12.1.1 比较分析法

以比较对象为基准，对财务报表的数据进行对比分析，了解相关报表项目相较于基准的差异绝对值和百分比，这一分析方法称为比较分析法。

使用比较分析法进行财务报表分析，步骤如下：

（1）确定分析期间，获取分析期间报表数据；

（2）选择比较基准，获取比较基准报表数据；

（3）计算分析期间相对比较基准的差异绝对值；

（4）计算分析期间相对比较基准的差异百分比。

比较分析的目的和获取数据的能力决定如何选择比较基准。例如，选择历史同期作为比较基准，可以了解企业的成长速度；选择分析期间的预算作为比较基准，可以了解企业业绩的完成情况；选择同行业龙头企业作为比较基准，可以了解企业与龙头企业之间的差距。

例 12－1

对 ABC 公司 2019 年资产负债表进行比较分析。

ABC 公司希望通过比较分析了解企业 2019 年末财务状况相对年初的增长情况，确定 2019 年末为分析期间，2019 年初为比较基准。

表 12－1 列示了 ABC 公司变动较大的资产负债表项目。

表 12－1 2019 年资产负债表比较分析

编制单位：ABC 公司　　　　单位：万元

项目	2019 年		差异	
	期末余额	期初余额	金额	比例
流动资产：				
货币资金	291 370	236 360	55 010	23.27%
应收票据	256 830	197 050	59 780	30.34%
应收账款	981 800	797 850	183 950	23.06%
存货	360 110	398 110	(38 000)	−9.55%
流动资产合计	1 897 230	1 635 410	261 820	16.01%
非流动资产合计	841 180	782 670	58 510	7.48%
资产总计	2 738 410	2 418 080	320 330	13.25%
流动负债：				
应付票据	233 000	184 910	48 090	26.01%
应付账款	404 160	315 260	88 900	28.20%
流动负债合计	796 550	574 580	221 970	38.63%
负债合计	1 159 990	849 190	310 800	36.60%
所有者权益合计	1 578 420	1 568 890	9 530	0.61%
负债和所有者权益总计	2 738 410	2 418 080	320 330	13.25%

表 12－1 显示，与年初相比，ABC 公司资产项目的重要变化包括：2019 年货币资金增加了 23.27%，应收票据增加了 30.34%，应收账款增加了 23.06%，存货减少了 9.55%，资产总计增长 13.25%；负债项目的重要变化包括：应付票据和应付账款增加比例都超过 26%，负债的增长达 36.6%，流动负债的增长比例超过非流动负债的增长比例。

分析以上报表项目的变化，可能是因为 ABC 公司销售规模在增长。销售规模增长减少了存货，增加了应收款项。同时，采购规模随销售规模变化，形成了更多应付款项。

例 12－2

对 ABC 公司 2019 年利润表进行比较分析。

ABC 公司希望通过比较分析了解企业 2019 年收入、费用及利润相对 2018 年的表现，确定 2019 年为分析期间，2018 年为比较基准。

表 12－2 列示了两个会计期间变动较大的利润表项目。

表 12－2　2019 年利润表比较分析

编制单位：ABC 公司　　　　单位：万元

项目	2019 年	2018 年	差异	
			金额	百分比
一、营业收入	3 650 000	3 000 000	650 000	21.67%
减：营业成本	3 024 000	2 496 000	528 000	21.15%
销售费用	249 100	200 000	49 100	24.55%
管理费用	104 975	100 000	4 975	4.98%
二、营业利润	257 930	183 450	74 480	40.60%
三、利润总额	252 230	185 770	66 460	35.78%
四、净利润	216 890	157 020	59 870	38.13%

表 12－2 显示，与 2018 年相比，ABC 公司利润表项目的重要变化包括：营业收入增长 21.67%，营业成本增长 21.15%；销售费用和管理费用都有所增长；营业利润增长幅度超过 40%。

分析以上报表项目的变化，营业成本增长比营业收入增长低 0.52 个百分比，管理费用增长远低于销售规模增长，在营业利润水平偏低的情况下，这两个原因使得三个不同层次的利润报表项目的增长都超过 35%。

12.1.2　结构分析法

分析财务报表各报表项目占同一报表总体的比例，这一方法称为结构分析法。通常，资产负债表的结构分析将总资产（或权益）视为 100%，分析报表项目占总资产（或权益）的比例；利润表的结构分析将营业收入视为 100%，分析费用项目和利润项目占营业收入的比例。

分析资产负债表，不仅可以了解资产的构成结构，而且可以了解企业的资本结构。

例 12－3

对 ABC 公司 2019 年资产负债表进行结构分析。

表 12－3 列示了 ABC 公司 2019 年资产负债表结构比例较高的报表项目。

表 12-3 2019 年资产负债表结构分析

编制单位：ABC 公司　　　　　　　　　　　　　　　　　　金额单位：万元

项目	期末		期初	
	余额	百分比	期末余额	百分比
流动资产：				
货币资金	291 370	10.64%	236 360	9.77%
应收票据	256 830	9.38%	197 050	8.15%
应收账款	981 800	35.85%	797 850	33.00%
存货	360 110	13.15%	398 110	16.46%
流动资产合计	1 897 230	69.28%	1 635 410	67.63%
非流动资产合计	841 180	30.72%	782 670	32.37%
资产总计	2 738 410	100.00%	2 418 080	100.00%
流动负债：				
应付票据	233 000	8.51%	184 910	7.65%
应付账款	404 160	14.76%	315 260	13.04%
流动负债合计	796 550	29.09%	574 580	23.76%
负债合计	1 159 990	42.36%	849 190	35.12%
所有者权益合计	1 578 420	57.64%	1 568 890	64.88%
负债和所有者权益总计	2 738 410	100.00%	2 418 080	100.00%

表 12-3 显示，ABC 公司 2019 年末流动资产占资产总额的 69.28%，流动资产中占比最高的是应收账款，其次为货币资金；负债占权益总计的比例为 42.36%，流动负债占比较高。

分析利润表的结构，不仅可以了解企业的费用构成，而且可以掌握相关利润指标。

例 12-4

对 ABC 公司 2019 年利润表进行结构分析。

表 12-4 列示了 ABC 公司 2019 年占比较高的费用项目和利润项目。

表 12-4 2019 年利润表结构分析

单位：ABC 公司　　　　　　　　　　　　　　　　　　　　金额单位：万元

项目	2019 年		2018 年		百分比差异
	金额	百分比	金额	百分比	
一、营业收入	3 650 000	100.00%	3 000 000	100.00%	
减：营业成本	3 024 000	82.85%	2 496 000	83.20%	−0.35%
销售费用	249 100	6.82%	200 000	6.67%	0.16%
管理费用	104 975	2.88%	100 000	3.33%	−0.46%
二、营业利润	257 930	7.07%	183 450	6.12%	0.95%
三、利润总额	252 230	6.91%	185 770	6.19%	0.72%
四、净利润	216 890	5.94%	157 020	5.23%	0.71%

表12-4显示，ABC公司2019年营业成本占营业收入的比例为82.85%，期间费用中占比最高的为销售费用，占比为6.82%，净利润占比为5.94%。与2018年相比较，净利润占比提高0.71个百分点，主要原因在于营业成本和管理费用的下降。

进行结构分析时，还可以选择同行业龙头企业作为比较基准，通过横向比较，分析资产结构、资本结构和费用结构等是否合理。

12.1.3 财务比率分析法

财务比率分析法是通过计算财务报表项目之间的相对关系，揭示资产与负债之间的配比关系、投入产出效率等财务信息。例如，流动资产和流动负债都具有期限短的特征，通常认为需要将流动资产变现以偿还流动负债。流动资产与流动负债之间达到何种配比关系才能满足偿还短期负债的需求？财务比率分析法将针对类似问题设计相关财务指标，揭示报表项目之间的相对关系。依据财务比率分析的侧重点不同，财务指标主要用于以下三个方面的分析：偿债能力、资产管理能力和盈利能力。

财务比率分析法可以与比较分析法相结合，将财务指标与历史同期、企业预算、同行业标杆等基准进行比较分析，探索企业的发展趋势、业绩完成情况以及行业差距等。

12.2 偿债能力分析

根据资本使用期限，负债分为一年内偿还的流动负债和一年期以上偿还的非流动负债，所有者权益一般被认为是可以永久使用的资本。与资本的期限相似，不同形态的资产的流动性不尽相同，根据资产流动性，资产分为一年（或超过一年的一个营业周期）内变现或耗用的流动资产和流动性相对较慢的非流动资产。债务资本需要通过资产直接偿还或变现后偿还，由此可以认为，负债的期限结构和资产的流动性结构之间存在关联性。

构建分析资产和负债关系的指标，可以揭示企业能否偿还到期债务的财务风险。提供短期债务的债权人更关心流动资产和流动负债之间的关系，称为短期偿债能力；提供长期债务的债权人更关心负债和资产之间的关系，称为长期偿债能力。

12.2.1 短期偿债能力分析

1. 流动比率

流动比率是流动资产相当于流动负债的倍数。通常认为流动负债需要用流动资产直接偿还或者变现后偿还，流动比率用于衡量企业用流动资产偿还流动负债的能力，揭示短期财务风险。流动比率的计算方法如下：

$$流动比率=\frac{流动资产}{流动负债}$$

流动比率越高，说明企业偿还短期债务的能力越强，反之，企业偿还短期债务的能力越弱。然而，如果流动比率过高，由于流动资产占用过多资金，就会降低企业资产运用效率，影响企业经营成果。

例 12-5

ABC 公司 2019 年流动资产合计为 1 897 230 万元，流动负债合计为 796 550 万元。ABC 公司 2019 年年末流动比率计算如下：

$$流动比率=\frac{1\ 897\ 230}{796\ 550}=2.38$$

ABC 公司所处行业流动比率平均值为 2.16，可见，ABC 公司的流动比率高于行业平均值。

2. 速动比率

流动比率没有考虑流动资产的变现能力差异，如货币资金是可以立即动用的支付手段，而存货需要出售并收回货款才能用于偿还债务。可见，两家流动比率相同的企业，如果一家企业拥有更多的货币资金和应收款项，另一家企业拥有更多的存货，则偿还短期债务的能力可能存在很大差异。

速动比率用于更好地衡量企业偿还短期债务的能力，由于速动比率能更直接地反映短期偿债能力，又称为酸性测试比率。

速动比率的计算方法如下：

$$速动比率=\frac{速动资产}{流动负债}$$

速动资产是指货币资金以及其他容易变现的流动资产，通常包括货币资金、应收票据、应收账款等，剔除存货和预付账款等变现能力差的流动资产。

例 12-6

ABC 公司 2019 年流动资产合计为 1 897 230 万元，存货为 360 110 万元，预付款项为 6 300 万元，流动负债合计为 796 550 万元。ABC 公司 2019 年末速动比率计算如下：

$$速动比率=\frac{1\ 897\ 230-360\ 110-6\ 300}{796\ 550}=1.92$$

ABC 公司所处行业速动比率平均值为 1.77，可见，ABC 公司在行业内属于流动性较强的公司。

3. 现金比率

现金比率用于分析现金和现金等价物与流动负债之间的比率关系。这一指标的假设相比流动比率和速动比率更为严苛，以目前持有的现金和现金等价物偿还流动负债为假设，评价短期债务的偿还能力。

例 12-7

ABC 公司 2019 年现金及现金等价物为 291 370 万元，流动负债合计为 796 550 万元。ABC 公司 2019 年末现金比率计算如下：

$$现金比率=\frac{291\ 370}{796\ 550}=0.37$$

12.2.2 长期偿债能力分析

1. 资产负债率

资产负债率等于负债总额除以资产总额。资产负债率可以理解为债务资本占权益资本总额（包括负债和所有者权益）的比例，是反映企业资本结构的重要指标。资产负债率用于衡量偿还长期负债的能力，揭示企业财务风险。资产负债率的计算方法如下：

$$资产负债率=\frac{负债合计}{资产总计}\times 100\%$$

例 12-8

ABC 公司 2019 年资产总计为 2 738 410 万元，负债合计为 1 159 990 万元，ABC 公司 2019 年资产负债率计算如下：

$$资产负债率=\frac{1\ 159\ 990}{2\ 738\ 410}=42.36\%$$

资产负债率越低，企业偿债能力越强，债务融资空间越大，财务风险越低。资产负债率也能反映企业利用财务杠杆为股东创造价值的能力，不过，财务分析中常用权益乘数衡量财务杠杆作用力，权益乘数又称为财务杠杆比率。权益乘数的计算方法如下：

$$权益乘数=\frac{资产总计}{所有者权益合计}$$

例 12-9

ABC 公司 2019 年资产期末余额为 2 738 410 万元，资产总计期初余额为 2 418 080 万元，所有者权益期末余额为 1 578 420 万元，所有者权益期初余额为 1 568 890 万元，ABC 公司 2019 年期末权益乘数计算如下：

$$权益乘数=\frac{2\ 738\ 410}{1\ 578\ 420}=1.73$$

ABC 公司 2019 年平均权益乘数计算如下：

$$平均权益乘数=\frac{2\ 738\ 410+2\ 418\ 080}{1\ 578\ 420+1\ 568\ 890}=1.64$$

2. 利息保障倍数

利息保障倍数是指息税前利润相当于利息费用的倍数，用于衡量盈利下降时无法支付利息费用的风险。利息保障倍数的计算方法如下：

$$利息保障倍数=\frac{息税前利润}{利息费用}$$

因为企业的经营成果先用于支付债权人的利息费用，再支付所得税费用，所以，计算利息保障倍数时要将净利润调整成息税前利润，调整方法如下：

$$息税前利润=净利润+所得税费用+利息费用$$

利息保障倍数等于 1，说明企业经营成果正好支付利息费用；利息保障倍数小于 1，说明企业经营成果还不足以支付利息费用，企业财务状况将继续恶化；利息保障倍数越大，说明企业支付利息费用的风险越小。

例 12-10

ABC 公司 2019 年净利润为 216 890 万元，所得税费用为 35 340 万元，利息费用为 17 900 万元，利息保障倍数计算如下：

$$利息保障倍数=\frac{216\ 890+35\ 340+17\ 900}{17\ 900}=15.09$$

ABC 公司利息保障倍数为 15.09 倍，说明其有足够的经营成果支付利息费用。

12.3 资产管理能力分析

资产管理能力反映企业利用资产的能力，主要包括应收账款周转率、存货周转率、流动资产周转率、固定资产周转率和总资产周转率等指标。周转率越高表明资产周转速度越快，资产利用效率越高，说明企业能用一定规模的资产实现更多的营业收入。

1. 应收账款周转率

应收账款周转率通常是指一定会计期间内应收账款周转次数，反映企业从销售产品到收回货款的速度。应收账款周转率的计算方法如下：

$$应收账款周转率=\frac{营业收入}{应收账款平均余额}$$

为了相对准确地计算应收账款周转率，营业收入应该仅包括采用赊销方式形成的营业收入。

例 12-11

ABC 公司 2019 年营业收入为 3 650 000 万元，应收账款期末余额为 981 800 万元，应收账款期初余额为 797 850 万元。应收账款周转率计算如下：

$$应收账款周转率=\frac{3\ 650\ 000}{(981\ 800+797\ 850)\div 2}=4.10$$

ABC 公司应收账款一个会计年度内周转 4.10 次。

应收账款周转天数反映企业从销售产品到收回货款的天数，即应收账款完成一次周转需要的天数。应收账款周转天数的计算方法如下：

$$应收账款周转天数=\frac{365}{应收账款周转率}$$

继例 12-11，ABC 公司 2019 年应收账款周转天数计算如下：

$$应收账款周转天数=\frac{365}{4.10}\approx 89(天)$$

ABC 公司完成一次应收账款周转所需天数平均约为 89 天。

2. 存货周转率

存货周转率通常是指一定会计期间内存货周转次数，反映企业从采购原材料（或商品）到销售产成品（或商品）的运转速度。存货周转率的计算方法如下：

$$存货周转率=\frac{营业成本}{存货平均余额}$$

例 12-12

ABC 公司 2019 年营业成本为 3 024 000 万元，存货期末余额为 360 110 万元，存货期初余额为 398 110 万元。存货周转率计算如下：

$$存货周转率=\frac{3\ 024\ 000}{(360\ 110+398\ 110)\div 2}=7.98\approx 8$$

ABC 公司存货一个会计年度内周转约 8 次。

存货周转天数反映企业从采购原材料（或商品）到销售产成品（或商品）需要的天数，即存货完成一次周转需要的天数。存货周转天数的计算方法如下：

$$存货周转天数=\frac{365}{存货周转率}$$

继例 12-12，ABC 公司 2019 年存货周转天数计算如下：

$$存货周转天数=\frac{365}{7.98}\approx 46(天)$$

ABC 公司完成一次存货周转所需天数平均约为 46 天。

3. 流动资产周转率

流动资产周转率是指一定会计期间内流动资产周转次数，反映企业使用流动资产的效率。流动资产周转率的计算方法如下：

$$流动资产周转率=\frac{营业收入}{流动资产平均余额}$$

例 12-13

ABC 公司 2019 年营业收入为 3 650 000 万元，流动资产期末余额为 1 897 230 万元，流动资产期初余额为 1 635 410 万元。流动资产周转率计算如下：

$$流动资产周转率=\frac{3\ 650\ 000}{(1\ 897\ 230+1\ 635\ 410)\div 2}=2.07$$

ABC 公司流动资产一个会计年度内周转 2.07 次。

4. 固定资产周转率

固定资产周转率是指一定会计期间内固定资产周转次数，反映企业使用固定资产的效率。固定资产周转率的计算方法如下：

$$固定资产周转率=\frac{营业收入}{固定资产平均余额}$$

为了准确计算固定资产周转率，与固定资产净值相比，采用固定资产原值计算固定资产平均余额更合理。如果采用扣除累计折旧后的固定资产净值计算平均余额，假设公司同一批固定资产在使用年限内每年营业收入不变，随着折旧计提越来越多，固定资产周转率会越来越高，无法真实揭露固定资产使用效率。

本小节不计算固定资产周转率。

5. 总资产周转率

总资产周转率是指一定会计期间内总资产周转次数，反映企业使用全部资产的效率。总资产周转率的计算方法如下：

$$总资产周转率=\frac{营业收入}{资产平均余额}$$

例 12－14

ABC 公司 2019 年营业收入为 3 650 000 万元，资产总计期末余额为 2 738 410 万元，资产总计期初余额为 2 418 080 万元。总资产周转率计算如下：

$$总资产周转率=\frac{3\ 650\ 000}{(2\ 738\ 410+2\ 418\ 080)\div 2}=1.42$$

ABC 公司总资产一个会计年度内周转 1.42 次。

12.4 盈利能力分析

评价盈利能力的指标分为两大类：一类分析企业的销售获利能力，如销售毛利率和销售净利率；另一类分析企业投入产出比，如资产收益率和净资产收益率。

1. 销售毛利率

销售毛利是指营业收入扣减营业成本后的差额，销售毛利率是指销售毛利与营业收入之间的比率。销售毛利率的计算方法如下：

$$销售毛利率=\frac{营业收入-营业成本}{营业收入}\times 100\%$$

销售毛利率较高，反映企业所经营的产品具有竞争优势，企业才可能获得高利润。

例 12－15

ABC 公司 2019 年营业收入为 3 650 000 万元，营业成本为 3 024 000 万元。销售毛利率计算如下：

$$销售毛利率=\frac{3\ 650\ 000-3\ 024\ 000}{3\ 650\ 000}\times 100\%=17.15\%$$

2. 销售净利率

销售净利率是净利润与营业收入之间的比率，反映企业销售获利能力。销售净利率的计算方法如下：

$$销售净利率=\frac{净利润}{营业收入}\times 100\%$$

例 12－16

ABC 公司 2019 年净利润为 216 890 万元，营业收入为 3 650 000 万元。销售净利率计算如下：

$$销售净利率=\frac{216\ 890}{3\ 650\ 000}\times 100\%=5.94\%$$

3. 营业利润率

由于净利润包含资产减值损失、公允价值变动损益、营业外收入和营业外支出等非经常性损益，销售净利率的高低受非经常性损益因素的影响。对非经常性损益较多的企业而言，在分析销售净利率之余，可以剔除非经常性损益因素，计算评价企业经常性经营活动获利能力的营业利润率。营业利润率的计算方法如下：

$$营业利润率=\frac{营业收入-营业成本-税金及附加-期间费用}{营业收入}\times 100\%$$

式中，期间费用包括销售费用、管理费用和财务费用。

ABC 公司非经常性损益因素的影响较小，本节不计算其营业利润率。

4. 资产收益率

资产收益率是企业在一定会计期间内的净利润与所投入的总资产之间的比率。资产收益率的计算方法如下：

$$资产收益率=\frac{净利润}{资产平均余额}\times 100\%$$

资产收益率越高，表明资产获利能力越强。

资产收益率可以分解为反映销售获利能力的销售净利率和反映资产管理能力的资产周转率两个指标相乘，计算方法如下：

$$资产收益率=销售净利率\times 资产周转率$$

例 12－17

ABC 公司 2019 年净利润为 216 890 万元，资产总计期末余额为 2 738 410 万元，资产总计期初余额为 2 418 080 万元。资产收益率计算如下：

$$资产收益率=\frac{216\ 890}{(2\ 738\ 410+2\ 418\ 080)\div 2}\times 100\%=8.41\%$$

5. 净资产收益率

净资产收益率是企业在一定会计期间内的净利润与归属于股东的权益资本之间的比率。净资产收益率的计算方法如下：

$$净资产收益率=\frac{净利润}{净资产平均余额}\times 100\%$$

例 12－18

ABC 公司 2019 年净利润为 216 890 万元，所有者权益期末余额为 1 578 420 万元，所有者权益期初余额为 1 568 890 万元。净资产收益率计算如下：

$$净资产收益率=\frac{216\ 890}{(1\ 578\ 420+1\ 568\ 890)\div 2}\times 100\%=13.78\%$$

净资产收益率可以分解为资产收益率和反映财务杠杆效应的平均权益乘数两个指标相乘，计算方法如下：

净资产收益率＝资产收益率×平均权益乘数

继例 12－18，例 12－17 计算的 ABC 公司 2019 年资产收益率为 8.41%，例 12－9 计算的平均权益乘数为 1.64。净资产收益率计算如下：

净资产收益率＝8.41%×1.64＝13.78%

12.5 杜邦分析法

股东财富最大化是企业财务管理目标之一。净资产收益率反映股东权益资本的获利情况，反映企业在一定会计期间为股东创造价值的情况。如何才能提高股东投资回报，提高净资产收益率？杜邦分析法正是由此出发，逐层分解，剖析创造股东财富的路径。

将净资产收益率进行分解，可以发现其受资产收益率和权益乘数的影响，具体关系如下：

净资产收益率＝资产收益率×平均权益乘数

权益乘数由企业资本结构决定，反映企业利用财务杠杆为股东创造价值的能力。企业举债越多，权益乘数越大，净资产收益率也会随之提升。

继续对资产收益率进行分解，可以发现其受销售净利率和总资产周转率的影响，具体关系如下：

资产收益率＝销售净利率×总资产周转率

可以将销售净利率和总资产周转率进一步分解，追溯至资产负债表和利润表的具体报表项目，如图 12－1 所示。

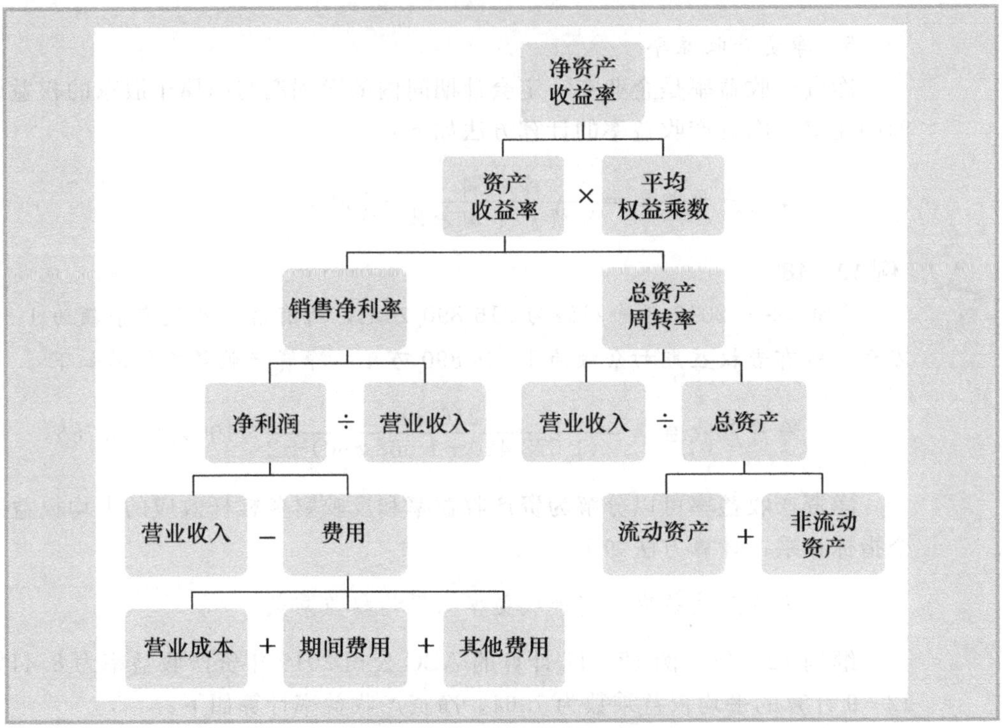

图 12－1 杜邦分析法

例 12－19

有甲、乙两家同行业公司，两家公司的净资产收益率都为 20%。将这两家公司的净资产收益率进行分解如下：

	资产收益率	×	平均权益乘数	=	净资产收益率
甲公司：	10%	×	2	=	20%
乙公司：	5%	×	4	=	20%

从以上数据可见，尽管甲、乙两家公司净资产收益率相等，但两家公司的资产获利能力和财务风险差异很大。甲公司的资产收益率（10%）是乙公司（5%）的 2 倍，甲公司的资产获利能力远高于乙公司。甲公司的平均收益乘数为 2，乙公司的平均收益乘数为 4，乙公司的财务风险明显高于甲公司。

可以对甲、乙公司的资产收益率进一步分解，深入了解甲公司资产获利能力强是因为销售获利能力还是因为资产管理能力优于乙公司。

例 12－20

有丙、丁两家同行业公司，两家公司的资产收益率都为 18%。将这两家公司的资产收益率进行分解如下：

	销售净利率	×	总资产周转率	=	资产收益率
丙公司：	6%	×	3	=	18%
丁公司：	3%	×	6	=	18%

从以上数据可见，尽管丙、丁两家公司资产获利能力相同，但两家公司在销售获利能力和资产运营能力两方面的表现不尽相同。丙公司的销售净利率为 6%，远高于丁公司的 3%，丙公司的销售获利能力远高于丁公司。丙公司总资产周转率为 3，丁公司资产周转率为 6，丁公司的资产周转率远高于丙公司。

通过对丙、丁公司的利润表进行结构比较分析，可以进一步了解丁公司是因为费用控制存在问题还是其他原因影响了销售获利能力。通过对丙、丁公司的资产结构进行对比分析，可以进一步了解丙公司是否存在资产结构不合理、资产闲置等现象。

12.6 财务报表分析的局限性

财务报表分析通过计算财务指标、与分析基准进行对比、分析报表的结构等方法，揭示企业的偿债能力、资产管理能力和盈利能力等，但由于财务报表所提供会计信息的局限性等原因，需要审慎解读财务报表分析产生的信息。

1. 利润表非经常性损益项目影响获利能力分析

非经常性损益是指公司发生的与生产经营无直接关系，以及虽与生产经营相关，但其性质、金额或发生频率影响真实、公允地评价公司当期经营成果和获利能力的各项利得和损失。例如，各种形式的政府补贴、非流动性资产处置损益、持有交易性金融资产等产生的公允价值变动损益以及处置交易性金融资产等取得的投资收益等。利润表的净利润、营业利润都包含部分非经常性损益，如果不仔细辨识这类因素的影响，可能对企业盈利能力的评价产生误导。

2. 难以选择横向分析基准

横向分析是指选择竞争对手、同行业龙头企业或者行业平均水平等为基准进行财务分析。不少企业都跨行业经营，隶属行业不够明确。试图以行业龙头企业或者行业平均水平为基准进行分析时，很难选择合适的行业。试图分析与竞争对手的差距时，因为不同企业所跨行业有很大差异，分析企业与竞争对手的财务报表往往很难具有可比性。

3. 部分报表项目可能存在数字陷阱

财务指标分析需要计算不同报表项目之间的相对关系，当分母与分子相比很小时，指标值可能就会呈现出没有意义的奇高。例如，通常认为存货周转率越高表明存货周转越快，可个别企业存货余额极小，存货周转率就会非常大，这样的指标就失去了分析价值。

思考题

1. 财务分析的基本方法有哪些？

2. 如何编制比较财务报表？
3. 什么是短期偿债能力？如何评价一家企业的短期偿债能力？
4. 什么是长期偿债能力？如何评价一家企业的长期偿债能力？
5. 长期偿债能力与短期偿债能力的区别是什么？
6. 什么是盈利能力？如何评价一家企业的盈利能力？
7. 什么是资产管理能力？如何评价一家企业的资产管理能力？
8. 什么是杜邦分析法？其发挥了什么作用？
9. 如何关注财务报表没有反映但可能影响企业偿债能力的项目？
10. 财务报表分析最核心的问题是什么？

练习题

一、名词解释

财务报表分析	比较分析法	结构分析法
偿债能力	流动比率	速动比率
盈利能力	资产收益率	净资产收益率
销售净利率	营业利润率	销售毛利率
资产管理能力	应收账款周转率	存货周转率
总资产周转率	杜邦分析法	

二、判断题

1. 流动比率越高，说明企业偿还短期债务的能力越强；反之，企业偿还短期债务的能力越弱。 ( )
2. 财务指标及其数值相同，其分析结论也自然相同。 ( )
3. 应收账款周转率越高，企业组织的资金周转越快。这样，企业组织就可以“少花钱，多赚钱”，从而达到流动性与盈利性并增的双赢局面。 ( )
4. 存货周转率是衡量企业组织销售能力强弱和存货是否适量的指标。 ( )
5. 流动比率越高越好。 ( )
6. 同一个财务指标及其数值在不同行业，其含义未必相同。 ( )
7. 企业组织的流动比率高，其短期偿债能力就强。 ( )
8. 销售毛利率体现了产品的竞争优势。 ( )
9. 速动比率是评价企业资产管理能力的指标。 ( )
10. 速动比率用于分析企业的短期偿债能力，所以速动比率越大越好。 ( )
11. 在杜邦分析体系中，假设其他情况相同，权益乘数大则净资产收益率大。 ( )
12. 存货周转天数等于营业成本除以平均存货。 ( )
13. 应收账款的增加在任何时候都是不合理的，因为它占用了企业的资金。 ( )
14. 若利息保障倍数小于1，则企业一定无法支付到期利息。 ( )

15. 净资产收益率＝销售净利率×权益乘数。（　）

16. 资产负债率越高，说明企业长期偿债能力越强。（　）

三、单项选择题

1. 反映企业所有资产盈利能力的指标是（　）。

A. 销售利润率　B. 净资产收益率
C. 总资产收益率　D. 资本保值增值率

2. 存货周转率属于（　）。

A. 盈利能力指标　B. 资产管理能力指标
C. 偿债能力指标　D. 发展能力指标

3.（　）指标越高，说明企业的资产盈利能力越强。

A. 总资产周转率　B. 存货周转率
C. 总资产报酬率　D. 应收账款周转率

4. 杜邦分析法的核心指标是（　）。

A. 总资产报酬率　B. 销售利润率
C. 净资产收益率　D. 可持续增长率

5. 企业收回应收账款可能影响（　）。

A. 流动比率　B. 销售利润率
C. 应收账款周转率　D. 速动比率

6. 股权投资者最关心的财务信息是（　）。

A. 总资产报酬率　B. 销售利润率
C. 净资产收益率　D. 可持续增长率

7. 利息保障倍数反映了企业的（　）。

A. 总资产报酬率　B. 短期偿债能力
C. 长期偿债能力　D. 资产管理能力

8. 财务报表分析的对象是（　）。

A. 会计信息　B. 财务比率
C. 财务报表结构　D. 财务报表数据

9. 下列各项中，其变化不影响速动比率的是（　）。

A. 存货　B. 有价证券
C. 应收账款　D. 库存现金

10. 甲公司2016年的营业收入为300万元，年初应收账款余额为15万元，年末应收账款余额为25万元，每年按360天计算，则该公司应收账款周转天数为（　）天。

A. 15　B. 17　C. 21　D. 24

11. 下列各项中，指标值越高表明企业获利能力越强的是（　）。

A. 流动比率　B. 营业利润率
C. 应收账款周转率　D. 速动比率

12. 杜邦分析的逻辑起点是（　）。

A. 总资产报酬率　B. 销售利润率

C. 净资产收益率　　D. 可持续增长率

13. 通过相关经济指标的对比分析以确定指标之间的差异的方法是（　　）。

A. 比较分析法　　B. 比率分析法

C. 因素分析法　　D. 平衡分析法

14. 与获利能力分析有关的财务报表分析中，最为重要的是（　　）。

A. 利润表分析　　B. 资产负债表分析

C. 现金流量表分析　　D. 财务报表附注分析

15. 杜邦分析体系中的基本指标不包括（　　）。

A. 总资产周转率　　B. 销售净利率

C. 流动比率　　D. 资产负债率

16. 财务报表分析的最终目的是（　　）。

A. 解析报表　　B. 阅读报表

C. 做出某种判断　　D. 支持决策

四、多项选择题

1. 营运能力反映了企业经营活动的效率高低，下列表述正确的有（　　）。

A. 存货周转天数越多，效率越高

B. 流动资产周转率越高，营运能力越强

C. 应收账款周转率反映了企业货款回收速度与效果

D. 固定资产周转率越高，投资活动越频繁

2. 下列各项中，反映企业偿债能力的指标有（　　）。

A. 速冻比率　　B. 应收账款周转率

C. 利息保障倍数　　D. 资产负债率

3. 下列各项中，影响速动比率的因素有（　　）。

A. 应收账款　　B. 预付账款　　C. 短期借款　　D. 应收票据

4. 对于应收账款周转率的计算，下列说法正确的有（　　）。

A. 公式中的“应收账款”已经扣除了坏账准备

B. 必须按照每年的应收账款余额来计算应收账款平均占用额

C. 分子、分母的数据在时间口径上要一致

D. 公式中的“应收账款”包括应收票据

5. 财务报表分析的目的有（　　）。

A. 为企业经营者的决策提供依据

B. 为考核企业的管理水平和评价管理人员的业绩提供依据

C. 为投资人的投资决策提供依据

D. 为债权人的贷款决策提供依据

E. 为政府的宏观经济决策提供依据

6. 财务报表分析的基本方法有（　　）。

A. 比较分析法　　B. 差量分析法

C. 比率分析法　　D. 结构分析法

7. 股东权益报酬率在杜邦分析体系中是一个综合性最强、最具代表性的指

标。通过对体系的分析可知，提高股东权益报酬率的途径包括（　　）。

A. 加强销售管理，提高销售净利率

B. 加强资产管理，提高资产利用率和周转率

C. 加强负债管理，降低资产负债率

D. 扩大企业规模

8. 下列各项中，提高销售净利率的途径有（　　）。

A. 扩大营业收入　　B. 提高负债比率

C. 降低成本费用　　D. 加速资产周转

9. 下列指标中，比率越高说明偿债能力越强的有（　　）。

A. 利息保障倍数　　B. 资产负债率

C. 权益乘数　　D. 流动比率

10. 以下各项中，影响企业短期偿债能力的指标包括（　　）。

A. 流动比率　　B. 应收账款周转率

C. 存货周转率　　D. 营运资本

11. 通过资产负债表分析可以达到的目的有（　　）。

A. 评价企业利润的质量　　B. 分析资产的结构

C. 分析债务的期限结构和数量　　D. 预测企业未来的现金流量

E. 分析企业现金流入、流出情况

12. 财务报表分析的核心问题是（　　）。

A. 盈利能力分析　　B. 短期偿债能力分析

C. 长期偿债能力分析　　D. 创造现金流量分析

13. 下列各项中，影响资产管理能力的财务指标有（　　）。

A. 流动比率　　B. 应收账款周转率

C. 存货周转率　　D. 营业周期

五、计算与会计处理题

1. 下表列示了甲公司部分财务数据。

单位：元

项目	2015 年 12 月 31 日	2016 年 12 月 31 日	2017 年 12 月 31 日
流动资产总额	450 000	400 000	500 000
流动负债总额	390 000	390 000	340 000
销售收入	1 450 000	1 500 000	1 400 000
销售成本	1 180 000	1 020 000	1 120 000
存货	280 000	20 000	250 000
应收账款	120 000	110 000	105 000

要求：计算甲公司 2016 年和 2017 年的流动比率、速动比率、应收账款周转率、应收账款周转天数、存货周转率、存货周转天数。

2. 乙公司 2016 年和 2017 年的比较资产负债表如下表所示。

单位：元

项目	2016 年期末余额	2017 年期末余额	差异	
			金额	比例
流动资产：				
速动资产	30 000	28 000		
存货	50 000	62 000		
流动资产合计	80 000	90 000		
固定资产净额	140 000	160 000		
资产总计	220 000	250 000		
负债：				
流动负债	40 000	46 000		
长期负债	20 000	25 000		
负债合计	60 000	71 000		
所有者权益：				
实收资本	130 000	130 000		
盈余公积	18 000	27 000		
未分配利润	12 000	22 000		
所有者权益合计	160 000	179 000		
负债及所有者权益合计	220 000	250 000		

要求：

（1）将以上比较资产负债表填写完整；

（2）分析总资产项目变化的原因；

（3）分析负债项目变化的原因；

（4）分析所有者权益项目变化的原因；

（5）指出该公司应该采取的改进措施。

图书在版编目（CIP）数据

会计学/荆新，宋建波主编．--北京：中国人民大学出版社，2020.6
中国人民大学会计系列教材：简明版
ISBN 978-7-300-28123-0

Ⅰ.①会… Ⅱ.①荆… ②宋… Ⅲ.①会计学-高等学校-教材 Ⅳ.①F230

中国版本图书馆 CIP 数据核字（2020）第 083463 号

中国人民大学会计系列教材·简明版
会计学
主　编　荆　新　宋建波
副主编　殷建红　吴武清
Kuaijixue

出版发行	中国人民大学出版社		
社　　址	北京中关村大街 31 号	邮政编码	100080
电　　话	010－62511242（总编室）		010－62511770（质管部）
	010－82501766（邮购部）		010－62514148（门市部）
	010－62515195（发行公司）		010－62515275（盗版举报）
网　　址	http://www.crup.com.cn		
经　　销	新华书店		
印　　刷	固安县铭成印刷有限公司		
开　　本	787 mm×1092 mm　1/16	版　　次	2020 年 6 月第 1 版
印　　张	15.75 插页 1	印　　次	2025 年 3 月第 6 次印刷
字　　数	336 000	定　　价	36.00 元

中国人民大学出版社　管理分社

教师教学服务说明

中国人民大学出版社管理分社以出版工商管理和公共管理类精品图书为宗旨。为更好地服务一线教师，我们着力建设了一批数字化、立体化的网络教学资源。教师可以通过以下方式获得免费下载教学资源的权限：

★ 在中国人民大学出版社网站 www.crup.com.cn 进行注册，注册后进入“会员中心”，在左侧点击“我的教师认证”，填写相关信息，提交后等待审核。我们将在一个工作日内为您开通相关资源的下载权限。

★ 如您急需教学资源或需要其他帮助，请加入教师 QQ 群或在工作时间与我们联络。

中国人民大学出版社　管理分社

教师 QQ 群： 648333426(工商管理)　114970332(财会)　648117133(公共管理)
教师群仅限教师加入，入群请备注(学校+姓名)

联系电话： 010-62515735，62515987，62515782，82501048，62514760

电子邮箱： glcbfs@crup.com.cn

通讯地址： 北京市海淀区中关村大街甲 59 号文化大厦 1501 室（100872）

管理书社　　人大社财会　　公共管理与政治学悦读坊